攀西经济管理综合案例集

Panxi Jingji Guanli Zonghe Anliji

主　编　　张旭辉　　董洪清

副主编　　李　博　　刘鑫春

西南财经大学出版社

中国·成都

图书在版编目(CIP)数据

攀西经济管理综合案例集 /张旭辉,董洪清主编 . —成都:西南财经大学
出版社,2022. 7
ISBN 978-7-5504-4290-0

Ⅰ.①攀… Ⅱ.①张…②董… Ⅲ.①区域经济—经济管理—案例—四
川—教材 Ⅳ.①F127.71

中国版本图书馆 CIP 数据核字(2019)第 299005 号

攀西经济管理综合案例集

主 编 张旭辉 董洪清
副主编 李 博 刘鑫春

策划编辑:李邓超
责任编辑:李特军
责任校对:陈何真璐
封面设计:张姗姗
责任印制:朱曼丽

出版发行	西南财经大学出版社(四川省成都市光华村街 55 号)
网 址	http://cbs. swufe. edu. cn
电子邮件	bookcj@ swufe. edu. cn
邮政编码	610074
电 话	028-87353785
照 排	四川胜翔数码印务设计有限公司
印 刷	成都市火炬印务有限公司
成品尺寸	185mm×260mm
印 张	14
字 数	325 千字
版 次	2022 年 7 月第 1 版
印 次	2022 年 7 月第 1 次印刷
书 号	ISBN 978-7-5504-4290-0
定 价	39. 80 元

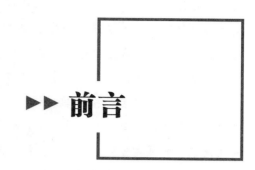

▶▶ 前言

　　不断提升人才培养质量是大学办学的永恒追求。在我国高等教育进入大众化阶段，不同层次的高等院校在人才培养目标上的差异日益显现。作为地方性应用型新建本科院校，能否顺应高等教育发展转型的大趋势，不断彰显自身的优势和特色，不断为社会培养合格的高层次人才，决定了学校发展的前途和命运。

　　攀枝花学院地处川西北滇西南，应国家三线建设和西部大开发建设需要而诞生，一直以服务地方经济社会发展为己任，为社会输送了大量的高层次应用型人才。2016年，学校被国家发改委等三部委遴选为"全国100所应用型本科产教融合发展工程项目建设高校"，进一步加快了以产教融合为着力点，全面建设产教融合、转型发展示范院校和应用型一流大学的新征程。

　　作为学校最早开设的院系之一，经济与管理学院多年来不断探索产教融合新途径，切实转变教育理念，调整人才培养目标，推进教学模式变革和教材体系建设。本案例集即是前述一系列改革举措的成果之一。收入案例集中的多数案例已经在不同专业不同年级的教学实践中使用过多年，取得了较好的使用效果。在2018年教育部组织的审核评估中也得到了评估专家的肯定，由此也就有了将之结集出版的想法。在一次会议中，我们将这一想法与同处攀西地区的西昌学院经济与管理学院的同仁们进行交流，得到了他们的积极回应，达成了由两个学院共同编写出版一本综合案例集的共识，案例的素材和范围得到了进一步的充实和完善。总体而言，本案例集具有以下几个特点：

　　一是坚持产教融合，应用为先的实践导向。绝大部分的案例素材均来源于一线骨干教师多年来承担的科研课题和研究成果，以解决实际问题为导向，案例内容详细，数据翔实。部分案例中的研究结论、政策措施和意见建议已被地方政府、行业和企业采纳或付诸实施，经受了实践的检验，取得了良好的经济和社会效益。

　　二是立足攀西实际，易于开展实践教学。所有案例均来源于学校所在地区的经济社会发展实践，内容涵盖区域经济、产业经济、企业管理等众多领域。案例内容本身已经较为详细，并一步步深入浅出地按照分析问题、解决问题的思路展开。学生在对案例进行学习后，可以进一步对案例研究对象开展实际调研，进一步将理论运用于实践，提升学生的综合分析能力和解决实际问题的能力。

　　三是综合性强，适用于经济与管理多个专业教学活动的开展。目前，绝大多数用于教学的案例集主要是按照单一课程进行编写。本案例则强调了综合性和跨学科性，可对应于经济与管理多个专业、多门课程的教学。即使是同一个案例也可以运用不同的理论进行解释和分析，具有较强的扩展性，更有利于拓展学生的知识面。

　　本书是集体智慧的成果。在付梓之际，感谢各位同事的辛勤付出！感谢在案例编写过程中提供资料、数据的各部门和企业的帮助！最后，感谢西南财经大学出版社的大力支持！

　　由于编者能力有限，疏漏和不足之处在所难免，欢迎广大读者和同行给予指导、帮助和批评。

►► 目录

1 / 案例一 资源型城市的经济增长——以攀枝花市为例

21/ 案例二 税源建设之路

39/ 案例三 地方债务的化解

52/ 案例四 西昌航天新区同城化发展之路

62/ 案例五 凉山州科技服务业发展规划（2016—2020 年）

78/ 案例六 凉山州马铃薯主粮化战略研究

88/ 案例七 奥林匹克购物中心的市场定位

92/ 案例八 攀枝花康养旅游市场推广研究

102/ 案例九 凉山山地原生态特色烟叶品牌内涵挖掘之路

115/ 案例十 攀钢集团有限公司联姻鞍钢之旅

128/ 案例十一 不同"钒" 响——攀钢钒钛财务报表分析

149/ 案例十二 攀枝花移动通讯公司增值税纳税筹划

162/ 案例十三 攀枝花市炳草岗火车站物流作业分析

179/ 案例十四 攀枝花市冰点食品有限公司物流业务拓展案例

184/ 案例十五 生态有机肥生产项目可行性研究

202/ 案例十六 梦回花海——邛海湿地五期恢复工程可行性研究

案例一

资源型城市的经济增长

——以攀枝花市为例

（编者：龙云飞）

一、案例提要

攀枝花市是全国唯一以花名命名的地级市，位于中国川、滇交界部，北距成都 749 千米，南至昆明 351 千米，西连丽江，东接昭通，是四川通往华南、东南亚沿边、沿海口岸的最近点，为"南方丝绸之路"上重要的交通枢纽和商贸物资集散地。攀枝花市面积 7 400 多平方千米，2014 年攀枝花市人口 123 万，人均地区生产总值（GDP）首次突破 7 万元，达 70 646 元（约合 11 494.98 美元），位居全省第一位。攀枝花市辖三区两县，是中国西部最大的移民城市，也是四川省除成都外唯一的劳动力输入城市，流动人口高达 30 万。城市人口占全市总人口的 60.1%，是成渝地区城市化率仅次于成都的城市。攀枝花市作为典型的资源型城市，其经济增长具有一定的特殊性和代表性，因此有必要以攀枝花市为例探讨区域经济增长的影响因素。

二、教学目的与学生任务

1. 本案例主要适用于"宏观经济学"等课程。
2. 让学生理解经济增长的理论和概念，加深对地区经济发展的认识，掌握经济数据收集、整理、分析的方法，提高运用经济理论分析经济现象的能力。

三、案例分析要点

学生根据背景材料，收集有关政策、经济环境和经济数据等资料入手分析：

第一步，收集《攀枝花市统计年鉴》等统计资料，了解攀枝花市经济增长的具体指标。

第二步，收集经济新常态、供给侧结构性改革和"三去一补一降"的有关资料以及攀枝花市近十年的经济增长相关统计数据，了解攀枝花市经济增长的态势。

第三步，结合收集的数据，分析影响地区经济增长的主要因素，并能够结合攀枝花市经济增长现状，提出自己对促进攀枝花市经济增长的措施建议。

四、案例内容

（一）攀枝花市经济增长情况

1978 年党的十一届三中全会拉开了我国改革开放的序幕，社会生产力得以空前释放，国民经济发展迅猛。1978—2010 年，攀枝花市地区生产总值年均增长 14.65%，其中大多数年份以两位数增长。1979—1980 年是攀枝花市经济由无序走向有序的过渡时期，其间地区生产总值持续增长，年均增速 4.25%；1981 年改革开放逐步推进，但基本还处于计划经济阶段。

1982—1986 年，攀枝花市处于改革开放的推进时期，各产业以较高的速度持续增长，其间 6 年地区生产总值均为正增长，年均增速达到 8.26%。

1987—1990 年是改革开放的进一步推进和深化时期。因改革的复杂性和艰巨性，经济发展没有出现大的动荡。攀枝花市经济在这一阶段稳步增长，地区生产总值由 1986 年的 13.49 亿元增加到 1990 年的 21.65 亿元，年均增长 7.5%。

1991—2000 年，贯穿"八五""九五"两个计划期，是攀枝花市改革开放全面推进，市场经济逐步建立，国民经济持续快速发展的时期。10 年时间内，攀枝花市有 6 年地区生产总值增速在 10% 以上，经济总量由 1991 年的 29.24 亿元增长到 2000 年的 119.82 亿元，年均增长 11.84%。

2001—2010 年是攀枝花市经济高速发展时期，2010 年地区生产总值突破 523.99 亿元，是 2001 年的 130.93 亿元的四倍，年均增速达 12.95%。2011 年是攀枝花市"十二五"规划开局之年，也是经济发展环境极为复杂的一年，全市上下牢牢把握"抢抓机遇、加快发展"的工作基调，经济增长实现新的突破，2011 年攀枝花市地区生产总值突破 600 亿元，达到 645.66 亿元，增速达 15.3%。2013 年，攀枝花市地区生产总值突破 800 亿元，较上年增长 10.7%，是 2011 年的 1.24 倍（具体见表 1 和图 1）。

表 1 攀枝花市 1999—2013 地区生产总值及增速变化

年份	地区生产总值/亿元	地区生产总值增速/%
1999	112.28	4.80
2000	119.82	7.40
2001	130.93	8.30
2002	146.48	11.10
2003	163.82	13.20
2004	200.83	13.00

表1(续)

年份	地区生产总值/亿元	地区生产总值增速/%
2005	248.01	14.20
2006	290.07	14.70
2007	345.59	14.20
2008	427.61	14.50
2009	424.08	11.20
2010	523.99	15.10
2011	645.66	15.30
2012	740.03	14.00
2013	800.88	10.70

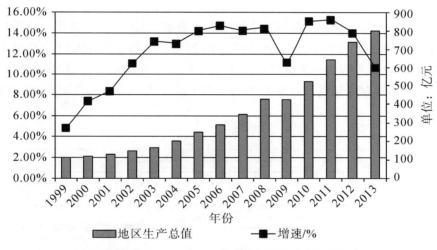

图1 攀枝花市 1999—2013 年地区生产总值及增速

（二）影响攀枝花市经济增长的因素

1. 投资和消费对攀枝花市经济增长的影响

从常规的生产要素来看，资本投入的高增长对攀枝花市经济的高增长起到了较大的作用。攀枝花市 2013 年全社会固定投资额达到 545.74 亿元，是 2010 年的 1.65 倍。在 2001—2013 年，攀枝花市全社会固定资产投资完成额由 29.2 亿元增至 545.74 亿元，增长了 18 倍；另外，投资率同样保持了逐年递增的态势，由 21.30% 上升至 68.14%，远高于近三年全国平均 48% 的投资率，这说明在 2001—2013 年，投资的高速增长已经成为攀枝花市经济增长的主要拉动力量。但随着投资总量的不断扩大，维持投资快速增长的难度越来越大，攀枝花市固定资产投资增速由 2006 年的 30.17% 下滑到 2013 年的 17.81%，8 年间下降了 12.36 个百分点，投资拉动力有明显的弱化趋势。

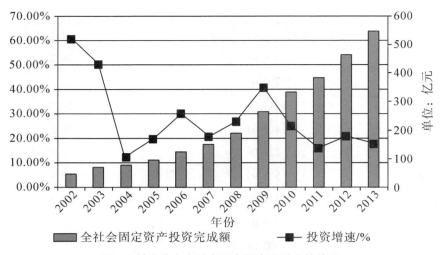

图 2 攀枝花市全社会固定投资及增速的情况

从攀枝花与四川、全国的投资产出比中也可看出，自 2001 年以后，投资产出比呈下降趋势，从 2001 年的 4.48 下降至 2007 年的 2.32，特别是在 2008 年之后投资产出比急剧下降，到 2013 年投入产出比仅为 1.47，虽然高于全国的 1.27 和四川的 1.29，但也说明攀枝花市通过增加投资带来的产出相对下降，进一步依赖投资刺激经济增长已不太现实。

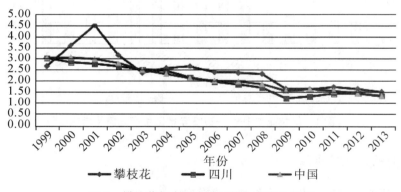

图 3 攀枝花与全国、四川投入产出比比较

另外，自 2001 年之后，攀枝花市增量资本产出率（ICOR，即当年投资量/生产总值增加量）也呈现出不断上升态势。2005 年，攀枝花市 ICOR 为 2.01，即每增加 1 亿元 GDP 需要的固定资产投资是 2.01 亿元，特别是 2011 年之后，增量资本产出率出现较大的变化，攀枝花市的 ICOR 为 3.15，到了 2013 年更是高达 8.97，即每增加 1 亿元地区生产总值需要的固定资产投资是 8.97 亿元。

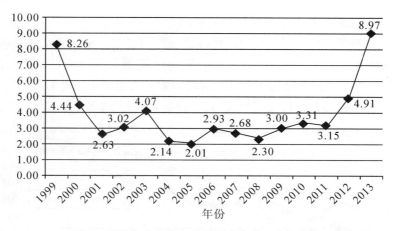

图 4　攀枝花市全社会增量资本产出率变化情况

从消费的角度来看，攀枝花市 2013 年社会消费品零售总额达到 219.33 亿元，是 2010 年的 1.56 倍，2001—2013 年，社会消费品零售总额不断增加，但是消费率（消费占地区生产总值比重）却呈现先降后升的态势，保持在 26% 左右。另外，攀枝花市消费率远低于四川和全国水平且并未出现明显的上升，这也说明消费对攀枝花市经济增长的促进作用相对较小。

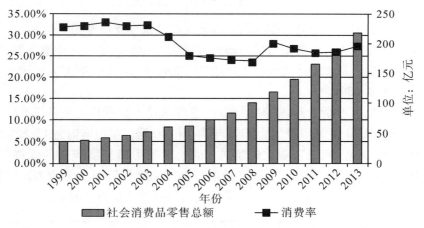

图 5　攀枝花市全社会消费零售总额及消费率

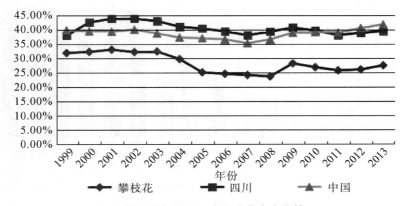

图 6　攀枝花与四川、全国消费率变化情况

2. 劳动力投入对攀枝花市经济增长的影响

总体来说，劳动力投入对攀枝花市经济增长影响较小，全社会从业人数从 2009 年的 63 万人增加至 2012 年 66.65 万人，4 年间仅仅增长了 3.65 万人，增长率仅为 5.79%，与经济增长并无明显的相关性。劳动力数量变化不大，说明劳动力质量的提高要比劳动力数量的提高对攀枝花市经济增长的拉动作用大得多。

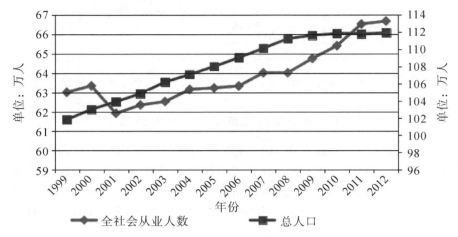

图 7　攀枝花市全社会总人口及从业人数

目前，攀枝花市人口总量，劳动力成本及人口结构变化情况如下：

一是攀枝花市总人口对劳动力供给增加有较大的约束，攀枝花市总人口至 2008 年达到 111 万人以后，基本保持较低的人口增长，2012 年为 111.86 万人，近五年的人口自然增长率仅为 4.58‰。

二是劳动力成本不断上升，1999 年攀枝花市就业人员平均工资为 7 923 元，2005 年为 18 073 元，2010 为 30 029 元，2012 年为 40 846 元，年均增幅为 12.52%，并且一直高于四川省平均值。随着工业化的推进，廉价劳动力对经济增长的优势趋于减弱，而其瓶颈作用日益突出。此时，如果经济增长继续高度依赖廉价劳动力，以致形成对廉价劳动力的"套牢"机制，则增长和发展的可持续性就值得怀疑。

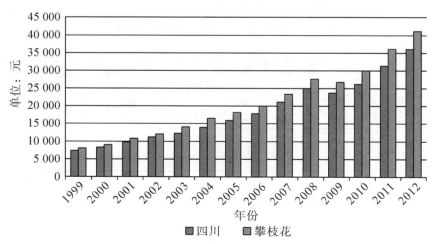

图 8　攀枝花市与四川全社会平均工资变化对比

三是攀枝花市人口结构变化也将制约劳动力的持续投入。截至 2012 年年底，攀枝花市 60 岁以上常住老年人口达 18.3 万人，占全市总人口的 15%，高于全国平均水平。老年人口的增长速度大大快于全市人口的增长速度，人口老龄化进程加快，人口红利逐渐消失。

3. 人力资本对攀枝花市经济增长的影响

仅仅依靠物质资本和体力劳动来提高劳动生产率的时代渐渐成为过去，主要依靠自然资源来支撑经济发展的时代即将结束。

根据数据的可得性，选取教育支出、教育支出占财政支出的比重来考察攀枝花市人力资本的总体变化情况。2002—2012 年，攀枝花市教育支出由 1.74 亿元上升至22.97 亿元，增加了 13 倍，教育支出占财政支出的比重由 8.21% 上升至 16.74%，教育支出占地区生产总值的比重由 1.19% 上升至 3.10%。由此可以看出，攀枝花市近十年间的人力资本投入与经济增长呈高度正相关，尤其是在劳动力总量投入并未大幅增加的前提下，劳动力素质提高对经济的推动作用尤为突出。

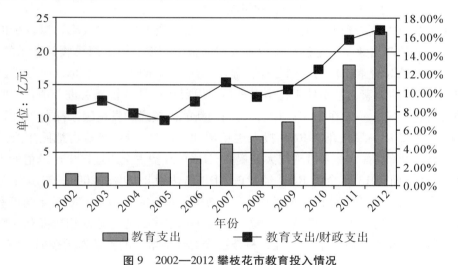

图 9　2002—2012 攀枝花市教育投入情况

教育投资是形成人力资本的主要渠道，而物质资本投资是形成物质资本的重要途径，二者的投资水平直接决定了其存量的多少。2012 年攀枝花市全社会固定资产投资为 463.25 亿元，而财政性教育经费支出为 22.97 亿元，两者比重达到 20 : 1，所以与物质资本投资相比，攀枝花市教育投资显得不足。另外，从相对数上来看，攀枝花市教育支出整体水平偏低的状况仍未得到明显改善。2012 年攀枝花市财政性教育经费支出占地区生产总值的 3.1%，远远低于全国 4% 的水平，教育投入的不足导致人力资本的积累较为缓慢。

另外，近年来虽然攀枝花市经济增长速度较快，但产业结构层次低，第三产业发展缓慢，加之攀枝花市区位优势不明显，吸纳高质量人才的能力较弱，从而导致吸引外来人才和留住本地人才的能力较弱，进而导致人力资本的提高并不明显，这都严重制约了攀枝花市未来经济增长与地区发展水平。可喜的是，2013 年攀枝花市拥有国内专业技术人员 62 776 人，专业技术人员队伍保持稳定，其中，具有中级职称以上人员

24 327 人，农业技术人员 892 人，居民受教育程度有所提高，这也说明攀枝花市人力资本的形成和积累状况有所改善。

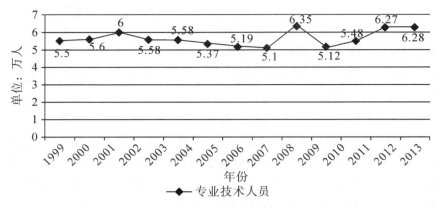

图 10 攀枝花市专业技术人员情况表

4. 技术进步对攀枝花市经济增长的影响

技术进步可以节约资源、降低能耗、提高对自然资源的利用效率，以较少的资源投入带来较多的产出效益，是提高要素质量和综合生产率、促进规模收益递增的关键，对长期经济增长起着重要作用。国际经验显示，研究与试验发展（R&D）经费占 GDP 的比重小于 1% 的国家，基本处于技术引进与应用层次；具有较强引进、消化、吸收能力的中等发达国家，一般在 1.5% 以上；自主创新能力较强的发达国家都在 2% 以上。

2005—2012 年，攀枝花市 R&D 投入逐年增加，但是 R&D 经费占地区生产总值的比重维持在 0.9% 左右，并未出现较大的提高，R&D 经费占全市地区生产总值的平均比重为 0.913%，而 2013 年全国 R&D 经费占 GDP 已达到 2.09%；2004—2013 年全市大中型工业企业大中科研项目累计 8 557 项，平均每年 855 项；2004—2012 年全市专利授权数 2 475 件，平均每年仅为 275 件；这与全国平均水平、先进地区相比都存在较大差距，说明攀枝花市技术创新能力不强，科技进步对经济增长的推动作用较弱。

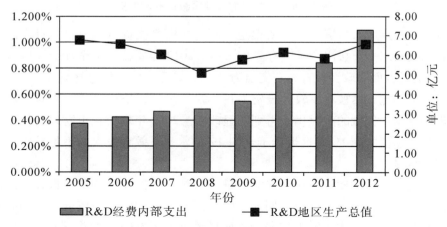

图 11 攀枝花市 R&D 经费及占地区生产总值的比重

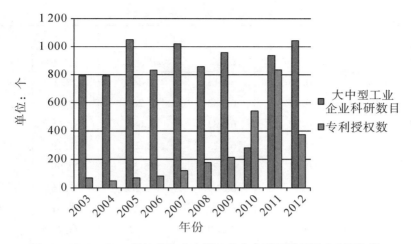

图 12　2003—2012 攀枝花市大中型工业企业科研数目及专利授权数

5. 经济结构调整对攀枝花市经济增长的影响

在现实经济中，经济结构是一个复合体，它是各种社会、经济和自然资源要素按照一定制度规则，在产业、地区以及企业之间进行配置的比例关系以及产出和分配关系等。一个经济社会中的经济结构主要是指这个经济中的产业结构、所有制结构和城乡结构。其中，产业结构对一个地区的经济增长的贡献更为突出。产业结构是否合理，直接关系到生产力水平的发挥程度、国民经济的增长速度和质量等。在投入水平一定的情况下，不同的结构水平会有不同的产出；同样，一定的投入，通过结构的转变，可能会创造出更多的产出。另外，城乡结构也会随着产业结构的调整出现相应的变化，这也正是现在国家和区域经济发展都要强调优化产业结构的原因。

（1）产值结构变化情况。

从产值结构来看，攀枝花市产值结构已由 1999 年的 7.17%：64.13%：28.7% 调整为 2013 年的 3.5%：74.6%：21.9%。1999—2013 年，攀枝花市第一产业产值的比重持续下降，2013 年与 1999 年相比下降了 3.67 个百分点；第二产业产值的比重持续上升，2013 年与 1999 年相比上升了 10.53 个百分点，特别是在西部大开发战略全面实施后，攀枝花市第二产业的产值平均增速达到 45.24%，固定资产投资的快速增加使第二产业的产值比重大幅上升；第三产业增加值增长较快，但第三产业产值所占比重呈现下降趋势，在 2001 年，其比重超过 31%，达到最大值，但近年来随着第二产业比重的迅速上升，第三产业的比重有所回落，2013 年与 1999 年相比，下降了 6.8 个百分点。从数据中可以看出，攀枝花市的产值结构是比较明显的"二三一"的格局，第二产业的发展是推动攀枝花市经济增长的主要动力，2013 年第二产业的比重更是超过了第一产业和第三产业的比重之和的 3 倍。2013 年第一产业对经济增长的贡献率为 1.4%，第二产业对经济增长的贡献率为 83.2%，第三产业对经济增长的贡献率为 15.4%，这也充分反映了攀枝花市工业经济的特征[①]。

① 张北. 内蒙古经济增长的影响因素研究 [D]. 包头：内蒙古科技大学，2011.

案例一　资源型城市的经济增长

表 2　攀枝花市三次产业产值变化情况

年份	第一产业		第二产业		第三产业	
	比重/%	增加值/亿元	比重/%	增加值/亿元	比重/%	增加值/亿元
1999	7.17	0.15	64.13	1.44	28.7	3.58
2000	6.86	0.17	62.83	3.28	30.31	4.1
2001	6.52	0.32	61.83	5.68	31.65	5.12
2002	6.16	0.43	62.25	10.22	31.59	4.88
2003	5.73	9.23	64.28	115.55	29.99	39.04
2004	5.35	11	66.89	145.59	27.76	44.24
2005	4.69	11.63	69.40	172.12	25.91	64.26
2006	4.53	13.01	70.29	204.59	25.18	72.47
2007	4.86	16.77	70.94	246.24	24.2	82.58
2008	4.66	19.33	72.73	313.53	22.61	94.75
2009	4.79	20.32	70.76	300.06	24.45	103.7
2010	4.10	21.49	73.79	386.63	22.11	115.87
2011	3.75	24.24	75.54	487.75	20.71	133.67
2012	3.48	25.77	75.86	561.41	20.66	152.86
2013	3.50	27.88	74.60	597.19	21.9	175.81

数据来源：《攀枝花统计年鉴》2013。

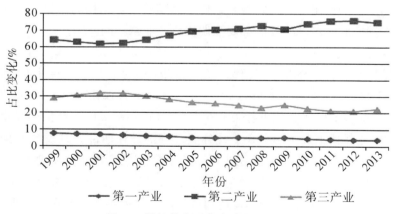

图 13　攀枝花市三次产业占比变化

（2）就业结构变化情况。

就业结构是指各次产业就业劳动力所占整个就业人数的比重，是衡量产业结构的重要指标之一。经济的高速发展和产业结构的不断优化升级，不可避免地带来就业结构的变动[①]。表 3 列出了 1999—2013 年攀枝花市年末从业人数和各产业就业人数情况。

---

① 张北. 内蒙古经济增长的影响因素研究［D］. 包头：内蒙古科技大学，2011.

表 3　攀枝花市三次产业人员就业变化情况

	就业总人数/万人	第一产业从业人口/万人	第二产业从业人口/万人	第三产业从业人口/万人	第一产业从业人员所占比重/%	第二产业从业人员所占比重/%	第三产业从业人员所占比重/%
1999	63	23.62	26.9	12.48	37.49	42.70	19.81
2000	63.33	23.91	25.76	13.66	37.75	40.68	21.57
2001	61.91	23.93	23.66	14.32	38.65	38.22	23.13
2002	62.34	23.93	24.09	14.32	38.39	38.64	22.97
2003	62.52	23.74	22.70	16.08	37.97	36.31	25.72
2004	63.15	23.55	23.00	16.60	37.29	36.42	26.29
2005	63.22	22.85	23.40	16.97	36.14	37.02	26.84
2006	63.32	22.40	21.47	19.45	35.38	33.90	30.72
2007	64.00	22.24	20.68	21.08	34.75	32.31	32.94
2008	64.00	21.72	19.46	22.82	33.94	30.40	35.66
2009	64.74	21.81	19.97	22.96	33.69	30.85	35.46
2010	65.39	21.85	20.40	23.14	33.41	31.20	35.39
2011	66.50	21.86	20.56	24.08	32.88	30.91	36.21
2012	66.65	21.82	20.65	24.18	32.74	30.98	36.28

数据来源：《攀枝花统计年鉴》2013。

从劳动力就业结构上看，攀枝花市三次产业的就业结构已由 1999 年的 37.49%：42.70%：19.81%调整为 2013 年的 32.74%：30.98%：36.28%，参照表 5 和图 12 可知，第一产业和第二产业的就业人员有向第三产业转移的趋势。1999—2012 年，攀枝花市第一产业劳动力比重下降了 4.75 个百分点；第二产业劳动力比重下降了 11.72 个百分点；第三产业劳动力就业比重增加了 16.47 个百分点。由此可见，劳动力在三次产业中分布的变化，第一产业劳动力比重有所降低，第二产业劳动力比重下降较多，第三产业劳动力比重上升较快，这一趋势表明攀枝花市三次产业就业结构得到一定的优化[①]，这为未来攀枝花市进行经济结构调整提供了基础和创造了条件。

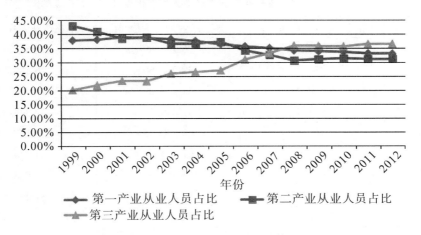

图 14　攀枝花市三产业从业人员所占比重

---

① 张北. 内蒙古经济增长的影响因素研究 [D]. 包头：内蒙古科技大学，2013.

从比较劳动生产率的角度分析（比较劳动生产率=该产业的国民收入的相对比重/该产业的就业相对比重）①，1999—2012 年，攀枝花市农业部门的比较劳动生产率由 1999 年的 0.17 变为 1992 年 0.11 后，始终处于比较低的水平，且严重低于平均比较劳动生产率；工业部门和服务业部门的比较劳动生产率由 1999 年的 1.62、1.56 变为 2012 年 2.4、0.55，工业部门 1999—2008 年比较劳动生产率一直处于上升阶段，2009—2012 基本保持平稳状态，且与农业和服务业部分生产率差距不断拉大；服务业部门 1999—2002 年比较劳动生产率基本处于平稳阶段，但 2003 开始进入下降阶段（具体见图 15）。值得注意的是，工业部门和服务业部门的比较劳动生产率呈现差距逐渐加大的趋势。这也说明攀枝花市第三产业的发展层次较低，总量增长较为缓慢。

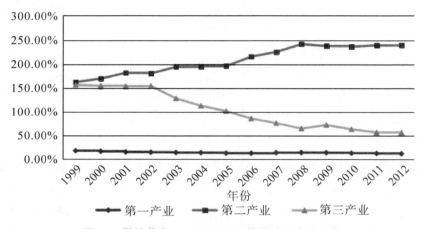

图 15　攀枝花市 1999—2012 比较劳动生产率变化

另外，1999—2012 年，攀枝花市三部门的人均产值出现分离，工业部门人均产值增长迅速，而服务和农业部门的增长相对缓慢，第二产业人均产值与第一产业、第三产业人均产值的比值由 1999 年的 7.85 倍、1.18 倍上升至 2012 年的 23 倍、4.3 倍。

表 4　攀枝花市三次产业人均产值变化

年份	第一产业人均产值/元	第二产业人均产值/元	第三产业人均产值/元
1999	3 408.13	26 765.80	25 817.31
2000	3 437.89	29 223.60	26 588.58
2001	3 568.74	34 218.09	28 938.55
2002	3 748.43	37 849.73	32 346.37
2003	4 162.47	48 830.75	32 167.72
2004	4 777.07	61 134.83	35 144.52
2005	5 090.33	73 554.32	37 868.30
2006	5 807.63	94 078.99	37 203.65
2007	7 390.60	116 009.33	38 833.44

①　陈艳华. 闽台产业结构演变比较研究［D］. 福州：福建师范大学，2008.

表4(续)

年份	第一产业人均产值/元	第二产业人均产值/元	第三产业人均产值/元
2008	8 901.34	154 988.90	41 073.18
2009	9 314.53	150 257.49	45 163.68
2010	9 837.12	189 526.08	50 069.58
2011	11 087.01	237 349.00	55 512.42
2012	11 808.02	271 867.02	63 219.31

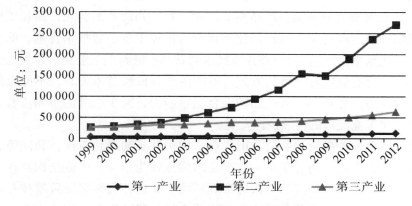

图16　攀枝花市三次产业人均产值变化情况

2012年,四川省第二产业人均产值仅为第一产业的6.04倍,为第三产业的1.91倍,全国第二产业人均产值是第一产业的4.98倍,是第三产业的1.21倍,攀枝花市第二产业的产出率远高于全国和四川省,达到了极高的水平,由此可以看出,工业化是攀枝花市经济增长主要源泉。攀枝花市第三产业产出率低于全国水平但高于四川省平均水平,而由于攀枝花市第三产业在三次产业总量占比中相对较小,虽然产出率相对并不低,但是第三产业总体发展水平较四川省和全国水平来说仍然较为滞后。

由此可以看出,在攀枝花市的经济增长中,对经济增长拉动作用最大的是第二产业,其次是第三产业,最后是第一产业。攀枝花市1999—2012年14年间的第一产业产值占总产值的比重平均为5.19%,第二产业产值占总产值的比重平均为68.68%,第三产业产值占总产值的比重平均为26.13%;第一产业从业人员所占比重平均为35.71%,第二产业从业人员所占比重平均为34.97%,第三产业从业人员所占比重平均为29.32%[①]。第一产业从业人员所占比重较大,说明攀枝花市产业结构的调整比较缓慢,第一产业从业人员向第二、第三产业转移的步伐较慢,第三产业的发展还比较滞后。

综上所述,"十二五"期间攀枝花市的产业结构有所优化,经济效益稳步提高,优势产业的地位日益明显,对经济增长起到了较大的推动作用,但产业结构仍然较为单一,产业层次不高,第三产业滞后,在未来也将极大地制约攀枝花市经济发展后劲。

一是就业结构不合理。现有产业结构的不合理,带来了就业结构的不合理,增加

案例一　资源型城市的经济增长

· 13 ·

① 张北. 内蒙古经济增长的影响因素研究 [D]. 包头:内蒙古科技大学,2013.

了就业的压力。2012 年三次产业就业人口基本是三分天下，分别为 21.82 万人、20.65 万人和 24.18 万人，第三产业和第二产业是攀枝花市就业人数最多的行业，但是仍有 32.7% 的从业人员在从事农业工作，农村剩余劳动力转移的压力较大，并且表现出极低的劳动生产率。

二是产业层次较低，制约工业发展后劲。经过多年的发展培育，攀枝花市的钒钛、钢铁、能源、化工、机械制造等产业不断壮大，但是攀枝花市的支柱行业都集中在上游产业和初级加工业，如钢铁和煤炭产业。这类产业产能严重过剩，发展的可持续性较差。长期以来，攀枝花市"矿业经济"的特征较为明显，主要是依托资源和成本优势，企业的技术创新能力薄弱，产品主要以原材料、初级产品为主，高加工度、高技术含量、高附加值、高竞争力的产品比重很低，低加工度、低技术含量、低利润、低竞争力的产品比重很高[①]。面对当前注重技术创新和推进新型工业化的发展趋势，如果攀枝花市不能尽快有效地转变增长方式，不能注重和依赖技术创新，不能全面提高产品的核心竞争能力，势必会降低产品的综合竞争能力，减少产品的市场占有份额，进而影响攀枝花市工业经济的持续快速发展。

三是第三产业发展滞后。攀枝花市产业结构仍处于初级化阶段，和同等收入地区的产业结构相比，产业结构过于单一，产品结构也较为单一，产业结构存在一定的失衡，在经济整体下行和外部需求不振的宏观环境下，这种失衡将导致攀枝花市经济发展面临更大的冲击。2013 年攀枝花市第三产业产值与国民生产总值的比重为 21.95%，低于全国的 46.1% 和四川省的 35.3%。另外，2001 年世界平均水平是 67.9%，低收入国家平均收入水平是 48.5%，中等收入国家平均是 54.2%，美国是 75.3%。这说明攀枝花市的第三产业占比过低，极大地制约了经济结构的优化。因此，为进一步促进经济均衡发展，攀枝花市应大力发展第三产业。

（3）城镇化进程对经济增长的影响。

城镇化对促进经济发展有重要作用。从国家层面来说，新型城镇化是关系现代化全局的大战略，是最大的结构调整，事关几亿人生活的改善。新型城镇化是综合载体，不仅可以破解城乡二元结构、促进农业现代化、提高农民生产和收入水平，而且有助于扩大消费、拉动投资、催生新兴产业，释放更大的内需潜力，顶住下行压力，为中国经济平稳增长和持续发展增加动能。

攀枝花市作为新兴的工业城市，其发展历史决定了攀枝花市的城镇化有一定的特殊性。攀枝花市的城镇化进程呈现起点高，增速相对较低的特点。1999 年攀枝花市的城镇化率就已达到 53%，较全国高 18.48 个百分点，较四川省高 34.12 个百分点，但 2013 年为 63%，14 年间仅上升 10 个百分点，较全国仅高 9.63 个百分点，较四川省仅高 18.1 个百分点。

① 张北. 内蒙古经济增长的影响因素研究 [D]. 包头：内蒙古科技大学，2013.

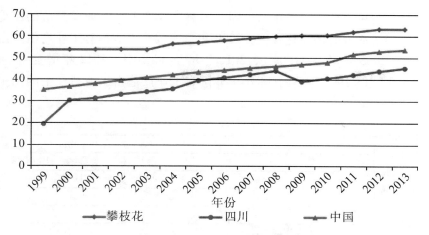

图 17　攀枝花市与四川、全国城镇化率比较

6. 制度变迁对攀枝花市经济增长的影响

任何经济增长过程都是在一定的制度环境下和制度安排中发生的，制度因素贯穿于经济增长的全过程。中国的改革开放实质就是一次自上而下与自下而上相结合的渐进式制度变革与制度创新过程①。制度变革的快慢直接影响着攀枝花市经济增长的速度和质量。

（1）非公有制经济的发展对经济增长推动明显。

在我国，所有制结构不完全是由经济体系的内部决定的"内生变量"，更大程度上是取决于国家的法律法规以及相关政策。

攀枝花市经济加速发展时期也是非公有制经济迅速发展的时期。2003 年民营经济增加值占全市经济总量的比重仅为 19.6%，2013 年非公有制经济实现增加值 368.90 亿元，占地区生产总值的比重达到 46.1%，上升了 26.5 个百分点，11 年间总体呈上升趋势，这也说明非公有制经济已经成为攀枝花市经济增长的重要支柱。

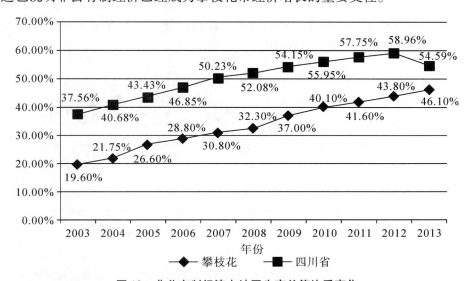

图 18　非公有制经济占地区生产总值比重变化

① 张北. 内蒙古经济增长的影响因素研究［D］. 包头：内蒙古科技大学，2013.

另外，我们也可以用非国有化水平即非国有工业产值在工业总产值的比重这一指标来反映国民经济成分的多样化程度。1999 年，攀枝花市非国有工业产值只占工业总产值的 7.5%，2005 年增至 21.09%，2010 年增至 36.10%，2012 年增至 40.40%，虽然低于全国水平，但 1999 年后的 14 年里非国有工业产值占工业总产值的比重增加了近 6 倍。

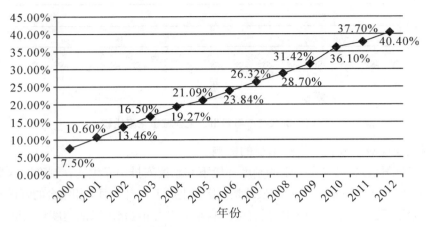

图 19　攀枝花市 1999—2013 年非国有化水平

（2）市场化改革将是经济增长的主要动力。

市场化是指资源要素由计划配置向市场配置的转化过程。十八大明确提出要让市场在资源配置中起决定作用，"十三五"期间市场在配置资源中的作用将会越来越明显，就攀枝花市而言，以全社会固定资产投资总额中非公有投资比重来看市场化的进程，非公有投资占比由 1999 年的 10.1% 上升至 2012 年的 56.57%，虽然低于全国 74% 的水平，且 2008—2012 年比重变化上有所反复，但总体趋势上仍然向好，这也说明非公有经济的发展在推动社会资源的优化配置，提高市场的运行效率和促进经济的快速增长等方面还是起到了不可替代的作用。

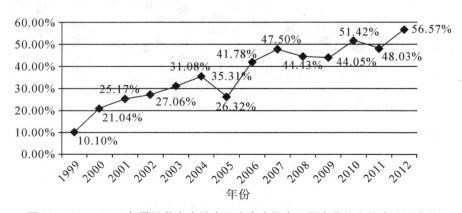

图 20　1999—2013 年攀枝花市全社会固定资产投资总额中非公有投资比重变化

（3）利益分配格局演变提高经济的活力。

随着计划经济体制向市场经济体制的过渡，经济利益的分配逐渐向企业和个人转化，政府财政功能也由功能型财政向公共财政转变。因此，财政收入占地区生产总值的比重在一定程度上可以反映政府经济职能的变化情况①。

就攀枝花市地区而言，地方财政收入占地区生产总值的比重 1999 年为 7.71%，2003 年下降到 6%，2003 年以后，随着西部大开发战略的进一步实施，中央对攀枝花市的转移支付逐步增加，到 2009 年地方财政占地区生产总值的比重又上升到 12.06%，之后呈下降趋势，2013 年为 10.36%，与四川省的 10.60% 基本相当，这也说明攀枝花市利益分配格局变化受外部影响较大，和整个区域基本保持同步，但未来如果攀枝花市能够运用攀西钒钛资源实验区的各种政策支持，改变利益分配格局，提高企业和居民从事经济活动的积极性，将为经济增长提供新的动力。

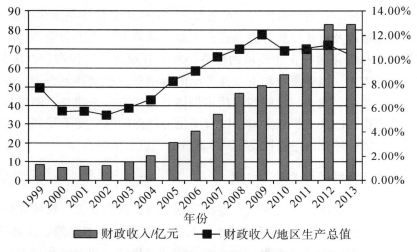

图21　1999—2013 年攀枝花市地方财政收入变化情况

（4）对外开放有较大的潜力。

随着世界经济一体化进程的加快，一个国家或地区的对外开放程度与其自身的经济社会发展的关系日趋密切，对外开放给我国带来了经济建设所需的资金和先进的技术和管理经验等，对我国经济增长起到较大的促进作用②。就攀枝花市而言，对外进出口贸易总额 1999 年为 1.47 亿美元，2013 年为 1.23 亿美元，14 年间进出口总额呈不规则变化，外贸依存度（进出口总额/GDP）基本呈下降趋势，与经济增长的相关性不大，且增速远远低于全国平均水平。"十三五"时期，攀枝花市对外开放对经济增长的促进作用还有较大的潜力，其关键是攀枝花市的产业发展能否更好地适应国际市场需求的变化。

① 张北. 内蒙古经济增长的影响因素研究 ［D］. 包头：内蒙古科技大学，2013.
② 张北. 内蒙古经济增长的影响因素研究 ［D］. 包头：内蒙古科技大学，2013.

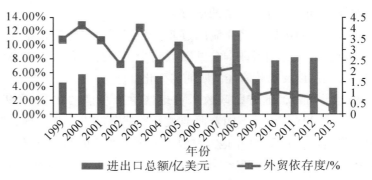

图22   1999—2013年攀枝花市进出口贸易总额及外贸依存度

综上所述，1999—2012年攀枝花市制度变革总体趋好，尤其是非公有制经济的发展对经济增长的贡献较大，说明攀枝花市一直处在市场化的制度变革中。但2010年之后，制度变革对经济增长的刺激作用有所减弱，主要原因是攀枝花市在加快制度创新、市场经济体制改革以及对外开放等方面还存在着一系列需要改进和完善的问题，如国有经济结构调整和深化国有企业改革的任务仍然十分艰巨，现代产权制度仍不健全；在市场体系建设方面，服务领域和资源性产品的价格形成机制还不合理，要素市场发展缓慢，统一、开放、竞争、有序的现代市场体系还没有真正建立；同时为实现保增长的目标，政府投入的进一步加大，使以市场化为导向的制度变革受到一定程度的影响；融入世界经济一体化的进程较慢和对外开放的程度亟待提高。

（三）攀枝花市经济增长动力机制

通过对攀枝花市经济增长过程的叙述和数据整理，我们发现，在统计数据上出现了两类截然不同的变量：一类是持续加速增长型，如地区生产总值、经济结构调整、固定资产投资、消费、人力资本等；另一类是波动变化型，如市场化程度、劳动力投入、经济开放度、制度创新、技术创新等。后一类指标的异常变动正是解释攀枝花市经济增长机制的真正突破口，经济结构调整在攀枝花市经济增长过程中的作用是最为显著的，尤其是城镇化、工业化、市场化以及产业结构调整，这种显著性的背后也存在技术创新和制度创新的支撑，但是这种支撑的力度显然是不够的，或者是依然没有显现出来。近年来，攀枝花市经济快速增长的直接原因是固定资产投资和资源开发，经济结构调整是其根本原因，而技术创新和制度创新除了自身对经济增长的作用，还间接地对其他因素作用的发挥产生一定的润滑和促进作用，但是作用还不明显，有进一步挖掘的潜力。技术创新、制度创新、开放程度、城镇化进程的趋缓对攀枝花市的经济质量产生了很大的抵消。具体来讲，攀枝花市的经济增长机制可以用图23来显示①。

---

① 任军. 内蒙古经济增长的动力机制研究［D］. 长春：吉林大学，2008.

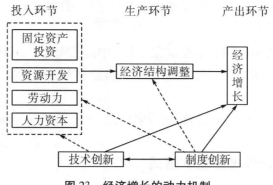

图 23　经济增长的动力机制

五、问题与思考

（1）结合所学宏观经济知识，探讨影响攀枝花市经济增长的主要因素有哪些？

（2）相对于宏观经济理论，攀枝花市经济增长影响因素的特殊性主要体现在哪些方面？

（3）举例分析区域经济增长要素与区域经济增长的关系。

（4）试分析经济增长与经济发展之间的联系与区别，并举例说明。

（5）试分析生产要素投入与经济增长的关系。

（6）你认为攀枝花市未来新的经济增长点是什么？为什么？

（7）请按照案例的分析方式，收集整理 2014—2017 年攀枝花市的相关数据，分析近几年攀枝花市经济增长有哪些新的特点和变化。

六、附录、参考文献与扩展材料

［1］张超，吴群地区经济增长动力分析及中长期发展建议［J］. 学海，2007（3）：173-176.

［2］张军. 中国经济全要素生产率变动：1952—1998［J］. 世界经济文汇，2003（2）：17-24.

［3］姜国强. 新常态下中国经济增长动力协同推进研究［J］. 现代经济探讨，2015（12）：21-24.

［4］李扬，张晓晶. "新常态"：经济发展的逻辑与前景［J］. 经济研究，2015（5）：13-18.

［5］胡鞍钢，周绍杰，任皓. 供给侧结构性改革：适应和引领中国经济新常态［J］. 清华大学学报（哲学社会科学版），2016（2）：17-22.

［6］徐君，李巧辉，王育红. 供给侧改革驱动资源型城市转型的机制分析［J］. 中国人口·资源与环境，2016（10）：53-56.

［7］王彩霞. 经济新常态下资源型城市的经济转型问题研究［J］. 现代管理科学，2016（10）：85-87.

［8］金碚. 中国经济发展新常态研究［J］. 中国工业经济，2015（1）：5-18.

［9］邵宇. 供给侧改革：新常态下的中国经济增长［J］. 新金融，2015（2）：15-19.

［10］张北. 内蒙古经济增长的影响因素研究［D］. 包头：内蒙古科技大学，2013.

七、学生案例分析报告基本格式

1. 标题。

2. 内容提要（简述，300字）。

3. 报告正文：问题回答与综述。

4. 总结：对案例本身的总结；对所用知识点、方法及案例学习过程的总结。

案例二

税源建设之路[①]

（编者：张旭辉、刘鑫春）

一、案例提要

2012—2016 年，受市场变化和政策调整的影响，攀枝花市税收持续下滑，财政运行受到了巨大冲击。面对这种情况，如何培植税源，夯实增收基础，无疑成为当前及今后较长一段时期内财政工作的重中之重。本案例在对攀枝花市税收现状进行分析的基础上，从经济环境和财政体制两个方面，探究税收下降的原因，并对今后的趋势做出预判，引导学生思考攀枝花市税源建设的思路，提出有针对性的对策建议，以实现攀枝花市财政的可持续发展。

二、教学目的与学生任务

1. 本案例主要适用于"财政与金融""财政学"等课程。
2. 让学生了解攀枝花市近年来税收规模及其结构的变化，理解经济环境、财政体制对地方财政收入的影响；引导学生思考攀枝花市税源建设的思路，提出有针对性的对策建议，夯实学生的财税基础知识，培养学生对财税问题的综合分析能力。

三、案例分析要点

学生根据背景材料，收集有关政策、经济环境、地区财税数据等资料入手分析：

第一步，学生复习有关财政收入构成、我国现行主要税种、税制等相关的基础知识。

第二步，学生认真阅读案例材料，以小组为单位讨论攀枝花市税源规模及其结构现状，经济环境和财政体制对攀枝花市财政收入的影响。

---

① 感谢攀枝花市税务局对本案例编写的支持。

第三步，结合我国税制改革的方向、攀枝花市产业发展转型的趋势，分析未来攀枝花市税源建设重点、难点，为攀枝花市的税源建设提出有针对性的对策建议。

四、案例内容

（一）攀枝花市税收规模及其结构现状

2012—2016 年，攀枝花市全口径税收规模①从 98.3 亿元降至 73.6 亿元，呈逐年下降态势，年均降幅为 5.4%（详见图 1）。

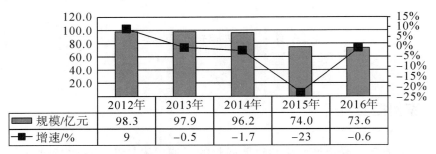

	2012年	2013年	2014年	2015年	2016年
规模/亿元	98.3	97.9	96.2	74.0	73.6
增速/%	9	−0.5	−1.7	−23	−0.6

图 1　2012—2016 年攀枝花市全口径税收情况及趋势图

1. 税种结构

2012—2016 年，攀枝花市所辖范围内产生的税收收入涉及除关税外的 5 大类 16 个税种（详见表 1），分别是：增值税、消费税、营业税、企业所得税、个人所得税、资源税、烟叶税、城市维护建设税、房产税、印花税、城镇土地使用税、土地增值税、车船税、耕地占用税、契税、车辆购置税等②。

表 1　2012—2016 年攀枝花市税收收入税种结构明细表　　　　单位：亿元

按课税对象划分		序号	税种	2012 年	2013 年	2014 年	2015 年	2016 年	年均占比
			合计	98.3	97.9	96.2	74.0	73.6	
第一类	流转税	1	增值税	42.2	41.2	39.6	27.6	31.8	41.4%
		2	消费税	0.6	0.6	0.7	1.1	1.2	1.0%
		3	营业税	12.8	14.2	12.4	11.3	6.1	12.9%
			小计	55.5	56.0	52.6	40.0	39.2	55.3%
第二类	所得税	4	企业所得税	15.8	12.6	12.1	11.0	9.2	13.8%
		5	个人所得税	5.0	5.2	4.5	4.2	5.4	5.5%
			小计	20.8	17.8	16.6	15.2	14.5	19.3%

---

① 为客观反映经济发展与税收间的关系，本案例研究以全口径税收为主（未剔除退税部分），尽量弱化财政体制因素对分析税源结构的影响。对于财政体制，后面将单列一节予以专门说明。

② 自 2016 年 5 月全面实施"营改增"后，以往缴纳营业税的行业改为缴纳增值税，并相应取消营业税，因此，从 2017 年起，在攀枝花市税收征管报表中所涉及的税种将由原先的 16 个减少为 15 个。

按课税对象划分		序号	税种	2012 年	2013 年	2014 年	2015 年	2016 年	年均占比
			合计	98.3	97.9	96.2	74.0	73.6	
第三类	资源税	6	资源税	4.5	6.1	7.2	3.9	2.4	5.5%
		7	土地增值税	0.7	0.9	1.2	0.7	0.8	1.0%
		8	耕地占用税	2.3	1.6	2.5	1.9	3.4	2.7%
		9	城镇土地使用税	3.6	3.3	3.7	2.7	3.3	3.8%
			小计	11.2	11.9	14.6	9.2	9.8	12.9%
第四类	财产税	10	房产税	1.7	1.8	2.2	1.8	1.9	2.1%
		11	契税	1.7	2.2	2.5	1.6	1.7	2.2%
		12	车船税	0.4	0.4	0.5	0.5	0.5	0.5
		13	车辆购置税	1.8	2.1	1.8	1.6	1.6	2.1%
			小计	5.5	6.6	6.9	5.7	5.8	6.9%
第五类	行为税	14	城市维护建设税	3.5	3.7	3.3	2.6	2.7	3.6%
		15	印花税	0.9	0.9	1.0	0.8	0.9	1.0%
		16	烟叶税	0.9	1.1	1.1	0.6	0.7	1.0%
			小计	5.3	5.6	5.4	4.0	4.2	5.6%

从占比看，与经济发展高度相关的流转税、所得税，其合计收入年均占比达到 74.6%；与资源、财产等密切相关的资源税、财产税，其合计收入年均占比为 19.8%；针对某些特定行为征收的行为税年均占比为 5.6%（详见图 2）。

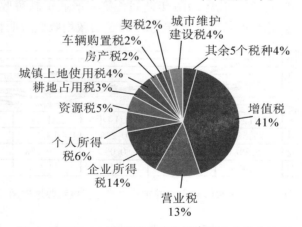

图 2　2012—2016 年攀枝花市各税种收入年均占比图

从增幅看，流转税、所得税、资源税、行为税的年均降幅分别为 8.3%、1.8%、3.2% 和 5.7%；仅财产税实现了小幅上升，增幅为 1.3%（详见图 3）。

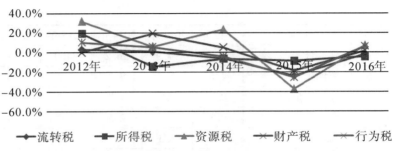

图 3　2012—2016 年攀枝花市五大类税种增幅变化图

上述分析表明：攀枝花市的税收情况与经济形势高度相关。若以流转税和所得税为参照，相关度达到75%以上，因此，在过去五年间，攀枝花市税收收入总体上呈现出"V型"走势，尤其是2016年随着经济形势的日趋好转，各类税种收入增速大多止滑回升，税收的稳健性逐步加强。

2. 税收分布

（1）产业分布。

2012—2016年，三次产业贡献税收年均占比为1.1%：59.9%：39%，这说明攀枝花市税收来源仍以第二产业为主、第三产业辅之，而第一产业贡献税收十分有限（详见图4和图5）。另外，从三次产业的年度纳税占比变化可以看出，尽管五年间第二产业对财政收入的贡献有所下降，但其主导地位并未改变，依然维持在55%以上；以康养产业为主的第三产业对财政收入的贡献逐年提高，呈现扩张之势，这必将成为今后财政收入新的增长点，如用"产业年度贡献税收/产业年度产生GDP"来度量不同产业的"单位产出率"，则在2012年至2016年期间，第三产业贡献税收的"单位产出率"就已超过第二产业，且达到两倍以上（详见图6），财政增收效应明显。

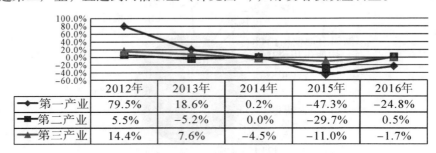

图4　2012—2016 年攀枝花市三次产业贡献税收增速图

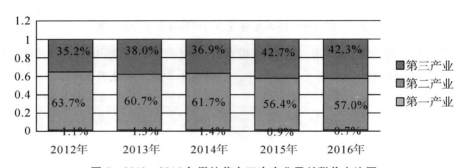

图5　2012—2016 年攀枝花市三次产业贡献税收占比图

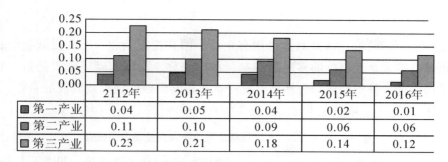

	2112年	2013年	2014年	2015年	2016年
第一产业	0.04	0.05	0.04	0.02	0.01
第二产业	0.11	0.10	0.09	0.06	0.06
第三产业	0.23	0.21	0.18	0.14	0.12

图6 2012—2016 年攀枝花市三次产业单位税收产出对比图

（2）行业分布。

按照现行的税收征管统计口径，三次产业可进一步细化为 20 个行业。对比五年各行业贡献税收占比变化，可以发现：年缴税规模上亿元的行业有 9 个，依次为采矿业、制造业、金融业、批发零售业、电力行业、建筑业、房地产业、交通运输业和商务服务业，其合计税收收入占总收入的年均比重在 93% 左右，其中，建筑业是唯一一个在纳税规模未下降的情况下，占比还有所提升的传统行业（详见表2）。上述分析说明：一方面，攀枝花市税源的行业分布较为集中，一旦关键行业出现问题，就极易诱发系统性的财政风险。如黑色金属采矿业（主要是铁矿石）、黑色金属加工制造业（主要是钢铁业）及房地产业等传统三大税收支柱行业，受市场变化和政策调整的综合影响，2015 年贡献税收合计数较 2014 年减少约 15.4 亿元，占当年税收减少额的 70%。另一方面，在城市转型、产业升级初期经济发展新增动力不足的情况下，扩大投资具有十分重要的替代作用。

表2 2012—2016 年攀枝花市税收收入重点行业明细表

	2012 年		2013 年		2014 年		2015 年		2016 年	
	金额/亿元	占比	金额/亿元	占比	金额/亿元	占比	金额/亿元	占比	金额/亿元	占比
1. 采矿业	30	30.5%	23.2	23.7%	23.6	24.6%	13	17.6%	12.8	17.4%
其中：煤炭	9.3	9.4%	3.1	3.2%	3	3.1%	1.6	2.2%	1.7	2.4%
黑色金属	19.6	19.9%	19.2	19.6%	19.8	20.6%	11	14.9%	10.7	14.6%
2. 制造业	18.7	19.0%	18.9	19.3%	19.9	20.7%	13.3	18.0%	15.0	20.4%
其中：化学制品	3.1	3.1%	2.1	2.1%	1.7	1.7%	1.3	1.8%	1.6	2.1%
非金属加工	1.5	1.6%	1.4	1.4%	1.4	1.1%	1.5	1.2%	1.6	1.6%
黑色金属加工	7.9	8.0%	10.8	11.0%	12.3	12.8%	7.6	10.2%	9.5	12.9%
有色金属加工	1.1	1.1%	1.6	1.6%	1.7	1.8%	0.8	1.1%	0.4	0.5%
3. 电力行业	7.5	7.6%	9.2	9.4%	7.6	7.9%	7.4	10%	7.6	10.3%
4. 建筑业	6.5	6.6%	8.2	8.4%	8.3	8.6%	8	10.7%	6.6	9.0%
5. 批发和零售业	12.2	12.4%	10.7	10.9%	10.2	10.6%	8.6	11.7%	9.0	12.2%
6. 交通运输业	2.3	2.4%	2	2.0%	1.6	1.7%	1.1	1.5%	1.1	1.5%
7. 金融业	6.9	7.1%	9.8	10.0%	9.5	9.9%	9.3	12.6%	8.1	11.0%
8. 房地产业	6.2	6.3%	7.6	7.8%	7.5	7.8%	5.6	7.5%	4.2	5.8%
9. 商务服务业	0.8	0.8%	0.9	0.9%	1.1	1.1%	1.6	2.2%	1.1	1.5%

（3）经济成分。

一般情况下，民营经济是对除了国有企业、国有控股企业、外商投资企业和港澳台商独资及其控股企业以外的多种所有制经济的统称，而国有经济主要是指国有企业和国有控股企业，外资经济则包括外商投资企业和港澳台商独资及其控股企业。按此，我们对 2012—2016 年攀枝花市各类经济主体贡献税收情况进行了统计。

表3　2012—2016 年攀枝花市税收收入企业类型明细表　　　　单位：亿元

企业类型			2012 年	2013 年	2014 年	2015 年	2016 年
按企业登记注册类型划分	1	合计	98.3	97.9	96.2	74	73.6
	2	国有企业	7.6	8.2	9.1	7.7	7.9
	3	集体企业	0.7	0.6	0.5	0.5	0.5
	4	内资企业 股份合作企业	0.2	0.1	0.1	0.05	0.02
		股份公司	61.8	66.0	65.9	51.1	51.5
	5	其中：国有控股	26.6	29.7	27.5	21.5	24.9
	6	私营企业	16.3	11.7	10.3	6.8	6.0
	7	其他企业	2.7	4.8	4.5	2.8	3.0
	8	港澳台投资企业	0.1	0.2	0.2	0.2	0.2
		外商投资企业	3.8	0.9	0.5	0.5	0.5
	9	其中：国有控股	0.2	0.2	0.05	0.03	0.0
按企业隶属经济关系划分	1	个体经营	5.1	5.3	5.1	4.3	4.0
	2	民营经济	60.2	58.8	58.8	44.0	40.1
	3	国有经济	34.4	38.1	36.6	29.3	32.9
		外资经济	3.7	0.9	0.7	0.7	0.6

统计结果显示，2012—2016 年，民营经济贡献税收占比尽管较大，但年度间呈下降趋势，而国有经济贡献税收占比却逐年增高，二者差距已从 2012 年的 26.3 个百分点缩减至 2016 年的 9.8 个百分点；与民营经济和国有经济相比，外资经济贡献税收占比除 2012 年达到 3.7% 外，其余年度大体维持在 0.9% 的水平[1]（详见图7）。

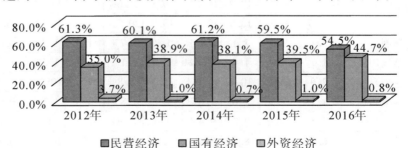

图7　2012—2016 年攀枝花市各类经济主体贡献税收占比

————————————

① 造成外资经济贡献税收大幅下降的原因有二：一是攀枝花市原最大的地方煤炭企业四川恒鼎实业有限公司至今尚未复工复产；二是部分外资企业因股权变更转为内资企业。

上述数据表明：现阶段，国有经济仍是攀枝花市经济的支柱，特别是在经济下行、市场环境不利的情况下，凭借其较大的体量，很好地应对了外部影响，缴纳税收较之民营经济更具稳定性。但是，国有经济也存在短板，主要表现在：管理模式相对滞后，人员、财务等各项管理成本居高不下；市场适应能力偏弱，产品研发跟不上市场变化的快节奏，如在前期经济上行阶段，国有经济与民营经济相比，灵活性较差，无法做到像民营经济一样抢抓机遇、顺应市场，通过扩能改造实现了阶段性的快速发展。国有经济的问题，说明国有企业机制不活，改革滞后，在市场竞争中处于不利境地，迫切需要建立现代企业制度，实现国有经济包容性发展。

3. 企业贡献

为进一步研究企业发展现状，我们以2014年为基准年，分析当年攀枝花市纳入前30强的企业在近三年的纳税变化情况（详见表4），不难发现其有以下特点：一是工矿企业占比高。2016年，隶属钢铁和采矿行业的企业共有13户，占户数比重达到43.3%；缴纳税收合计20.34亿元，占30户企业纳税总额的51.1%。二是攀钢集团占比大。在30户企业中，攀钢集团及其下属公司共有6户，2016年缴纳税收合计14.8亿元，占30户企业纳税总额的37.2%。

为进一步说明攀钢集团在攀枝花市经济社会发展中的特殊地位，我们对攀钢集团缴税情况做了延伸分析。目前，攀钢集团及其在攀下属子公司共有22户，2016年缴纳税收16.5亿元。按照现行财政管理体制，攀枝花市参与分享6.9亿元，占地方分享税收总量的比重为20.2%。另外，由于其他工矿企业和银行大多围绕攀钢集团组织经营生产，因此，攀钢集团对攀枝花市税收的实际影响远远超过"账面"数据。

表4　2014—2016年攀枝花市企业纳税排名情况表

序号	纳税人名称	2014年		2015年		2016年	
		入库税额/亿元	排名	入库税额/亿元	排名	入库税额/亿元	排名
1	攀钢集团攀枝花钢钒有限公司	7.53	1	4.93	1	7.54	1
2	攀钢集团矿业有限公司	5.53	2	3.12	4	3.06	5
3	攀钢集团攀枝花新白马矿业有限责任公司	4.28	3	2.36	5	1.53	9
4	攀枝花市商业银行股份有限公司	3.76	4	2.24	6	3.07	4
5	四川省烟草公司攀枝花市公司	3.6	5	3.5	3	3.55	3
6	雅砻江流域水电开发有限公司	3.44	6	4.04	2	7.08	2
7	攀枝花龙蟒矿产品有限公司	3.01	7	1.67	7	1.12	13
8	四川川煤华荣能源股份有限公司	2.56	8	1.29	10	1.38	11
9	四川安宁铁钛股份有限公司	1.87	9	1.21	11	1.05	14
10	攀枝花农村商业银行股份有限公司	1.66	10	1.58	8	1.75	8
11	国网四川省电力公司攀枝花供电公司	1.58	11	1.47	9	2.12	7
12	攀钢集团有限公司	1.48	12	1.04	12	1.41	10
13	攀钢集团钒钛资源股份有限公司	1.22	13	0.87	14	0.44	17
14	四川龙蟒矿冶有限责任公司	1.07	14	0.69	15	1.15	12
15	攀枝花钢城集团有限公司	1.02	15	0.43	21	0.61	16
16	攀枝花青杠坪矿业有限公司	0.9	16	0.54	18	0.32	20

表4(续)

序号	纳税人名称	2014 年		2015 年		2016 年	
		入库税额/亿元	排名	入库税额/亿元	排名	入库税额/亿元	排名
17	攀钢集团钒业有限公司	0.75	17	—		—	
18	攀枝花金海实业有限公司	0.71	18	0.87	13	0.28	24
19	大唐观音岩水电开发有限公司	0.51	19	0.27	28		
20	攀枝花骏丰矿业有限公司	0.48	20	0.39	22	0.38	18
21	攀枝花丰源矿业有限公司	0.46	21	0.39	23	—	
22	攀枝花大唐金江开发投资有限公司	0.45	22	—			
23	攀钢集团工程技术有限公司	0.45	23	0.61	17	0.81	15
24	中国工商银行股份有限公司攀枝花分行	0.42	24	0.48	19	0.23	29
25	中国十九冶集团有限公司	0.35	25	0.45	20	0.35	19
26	四川攀钢梅塞尔气体产品有限公司	0.34	26	0.31	26	0.31	21
27	中国建设银行股份有限公司攀枝花分行	0.31	27	0.26	29	0.14	42
28	攀枝花中禾矿业有限公司	0.31	28	—			
29	中国银行股份有限公司攀枝花分行	0.31	29	0.28	27	0.15	40
30	四川金联港房地产开发有限公司	0.3	30	0.13	52	—	
	合计	50.66		35.42		39.83	

（二）经济环境对税收的影响

经济决定税收。研究税收收入的重要基础和先决条件，就是必须先厘清税收与经济发展之间"源与流、根与叶"的关系。

1. 税收与经济总量的匹配性

沿用国际惯例和国内统计核算体系，我们用 GDP 来度量经济发展，并在此基础上，通过税收弹性和宏观税负两个指标，研究税收与经济发展之间的关联性。其中，税收弹性是从增速的角度研究两者关系，具有动态特征；而宏观税负则是从规模的角度进行研究，属于静态研究范畴。

（1）税收弹性。

税收弹性是指税收增速与 GDP 增速之比。我们对比 2012—2016 年全国、四川省和攀枝花市的税收弹性发现："税收增速低于 GDP 增速"是目前各级政府所面临的共性问题，且两者比值与政府间层级的高低成正相关关系（详见表5）。

表 5　2012—2016 年税收弹性对比表

	2012 年	2013 年	2014 年	2015 年	2016 年
1. 全国	1.55	1.28	1.06	0.70	0.65
2. 四川省	1.34	1.24	0.98	0.27	0.50
3. 攀枝花市	0.64	−0.05	−0.19	−2.84	−0.08

注：若税收弹性>1，表明税收增速高于经济增速；若税收弹性=1，表明税收增速与经济增速同步；若税收弹性<1，表明税收增速低于经济增速。

（2）宏观税负。

宏观税负是指税收规模占 GDP 的比重。我们通过比较分析得知，在 2012 年至 2016 年期间，宏观税负水平及稳定性随政府层级的降低而不断减弱（详见表6）。如全国就长期维持在 18%~19% 的区间内，四川省则在 14% 左右，而攀枝花市宏观税负持续下降，从 2012 年的 13.3% 降至 2016 年的 7.2%。

表6 2012—2016 年宏观税负对比表

	2012 年	2013 年	2014 年	2015 年	2016 年
1. 全国	19.4%	19.4%	18.7%	18.5%	17.5%
2. 四川省	14.0%	14.3%	14.2%	13.8%	13.2%
3. 攀枝花市	13.3%	12.2%	11%	8.0%	7.2%

理论上，税收与经济发展高度相关，即税收增速与 GDP 增速呈正相关关系，税收规模占 GDP 规模的比重相对稳定。而上述分析表明，这一规律在 2012—2016 年发生了经济逆周期特有的"反转"变化，且在攀枝花市表现的尤为突出。我们认为，造成攀枝花市财经数据"反转"的原因有三：一是价格因素。GDP 增长率是按不变价格计算的，而税收收入的计征是以现价计算的。两种计算方式的不同，使得市场价格波动仅体现在税收收入上，GDP 的增长率却未受到影响，特别是在经济下行阶段，两者差异将更加明显。二是企业效益。企业从生存发展的角度出发，在经济下行时，既使亏本压库，也在进行必要的生产活动，这部分生产活动只能体现 GDP 的增长，不能产生财政效益。三是减税政策。为稳定经济增长，中央陆续出台了一系列减税政策，这些政策有利于减轻企业税负，促进企业生产，因此，GDP 不仅不会减少，还会出现一定的增长，但这些减税政策将直接造成财政减收。

2. 经济发展环境预判

总体上看，攀枝花市的经济发展既有优势，又有劣势。就优势而言，突出表现为独特的矿产资源和光热资源，这为发展特色经济奠定了坚实的基础；就劣势而言，主要表现为交通基础设施滞后，市场发育程度不高，产业存在结构性缺陷等。如何发挥优势、抑制劣势，关键要分析下一步的政策环境、市场预期和采取的应对措施。

（1）政策效应加速释放。

"十三五"时期是国家实施创新发展、推进经济转型的关键时期，这一期间结构调整的步伐日渐加快，政策保障的力度不断加大。在国家层面，中央推行供给侧结构性改革，坚持市场倒逼，促进钢铁行业结构优化、提质增效。攀枝花市作为以钒钛磁铁矿为主的国家级试验区，在普通钢材产能受到打压的情况下，其钒钛制品的市场优势将更为凸显。在这次全国化解产能过剩的过程中，攀钢将处于更加有利的地位，市场空间更为广阔。同时，国家还将通过财政政策和货币政策，保持经济有一个合理的增长区间，这必然要增加财政支出和政府投资。在省级层面，省委、省政府高度重视攀西试验区的建设，把攀枝花市作为四川南向通道和区域性中心城市进行打造，正在和即将实施成昆铁路新线攀枝花段、大攀昭铁路、攀大高速、攀宜高速、丽攀高速等路网建设，这将极大地改善攀枝花市的发展环境。在市级层面，市委、市政府确定了

"四个加快建设""四区驱动"等经济发展政策及项目，正在着力推动城市转型和产业升级，未来几年花城新区、金沙电站、银江电站等一批重大项目也将加快建设，这必然带来固定投资的快速增长，拉动经济的持续发展。同时，扩大投资在城市转型、产业升级初期税收新增动力不足的情况下，对丰富税源将起着十分重要的替代作用。

（2）市场预期前景较好。

随着国家"去产能、降成本"等一系列政策的深度实施，钢铁行业产能过剩的状况将得到根本扭转，市场供需矛盾也会有所缓解，工业品价格将逐步回升。特别是今后"中国制造2025"战略的实施以及棚户区改造、基础设施建设等投入力度的加大，市场对钢材及钒钛产品的需求还将进一步扩大，产品价格也将顺势而涨。总体来看，在未来较长一段时间内，攀枝花市的矿产品成本优势、钢铁及钒钛产品市场竞争优势将更加明显，工矿企业必定迎来新一轮发展，工业税收增长势必会以"滚雪球"的方式加速聚集。

（3）城市转型加快实施。

工业是服务业发展的坚实基础，服务业的发展又反过来推动工业的发展。对攀枝花市而言，由于服务业规模相对较小（2016年第三产业贡献GDP占三次产业的比重为26.1%），可塑性强，增长潜力十分巨大。一方面，全国正大力实施"大众创业、万众创新"，通过搭建创新创业转化孵化平台、构建创新创业生态体系，激发全社会创新创业活力，形成想创、能创、齐创的生动局面，这将加快知识密集型生产性服务业的发展，不仅有助于产品增值、提高市场竞争力，还有助于市场拓展、扩大企业效益。另一方面，省委、省政府对攀枝花市创建中国阳光康养产业发展试验区给予的高度认可和支持，加之"康养+"产业的大力发展，使得攀枝花市得天独厚的优势逐步显现，城市形象和知名度不断提升。特别是通过阿署达、普达、红格、金沙江水电观光等重点项目的建设，攀枝花市的自然与人文、传统与现代、乡村与城镇正加速融合。发展阳光康养必将为攀枝花市税收增长带来新的发展机遇。

综上分析，攀枝花市的经济发展环境将逐步向好，税源建设有了可靠的根基。就攀枝花市自身而言，关键是如何做好发展这篇大文章。我们认为，攀枝花市应在抢抓机遇、用好政策的基础上，加快发展特色优势产业，要"做强工业、做大服务业、扩大投资"，多极支撑、多点发力，成功实现城市转型，建立起更加稳固的税源体系。

（三）财政体制对地方税收的影响

分税制财政体制是在财政收入规模既定的情况下，以政府间事权及支出责任的划分为前提，以政府间各种形式的税收划分为核心内容，辅之以政府间转移支付制度的分级财政管理体制。

1. 现行分税制的主要内容及利益格局

（1）分税制的主要内容。

①中央对省财政体制。根据事权与财权相结合的原则，中央将维护国家权益，实施宏观调控所必需的税种划为中央税；将同经济发展直接相关的主要税种划为中央与地方共享税；将适合地方征管的税种划为地方税（详见表7）。

表 7 分税制的分享级次及分享税种

分享级次	分享税种
中央固定收入	关税，海关代征消费税和增值税，消费税，铁道部门、各银行总行、各保险公司总公司等集中缴纳的收入（包括营业税、利润和城市维护建设税），未纳入共享范围的中央企业所得税、中央企业上缴的利润等。
中央与地方共享收入	增值税中央分享75%，地方分享25%；纳入共享范围的企业所得税和个人所得税中央分享60%，地方分享40%；资源税按不同的资源品种划分，海洋石油资源税为中央收入，其余资源税为地方收入；证券交易印花税中央分享97%，上海、深圳分享3%。
地方固定收入	营业税（不含铁道部门、各银行总行、各保险公司总公司筹集中缴纳的营业税），地方企业上缴利润，城镇土地使用税，城市维护建设税（不含铁道部门、各银行总行、各保险公司总公司筹集中缴纳部分），房产税，车船税，印花税（不含证券交易印花税），耕地占用税，契税，烟叶税，土地增值税等。

②省对市财政体制。其具体内容是：将增值税、一般营业税（不含金融保险营业税）、企业所得税和个人所得税地方部分、资源税、房产税、城镇土地使用税七个税种，按照省35%、市65%的比例共享。印花税、契税、耕地占用税、烟叶税、城市维护建设税、土地增值税以及车船税七个税种留归地方。除此之外，四川省明确攀枝花市仁和区、米易县和盐边县为享受少数民族待遇县，省上不参与分享税收政策，同时盐边县和米易县执行市上不参与税收分享的扩权强县政策。

③市对区财政体制。自2013年起，攀枝花市对三区实行"固定一块、下划一块、共享一块"的市以下分税制财政管理体制，主要是将市级固定收入企业①缴纳的税收作为市级固定收入；耕地占用税、仁和区的城市维护建设税、烟叶税作为县区固定收入；除市级固定收入企业外其他企业缴纳税收的地方部分，市与区按50%：50%的比例分享。

（2）现行分税制的利益格局。

①政府层级间税收分享情况。

按照上述分税制财政体制，攀枝花市所辖范围内产生的税收收入由中央、省、市、县四级共同参与分享（详见表8）。

表 8 2012—2016年攀枝花市所辖范围税收收入各级分享明细表　　单位：亿元

	2012年	2013年	2014年	2015年	2016年	年均占比
中央级	46.6	44.2	41.3	31.4	30.1	44.0%
省级	10.8	11.2	11.3	10	9.4	12.0%
全市	40.9	42.3	43.6	32.6	34.1	44.0%
其中：市本级	15.4	19.9	18.3	14.3	15.7	19.0%
县区级	25.5	22.4	25.3	18.3	18.5	25.0%

① 主要包括攀钢、攀煤、二滩、实行全省集中汇缴办法的电力行业、攀枝花川港燃气有限公司等。

案例二 税源建设之路

从各级税收增速看，2012—2016 年，中央、省、市（含市本级和县区级）三级税收增速在不同程度的下滑后均出现了一定反弹，期间呈现"交织型"阶段性特征（详见图8）。

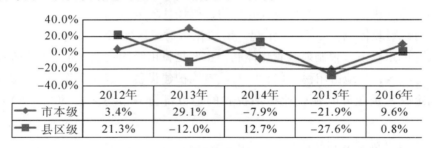

	2012年	2013年	2014年	2015年	2016年
中央级	4.0%	−4.9%	−6.8%	−24.0%	−4.1%
省级	13.7%	3.7%	0.9%	−11.5%	−6.0%
全市	13.9%	3.4%	3.1%	−25.2%	4.6%

图 8　2012—2016 年攀枝花市辖区范围内税收收入中央、省、市分享增速对比图

进一步，将攀枝花市税收增速细化为市本级和县区级，我们可以发现，在 2013 年和 2014 年出现了两次结构性拐点（详见图 9），其原因是：2013 年开始执行新一轮市以下分税制财政管理体制，市与县区的税收分享比例由原先的 35%：65% 调整为 50%：50%，地方留存部分税收向市本级聚集，使得当年市本级税收增速大幅上涨，而县区级税收增速下降；2014 年米易县成为扩权强县，市本级不再参与其税收分享，致使市本级与县区级税收增速出现了较大幅度的"反转"。

	2012年	2013年	2014年	2015年	2016年
市本级	3.4%	29.1%	−7.9%	−21.9%	9.6%
县区级	21.3%	−12.0%	12.7%	−27.6%	0.8%

图 9　2012—2016 年攀枝花市辖区范围内税收收入市本级及县区级分享增速对比图

从各级税收占比看，中央级税收占比持续下滑，从 2011 年的 47.4% 降至 2016 年的 40.9%，回落近 6 个百分点；省、市两级税收占比分别提高 1.8 个百分点、5.6 个百分点；而县级税收占比水平大体保持一致，但略有下降（详见图 10）。

■中央级　■省级　■市本级　■县区级

	2012年	2013年	2014年	2015年	2016年
中央级	25.9%	22.9%	26.4%	24.8%	25.0%
省级	15.7%	20.3%	19.0%	19.3%	21.3%
市本级	11.0%	11.5%	11.7%	13.5%	12.8%
县区级	47.4%	45.3%	42.9%	42.4%	40.9%

图 10　2012—2016 年攀枝花市辖区范围内税收收入各级分享占比图

分税制财政体制的制定，是对各级政府间利益格局的划分，影响程度深、波及范围广。因此，分税制财政体制具有稳定性的特点，在一般情况下不宜做出频繁调整，以维护各级政府的既得利益。从这个意义上讲，若地方政府能在体制问题上争取到上级政策支持，其获得的收益也将十分巨大。这里，我们将以举例的方式，对上述问题做进一步说明，但考虑到 2016 年"营改增"扩面使得全年增值税出现了两种分享比例（时间节点为 5 月 1 日），举例时限也相应调整为 2015 年，如在享受民族待遇县方面，2015 年，仁和区、米易县和盐边县因该政策获得省级留存税收就分别达到 1.6 亿元、1.8 亿元和 0.7 亿元；在扩权强县方面，米易县和盐边县同期获得市级留存税收分别为 1.9 亿元和 1 亿元。

②不同税种对地方政府的贡献。

以 2015 年和 2016 年为例，比较分税制财政管理体制下各税种对地方财政收入的影响（详见表 9），我们可以发现：尽管流转税和所得税规模较大，但剔除中央和省分享部分后，攀枝花市实际获得部分十分有限，如流转税的地方分享综合比例仅为 32.7%，所得税为 29.2%，相比而言，资源税、财产税和行为税的地方分享综合比例较高，分别达到 87.8%、63.4% 和 100%。因此，在攀枝花市地方分享的税收中，流转税和所得税的年均合计占比约为 50%，其余 50% 来自资源税、财产税和行为税（详见表 10）。应该说，在过去五年经济下行给地方税收收入带来减收影响的情况下，与资源、财产等直接挂钩的地方税种，已成为拉动攀枝花市税收增长的主要动力，确保了地方财政的稳健运行。

表 9　分税制财政管理体制下各税种对地方财政收入影响明细表　　单位：亿元

按课税对象划分		序号	税种	2015 年		2016 年	
				全口径	市区（县）分享部分	全口径	市区（县）分享部分
			合计	74.0	32.6	73.6	34.1
第一类	流转税	1	增值税	27.6	6.1	31.8	10.0
		2	消费税	1.1		1.2	
		3	营业税	11.3	6.5	6.1	3.1
			小计	40.0	12.6	39.2	13.2
第二类	所得税	4	企业所得税	11.0	3.1	9.2	2.5
		5	个人所得税	4.2	1.3	5.4	1.8
			小计	15.2	4.4	14.5	4.3
第三类	资源税	6	资源税	3.9	3.3	2.4	2.0
		7	土地增值税	0.7	0.7	0.8	0.8
		8	耕地占用税	1.9	1.9	3.4	3.4
		9	城镇土地使用税	2.7	2.1	3.3	2.5
			小计	9.2	8.1	9.8	8.6
第四类	财产税	10	房产税	1.8	1.4	1.9	1.5
		11	契税	1.6	1.6	1.7	1.7
		12	车船税	0.5	0.5	0.5	0.5
		13	车辆购置税	1.6		1.6	0.0
			小计	5.7	3.6	5.8	3.7

按课税对象划分		序号	税种	2015 年		2016 年	
				全口径	市区（县）分享部分	全口径	市区（县）分享部分
			合计	74.0	32.6	73.6	34.1
第五类	行为税	14	城市维护建设税	2.6	2.6	2.7	2.7
		15	印花税	0.8	0.8	0.9	0.9
		16	烟叶税	0.6	0.6	0.7	0.7
			小计	4.0	4.0	4.2	4.2

表 10 2015 年和 2016 年各税种占比明细表

序号	税种	2015 年		2016 年		两年平均	
		全口径占比	地方分享部分占比	全口径占比	地方分享部分占比	全口径占比	地方分享部分占比
1	流转税	54.0%	38.7%	53.3%	38.8%	53.7%	38.8%
2	所得税	20.5%	13.3%	19.8%	12.7%	20.2%	13.0%
3	资源税	12.4%	24.7%	13.3%	25.3%	12.9%	25.0%
4	财产税	7.6%	10.9%	7.8%	10.8%	7.7%	10.9%
5	行为税	5.5%	12.4%	5.8%	12.4%	5.5%	12.3%

③地方税收与城市形态的关联度。

对比 2016 年全省 21 个市州财政收入数据，我们发现：尽管地方一般公共预算收入增速为负的市州仅有 2 个，但税收增速为负的市州却有 7 个；同时，绝大多数市州的税收增速不同程度地都小于本地区地方一般公共预算收入增速，其中，巴中市、乐山市、达州市的差异最大，均在 10 个百分点以上（详见表 11）。

表 11 2016 年四川省各市州地方一般公共预算收入及增速表 单位：亿元

序号	市州	地方一般公共预算收入		其中：税收收入		
		规模	增速	规模	增速	占比
1	德 阳	100.0	14.9%	—	—	
2	巴 中	44.3	13.4%	23.7	−5.4%	53.5%
3	凉 山	121	13.0%	71	15.1%	58.7%
4	南 充	95.0	11.7%	—	—	
5	广 安	63.0	11.1%	38.2	10.0%	60.7%
6	遂 宁	54.6	10.6%	35.9	7.8%	65.8%
7	宜 宾	125.3	9.3%	79.6	11.6%	63.5%
8	乐 山	93.1	8.9%	48.8	−3.9%	52.4%
9	眉 山	90.3	8.7%	—	—	
10	自 贡	48.7	8.6%	30.4	0.6%	62.5%
11	达 州	84.7	7.0%	47.8	−5.7%	56.5%

序号	市州	地方一般公共预算收入		其中：税收收入		
		规模	增速	规模	增速	占比
12	内江	53.7	6.8%	34.4	−2.1%	64.1%
13	泸州	136.5	6.4%	67.2	5.8%	49.2%
14	攀枝花	56.8	6.4%	34.1	4.6%	60.1%
15	绵阳	107.6	3.4%	63.8	−4.9%	59.3%
16	阿坝	32.6	3.2%	18.2	9.6%	55.8%
17	雅安	31.2	3.0%	28.3	−4.1%	74.8%
18	甘孜	32.3	2.7%	21.4	1.3%	66.3%
19	成都	1 175.0	1.5%	—	—	
20	广元	40.6	−0.6%	24.1	−3.3%	59.5%
21	资阳	46.7	−24.4%	—	—	

备注：1. 在各市州公布的 2017 年年初财政报告中，德阳市、南充市、眉山市、成都市和资阳市未公布本市税收数据。

2. 在已公布数据中，部分市州收入增速采用"同口径"比较，但调整口径有所不同，而部分市州并未采用这一方法。为便于市州间对比，本课题在计算增速时，直接采用了 2016 年和 2015 年的比较数。

3. 由于表中数据取自年初财政报告，因此，个别市州所述收入数与最终实际数会有一定差异，但不影响我们对经济形势的总体判断。

由于非税收入与经济之间的相关性偏弱，因此，我们可以认为：这一轮经济下行在客观上对各个市州都造成了影响，但影响程度的大小却取决于各市州自身所处的城市形态。

对攀枝花市而言，其城市形态与地方税收间的特殊关联性主要表现在三个方面：

一是工业规模比重大。以 2016 年为例，在全省 21 个市州中，攀枝花市工业增加值占 GDP 的比重达到 70.5%，高于全省平均水平近 28 个百分点，超出占比第二高的泸州市 11.4 个百分点，这说明攀枝花市所辖范围企业大多直接或间接地从事与工业相关的经营活动，其缴纳流转税也相应以增值税为主，这使得攀枝花市较之其他流转税以营业税为主的市州更易受市场变化影响。同时，由于增值税地方分享比例小于营业税分享比例，因此，增值税对地方税收的贡献十分有限。需要说明的是，自 2016 年 5 月"营改增"改革试点全面推开后，营业税已被增值税取代，上述差异随之消失。

二是铁矿石资源富集。攀枝花市作为四川省最大的铁矿产区，铁矿资源税一直是地方税收的重要组成部分。但在 2015 年前后，国家为稳定经济增长，陆续出台了一系列减税政策，如铁矿石资源税减半征收政策，以及后续实施的以铁矿石为主的资源税改革等。从产业发展看，这些政策将改善铁矿石企业生产经营环境，支持上下游产业协调发展和升级；但从税收影响看，由于资源税属于地方税种，其减税成本也相应由地方政府全部承担，直接反映为地方税收的减少。相较攀枝花市而言，其他市州因铁矿石资源有限，不仅不会受到上述政策的减收影响，而且还可能因钢铁成本的下降，带动相关下游产业加速发展。

三是人口总量偏小。发展房地产业是拉动固定资产投资的重要手段，其形成的税收不仅量大，而且还以地方税种为主，对地方税收贡献较大。但攀枝花市由于人口总量偏小，房产市场需求不旺，这使得房产开发和销售规模远远小于其他市州（详见表12），因此，加大房地产开发是下一步拉动地方税收增长的重要手段。一方面，要发挥攀枝花市教育、医疗等优质资源在攀西地区的聚合作用，吸引周边地区的人才来攀工作和生活；另一方面，要规划先行，并加大与国内知名房地产商的对接，着力提升房产品质和宜居环境，做到以品质促销售、以销售促开发，使房地产市场健康发展。

表12　2016年四川省部分市州房地产投资及房产销售对比表

序号	市州	GDP规模/亿元	房地产投资额/亿元	房地产投资占社会固定资产投资的比重	房地产销售面积/万平方米
1	宜　宾	1 653.1	189.6	12.9%	422.7
2	南　充	1 651.4	216.6	13.9%	404.3
3	泸　州	1 481.9	239.2	13.8%	540.0
4	达　州	1 447.1	93.3	6.2%	257.0
5	自　贡	1 234.6	123.9	17.5%	233.8
6	眉　山	1 117.2	194.3	16.7%	401.9
7	攀枝花	1 014.7	55.0	7.9%	126.4
8	遂　宁	1 008.5	144.6	12.8%	402.1
9	资　阳	943.4	150.2	19.6%	364.9
10	广　元	660.0	94.6	15.3%	129.7
11	雅　安	545.3	53.9	9.8%	68.6

2. 财税政策环境预判

按照中央关于税制改革的总体部署，"十三五"时期国家将围绕建立现代财政制度，着力在税收制度、支出责任、预算管理三方面推进改革。这里，我们主要就税制改革方面对地方的影响做出预判。

（1）在"营改增"改革方面。

"营改增"改革是将以往征收营业税的应税项目改为缴纳增值税，在减少重复纳税环节的同时，形成新的增值税进销项抵扣链条，促进产业和消费升级、培育新动能、深化供给侧结构性改革。"营改增"改革已于2016年5月1日起全面推开实施。

对攀枝花市这种资源型城市而言，"营改增"改革的实施，不仅表现为企业税负水平的降低，而且还体现为财政收入的减少，但综合考虑产业结构、市场预期和财政体制三方面因素，改革的实施将有效地涵养税源，总体上利大于弊。在产业结构方面，由于攀枝花市工业化程度较高，增值税占流转税的比重大，产业进销项抵扣链条较之其他市州更为完善，营业税改征增值税后，新的进销项抵扣额相对较小。在市场预期方面，铁矿石、钛精矿、钛白粉等产品价格陆续回升，尽管尚未达到历史高位，但也给企业赢得了一定的利润空间，税基得到进一步夯实。在财政体制方面，国家将增值税中央和地方分享比例由过去的75%：25%调整为50%：50%，在省对市分享比例不变的情况下，攀枝花市参与税收分享的比例将大幅提升，加之仁和区、米易县和盐边县均享受少数民族待遇县政策，省级不参与税收分享，这使得因分享比例调整给攀枝花市带来的政策性增收的力度远远大于其他未享受上述优惠政策的市州，但较之凉山彝族自治州、甘孜藏族自治州和阿坝藏族羌族自治州却有所不及。

（2）在资源税改革方面。

资源税改革从 2016 年 7 月 1 日启动实施，涉及两方面内容：一方面，是将计征方式由原先的从量计征调整为从价计征；另一方面，是扩大征税范围，如改水资源费为水资源税。

从攀枝花市的实际情况看，资源税改革有助于地方税源建设。一是计征方式的改变实现了资源税收入与资源价格之间的挂钩，而目前国际矿价一改之前的颓势，持续上涨，这势必拉动国内市场对本土铁矿的需求，并抬高国内矿价，在这种"量、价"齐升的情况下，攀枝花市铁矿开采成本的优势将再次得到彰显，资源价值也会体现为资源税的上涨。同时，计征方式的改变很好地解决了长期以来表外矿利用水平不高的问题，降低了企业使用低品位矿的综合成本，有助于资源的有序开发。二是按照四川省水资源费相关规定，二滩水电站缴纳的水资源费全部作为省级收入，市里不参与分享。若将水资源费纳入资源税管理，按现行资源税的分享方式，地方将参与其分享，这对攀枝花市税收而言，又是一增收亮点。

（3）在其他税制改革方面。

消费税改革是在扩大征收范围的同时，将其由中央税调整为中央与地方的共享税种；环境保护税改革是将现行排污收费改为征税；房产税方面则是对现行税制设计做出调整，如扩大征收范围、优化计税依据、合理确定税率等。

总体而言，"十三五"时期税制改革的总体方向为：一是通过降低税负，增强企业发展动力，在涵养税源的基础上，实现税收的可持续增长；二是采用新增税种以及增加地方分享比例的方式，加快完善地方税体系，夯实地方税源基础。但需要说明的是，从以往税制改革经验看，中央在推进各项改革时，为增强宏观调控能力，必然要维护中央的既得利益，改革成本大多由地方政府承担，如"营改增"改革，攀枝花市就需承担"营改增"上划基数约 2.8 亿元，这将相应减少攀枝花市的可用财力。同时，由于这些改革是对现有税制体系的重铸，因此，如何优化税收征管模式，适应新的税收征管环境，确保潜在税源变为实际税收，在做到"大小兼顾"的同时，使税收"看得见、摸得着"，将成为新时期下税源建设工作面临的又一次难题。

五、问题与思考

（1）什么叫"营改增"，为什么要进行"营改增"？

（2）"营改增"给攀枝花市的财政收入带来了什么样的影响，如何看待这些影响？

（3）如何评价资源税的改革对攀枝花市这样一座典型的、传统的资源型城市的影响？

（4）阐述地方经济与地方财政收入之间的内在关系。

（5）请分析攀枝花市阳光康养产业的发展给攀枝花市的税收收入带来的变化和影响。

（6）请在阅读案例资料的基础上，结合调研，以小组为单位，分析攀枝花市税源建设的重点与难点，提出加强攀枝花市税源建设的建议。

六、附录、参考文献与扩展材料

［1］攀枝花市统计局. 攀枝花统计年鉴［EB/OL］.（2018-03-23）［2021-12-30］. http://www.pzhstats.gov.cn/tjgz/index.shtml.

［2］攀枝花市政府工作报告［EB/OL］.（2018-03-23）［2021-12-30］. http://www.panzhihua.gov.cn/.

［3］房产政策强落实 投资销售双增长：2017 年房地产开发市场分析［EB/OL］.（2018-03-24）［2021-12-30］. http://www.pzhstats.gov.cn/tjsj/sjjd/686820.shtml.

［4］2017 年全市经济运行情况简析［EB/OL］.（2018-03-24）［2021-12-30］. http://www.pzhstats.gov.cn/tjsj/sjjd/687461.shtml.

［5］攀枝花市召开 2017 年经济形势新闻发布会［EB/OL］.（2018-02-09）［2021-12-30］. http://www.pzhstats.gov.cn/tjgz/gzdt/687972.shtml.

［6］陈素娥. 后营改增时期如何加强地方税源建设［J］. 中国财政，2017（23）：45-46.

［7］罗博. 小城市建设与税源经济良性互动的思考［J］. 纳税，2018（3）.

［8］王众，骆毓燕，袁嘉琪. 资源税国内外研究现状及我国资源税改革评述：以新疆从价计征改革为例［J］. 矿产保护与利用，2016（3）：1-7.

［9］杨志勇. 资源税改革下一步需要注意的问题［J］. 中国财政，2016（13）：17-18.

七、学生案例分析报告基本格式

1. 标题。

2. 内容提要（简述，300 字）。

3. 报告正文：问题回答与综述。

4. 总结：对案例本身的总结；对所用知识点、方法及案例过程总结。

案例三

地方债务的化解

（编者：李博，尹梦霞）

一、案例提要

随着中国经济社会的快速发展和地区之间相互竞争的日趋激烈，地方政府债务规模日益膨胀，伴随而来的是债务风险的积累和放大。多年审计报告显示，部分地方政府的债务规模已经超出了当地政府的承受能力，风险不容忽视。如何规范管理地方政府债务，充分发挥资金的使用效益，规避债务风险已经成为摆在各级政府面前的一项重大课题。2014年，新《预算法》第一次从法律上明确了地方政府可以举债，为化解地方政府债务风险、强化债务资金管理提供了新的思路。

本案例以攀枝花市为研究对象，探讨攀枝花市地方政府债务风险的现状、成因，引导学生思考化解地方债务风险的对策，巩固理论基础，强化现实应用。

二、教学目的与学生任务

1. 本案例可配合"宏观经济学""财政学""金融学"等课程使用。

2. 让学生深入地理解财政活动中有关地方债务的范围、衡量指标、形成原因、治理机制等理论，强化对基本理论的认识和应用。

3. 掌握经济数据收集、整理、分析的方法，提高运用经济学基本理论分析现实经济问题的能力。

三、案例分析要点

案例按照"理论梳理—现状调研—成因分析—经验借鉴—对策研究"的思路展开。要求学生在阅读案例现有材料基础上，结合理论教学，能进一步完成下述任务：

1. 理论梳理：在梳理相关理论成果的基础上，归纳总结国内外关于地方政府债务管理的研究现状，阐述地方政府债务范围、成因、风险指标等相关概念和内涵，夯实理论基础。本任务成果为相关研究的文献综述报告。

2. 现状调研：通过查阅《攀枝花市统计公报》，对财政、税务等部门进行实际调研等方式获得数据，以全面反映攀枝花市政府债务的规模、结构、资金来源等，能通过债务率、负债率、偿债率、贷新还旧率等主要债务指标衡量攀枝花市政府债务风险，并对地方债务风险状况进行评价。

3. 成因分析：深入剖析攀枝花市政府债务管理中存在的问题，从财政体制和政府自身管理两个方面分析攀枝花市政府债务膨胀的原因。

4. 经验借鉴：对国内外的地方政府债务融资模式和风险管理体制进行系统的阐述与分析，总结化解地方债务风险的经验方法。

5. 对策研究：结合攀枝花市的实际情况，提出化解地方政府债务风险的具体建议。任务 2-5 的成果形成一份研究报告或课程论文，报告或论文以小组形式提交。

四、案例内容

（一）案例背景

2009 年，为应对国际金融危机的影响，中国政府开始实施积极的财政政策，出台投资拉动计划。其中，中央政府拨款约 30%，即 1.18 万亿元，其余 70% 的资金由地方政府配套解决，客观上刺激了地方政府负债融资。2010 年，中国已成为世界第二大经济体，伴随着经济总量的快速提升，地方政府债务规模迅速扩张，融资方式日趋多样化。但对于具体的债务规模相关机构还缺乏精确的摸底调查和统计，仅有的一些数据也多是估算。2003 年国务院发展研究中心估算约为 1 万亿元；2006 年财政部财政科学研究所估算约为 4 万亿元；根据国家审计署的审计结果，截至 2010 年年底，地方政府负有偿还责任的债务为 6.7 万亿元；截至 2012 年年底，地方政府负有偿还责任的债务为 9.6 万亿元。此外，由于其中的多数并未纳入预算管理，监管力度弱，存在极大的风险隐患。

2013 年，国家审计署对全国政府债务情况进行了较为全面的审计。审计结果表明，截至 2013 年 6 月底，全国各级政府负有偿还责任的债务为 20.7 万亿元，负有担保责任的债务为 2.9 万亿元。此次全国性的债务审计查出了很多问题：一是政府债务管理制度尚不完善。目前，财政部多个业务司分别负责各类政府债务管理工作，债务管理的归口尚未统一，境外人民币债券的发行等制度也不够完善。此次审计的 9 个省本级和 9 个市本级中，有 2 个地区没有制定政府性债务综合管理制度，有 9 个地区没有建立政府性债务风险预警系统。二是省本级债务借新还旧数额较大。2013 年 6 月至 2014 年 3 月，9 个省本级举借新债 579.31 亿元偿还到期债务，逾期债务达 8.21 亿元。三是个别地方政府债务举借和管理不规范。2013 年 6 月至 2014 年 3 月，4 个市本级政府违规担保或不合规抵押融资达 157 亿元，违反合同约定用于房地产开发、项目资本金或其他项目建设的资金达 108.62 亿元。另外，有 4 个省本级和市本级通过非公开定向融资、私募等方式隐性举债达 69 亿元。

2015 年，国家审计署审计工作报告显示：截至 2013 年 6 月底，必须在 2015 年偿还的政府债务达 1.86 万亿元。审计重点抽查了 9 个省本级、9 个省会城市本级和 9 个县级，这些地区 2014 年政府负偿还责任的债务比 2013 年 6 月底增加了 46%，有三分之一的地区综合财力出现了负增长，个别地方债务偿还困难。多年的审计报告显示，中国地方政府债务管理制度不健全，债务规模庞大，债务资金管理使用不规范、效益不高等问题都给地方政府增添了债务风险。从管理实践上看，国外因为债务负担过重而破产的城市已不鲜见。国内某些地方的政府债务规模已经超出了当地政府的承受能力，风险不容忽视。规避地方政府债务风险，规范债务管理，充分发挥资金的使用效益，已经成为摆在各级政府面前的一项重大课题，因此，我们对中国地方政府债务进行深入研究很有必要。

（二）理论梳理

本部分内容，要求同学们分小组就有关地方债务的相关理论、国内外研究动态进行系统的梳理，形成一份文献综述。理论梳理的主要内容包括：①地方政府债务的概念、范围界定、衡量和评价指标的相关研究；②对地方政府债务成因的分析；③地方政府债务风险管理和风险控制的相关研究；④地方政府负债的利弊之争；⑤西方政府债务管理理论。

（三）攀枝花市地方债务的现状

攀枝花市土地面积 7 400 多平方千米，下辖三区两县，分别是东区、西区、仁和区、米易县和盐边县，截至 2013 年，共有 16 个街道办事处、44 个乡镇、130 个社区居委会、352 个村民委员会，户籍总人口 120 万人。

1. 攀枝花市国民经济和社会发展基本情况

2013 年，攀枝花市被中央纳入攀西国家战略资源创新开发实验区和国家现代农业示范区，攀枝花市钒钛高新技术产业园区升级为国家级高新技术产业开发区。全市国民经济持续平稳发展，经济实力显著增强；产业升级扎实推进，发展方式逐步转变；"五创联动"（创建优秀旅游城市、国家级卫生城市、省级环保模范城市、省级文明城市和省级生态园林城市）工作成效显著，城乡面貌日新月异；重点领域改革稳步推进，发展空间不断拓展；群众生活持续改善，各项社会事业取得新进展。

（1）综合实力大幅提升。工业化率达 70.3%，人均 GDP 突破 7 万元，连续多年位居全省第一，地区生产总值由 2011 年的 646 亿元增加到 2015 年的 920 亿元，累计增长42.4%。2015 年，规模以上工业增加值增幅达 9.1%，比全国、全省平均水平分别高3 个百分点和 1.2 个百分点。

（2）城乡面貌显著改善。阳光花城、钒钛之都的城市名片日益响亮，"五创联动"工作取得阶段性成果，城镇化率达 64.03%，居全省第二位，比全国平均水平高 9.3 个百分点，比全省平均水平高 18 个百分点。旅游收入由 2011 年的 50.5 亿元增加到 2015年的 202 亿元，翻了两番。

（3）发展后劲明显增强。四川南向开放门户地位凸显，丽攀高速、成昆铁路客运扩能改造等项目加快了建设进度，攀大高速、攀宜沿江高速等对外大通道建设取得实质性进展。攀枝花市成为全国首个全光网城市，跻身国家知识产权示范城市。2015年，全市固定资产投资和招商引资到位资金分别较2011年增长69.5%和45.9%。

（4）群众生活持续改善。城乡居民收入长期位居全省前列，保障性安居工程建设走在全国前列，民生满意度总指数、社会治理能力、群众安全感排名处于全省领先地位，成功创建西南三省唯一的全国和谐社区建设示范城市。

2015年，攀枝花市城镇和农村居民人均可支配收入分别为30 000元、12 056元，较2011年分别增长54.8%和69.5%，位居全省第2位和第3位。

"十二五"期间，攀枝花市的各项事业取得了新进展新成就，在实现全面小康的征程中迈上了新台阶。但是"十二五"后半期，受宏观经济持续下行影响，攀枝花市财政收入、工业总产值等核心指标连续下滑，面临着比2008年金融危机时期更为严峻的困难局面，经济结构不合理、产业层次不高、自主创新能力不强、城乡区域发展不协调等问题较为突出。

（1）传统产业形势严峻。2015年，攀枝花市黑色金属矿业实现工业产值341.91亿元，下降3.3%；有色金属矿业实现工业产值68.26亿元，下降9.6%；钢铁行业实现工业产值205.58亿元，下降24.7%。

（2）规模以上工业企业经营压力大。2015年上半年，攀枝花市规模以上工业企业340家，较2014年同期减少11家，居全省17位，仅高于雅安市、巴中市、阿坝藏族羌族自治州、甘孜藏族自治州。全市规模以上工业总产值仅增长3%，较2014年同期回落7.2个百分点。2015年上半年，规模以上工业企业亏损的有87家，亏损面达25.6%，亏损额达19.2亿元，同比上升86.2%。

（3）重点骨干企业效益严重下滑。攀钢集团、钢城集团、攀煤集团、二滩水电公司是攀枝花市的四大企业，为攀枝花市经济发展做出了很大贡献。2010年，四大企业实现工业总产值468.7亿元，占规模以上工业企业总产值的比重达48.4%；2015年，四大企业实现工业总产值421.63亿元，比2014年下降15.8%，比2010年的产值也有所下降。2015年，攀钢集团实现工业产值297.34亿元，下降16.2%；钢城集团实现工业产值79.01亿元，下降17.8%；攀煤集团实现工业产值15.23亿元，下降31.3%；二滩水电公司实现工业产值30.05亿元，增长8.3%。

（4）工业产品市场低迷。"十二五"后半期，攀枝花市工业品出厂价格持续走低，生产价格指数（PPI指数）连续下跌40个月。其中，攀枝花市的传统产业，采选业、化工业、钢铁和钢铁压延加工价格分别下跌14.5%、4.5%、10.6%和6.5%。多数工业企业利润微薄甚至出现亏损，经营困难。

（5）固定资产投资回落态势明显。2015年，攀枝花市全社会固定资产投资增长2.1%，比年初预期目标低7.9个百分点，较2014年回落8个百分点，且项目储备保障不足，经济发展后劲乏力。

（6）消费市场发展趋缓。一是社会消费品零售总额增速不断回落。2015年上半年增速11.3%，比2014年回落0.8个百分点，比2011年回落6.9个百分点，居全省第18

位。二是网络零售新业态发展滞后，规模较小，与全省快速发展的电子网络经营趋势有明显差距。三是攀枝花市服务业核算相关指标多数处于市州末位。2015年上半年，服务业增长6.4%，分别低于全国和全省2个百分点和2.7个百分点，居全省21位，公路运输总周转量、邮政业务总量、零售业商品销售额、其他服务业增速分别居全省21位、21位、20位、20位。

（7）财政收支矛盾日益突出。"十二五"期间，攀枝花市经济下行压力持续加大，工业和房地产业整体低迷，财政收支矛盾突出，民生保障、社会事业等刚性支出有增无减，政府兜底压力巨大。2005年，攀枝花市地方公共财政收入居全省第3位，仅次于成都和绵阳。到了"十一五"期末，居全省第8位，"十二五"期间，攀枝花市在全省的位次继续下滑。2014年，地方公共财政收入62.91亿元，居全省第11位，增长7.5%，增速居全省第17位。2015年，地方公共财政收入53亿元，较2014年下降15.6%，居全省第13位，增速排全省末位。

从产业来看，攀枝花市三次产业结构呈现"一产弱、二产大、三产小"的格局，第二产业比重最大，第一产业和第三产业比重都不高。攀枝花市是一座典型的工业城市，工业发展需要依托服务业提供保障，而现代物流、金融、信息、科技以及咨询服务等生产型服务业规模小，发展缓慢，这样的现状在一定程度上制约了工业的发展。（见表1）

表1 "十二五"期间攀枝花市三次产业结构

年度	地区生产总值/亿元	第一产业增加值/亿元	第一产业占比	第二产业增加值/亿元	第一产业占比	第三产业增加值/亿元	第三产业占比
2011	646	24	3.7%	488	75.5%	134	20.8%
2012	740	26	3.5%	561	75.8%	153	20.7%
2013	801	28	3.5%	597	74.5%	146	22.0%
2014	871	30	3.4%	643	73.8%	198	22.8%
2015	920	31	3.4%	670	72.8%	219	23.8%

数据来源：《攀枝花统计年鉴》（2012—2016）。

2. "十二五"期间攀枝花市经济发展在全省中的地位

"十二五"期间，从经济总量来看，攀枝花市地区生产总值总量比较小，仅占四川省地区生产总值的百分之三，总量居四川省第14位。从发展速度来看，地区生产总值增速从2011年的15.3%下降到2015年的8.1%，居四川省第7位。（见表2）

从地方公共财政收入来看，攀枝花市地方财政实力快速下滑，增速放缓，总量从2011年的第8位下滑到2015年的第13位，而且从长远看仍有下滑趋势。从部分主要经济指标情况看，全社会固定资产投资、第二产业增加值、社会消费品零售总额等指标增长速度大多处于全省平均水平。第二产业增加值增速在"十二五"的后半期好于前期，而社会消费品零售总额增速则在"十二五"后半期较前期回落。（见表3）

表2 "十二五"期间攀枝花市地方公共财政收入情况

年度	总量/亿元	总量全省排名	增幅/%	增幅全省排名
2010	38.78	8	11.1	21
2011	49.48	8	27.6	20
2012	57.20	8	15.6	17
2013	58.55	11	2.4	19
2014	62.91	11	7.5	17
2015	53.3	13	−15.2	21

数据来源：依据《攀枝花统计年鉴》（2012—2016）相关数据整理。

表3 "十二五"期间攀枝花市主要指标增速与全省平均水平的对比

年度	全社会固定投资增速			第二产业增加值增速			社会消费品零售总额增速		
	全省/%	攀枝花/%	排名	全省/%	攀枝花/%	排名	全省/%	攀枝花/%	排名
2010	13.0	24.9	12	12.0	22.0	21	18.3	17.7	21
2011	11.4	15.9	13	17.5	20.6	21	17.6	18.2	8
2012	19.3	20.8	13	15.5	15.2	21	15.8	16.0	12
2013	16.7	17.8	14	11.7	11.5	16	13.9	14.2	13
2014	12.0	13.0	12	9.6	9.3	12	12.7	12.0	20
2015	10.2	4.5	17	8.5	1.8	12	12.0	11.8	17

数据来源：依据《攀枝花统计年鉴》《四川统计年鉴》（2012—2016）相关数据整理。

3. 攀枝花市债务现状分析

截至 2010 年年末（"十一五"期末），攀枝花市地方政府债务余额为 92.89 亿元，其中：市本级 58.68 亿元、东区 3.25 亿元、西区 5.18 亿元、仁和区 11.81 亿元、米易县 7.41 亿元、盐边县 6.55 亿元。

"十二五"期间，攀枝花市政府债务急剧膨胀。截至 2014 年年底，攀枝花市地方政府债务余额为 186.77 亿元，其中：市本级 95.47 亿元、东区 17.11 亿元、西区 15.83 亿元、仁和区 22.11 亿元、米易县 24.16 亿元、盐边县 12.08 亿元。

（1）截至 2014 年年底攀枝花市本级政府债务结构。

①按偿债责任划分。市本级债务 95.47 亿元中，政府负有偿还责任的债务 77.56 亿元（其中，一般债务 67.56 亿元，专项债务 10 亿元），占总额的 81.24%；或有债务 17.91 亿元（这里的或有债务均为负有担保责任债务），占总额的 18.76%。

②从债务资金投向来看。市本级政府性债务主要用于铁路、公路、市政基础设施建设和部分民生工程，未用于安排行政运行类支出。

③按债务来源划分。市本级债务主要来源于：银行贷款 54.74 亿元，占 57.34%；发行企业债券 24 亿元，占 25.14%；转贷债务 15.8 亿元，占 16.55%。

④按债务期限划分。市本级政府负有偿还责任的债务中，短期债务 24.94 亿元，占负有偿还责任的债务总量的 32.16%；中期债务 15.84 亿元，占负有偿还责任的债务总量的 20.42%；长期债务 36.78 亿元，占负有偿还责任的债务总量的 47.42%。

（2）2015 年攀枝花市政府债务变动情况。

2014 年 8 月 31 日，第十二届全国人民代表大会常务委员会第十次会议《关于修改〈中华人民共和国预算法〉的决定》修订了预算法。为规范地方政府债务管理，新预算法按照疏堵结合的原则，规定地方政府可以举借债务，第一次从法律上明确了地方政府的举债权，根据新预算法和《国务院关于加强地方政府性债务管理的意见》（国发〔2014〕43 号）的有关规定，四川省政府于 2015 年 1 月制定出台了《四川省政府性债务管理办法》（川府发〔2015〕3 号），对四川省地方政府债务管理做出全面部署。2015 年 12 月，攀枝花市颁布实施了《攀枝花市政府性债务管理办法》，进一步强化对攀枝花市地方政府性债务的管理。

新预算法第三十五条规定，经国务院批准的省（自治区、直辖市）的预算中必需的建设投资的部分资金，可以在国务院确定的限额内，通过发行地方政府债券举借债务的方式筹措。

债务融资规模由国务院报全国人民代表大会或者全国人民代表大会常务委员会批准。具体要求是：全国地方政府债务年度新增限额和总限额，需由国务院报全国人民代表大会或全国人民代表大会常务委员会审批；财政部根据批准的限额提出分地区方案，报国务院核定后下达各省（自治区、直辖市）。四川省政府债务新增限额和总限额，由省政府报省人民代表大会常务委员会审批；四川省财政厅根据批准限额提出分市县方案，报四川省政府核定后下达市县（这里批准的债务限额仅指政府负有偿还责任的债务，不含政府或有债务）。市县政府新增限额和总限额，由市县政府报同级人民代表大会常务委员会批准。各级政府要在每年预算调整方案中如实反映债务余额变化情况，向同级人民代表大会常务委员会报告。各市县应在同级人民代表大会常务委员会批准的限额内举借政府债务，不得超限额、无预算举借政府债务。各市县不得擅自更改政府存量债务清理甄别锁定的债务信息，并及时将 2015 年地方新增债券、置换债券等债务变动情况录入地方政府债务管理系统。

按照《四川省财政厅关于核定各地 2015 年地方政府债务限额的通知》（川财金〔2015〕139 号）的要求，攀枝花市对 2015 年地方政府债务限额进行了清理甄别。2015年攀枝花市政府债务与 2014 年相比主要有三个方面的变动。

①置换债券。2015 年，攀枝花市共获得地方政府置换债券三批，总额 33.98 亿元（一般债券 28.86 亿元，专项债券 5.12 亿元），其中市本级 13.07 亿元、东区 5.39 亿元、西区 3.86 亿元、仁和区 5.71 亿元、米易县 3.34 亿元、盐边县 2.61 亿元。按照四川省财政厅的相关规定，置换债券资金统筹用于偿还清理甄别确定的截至 2014 年 12 月31 日政府债务中 2015 年到期债务的本金。

②新增债券。2015 年，攀枝花市共获得地方政府新增债券两批共计 5.77 亿元（一般债券 4.71 亿元，专项债券 1.06 亿元），其中市本级 3.27 亿元、东区 0.31 亿元、西区 0.52 亿元、仁和区 0.47 亿元、米易县 0.71 亿元、盐边县 0.49 亿元。按照四川省财政厅的要求，新增债券资金要依法用于公益性资本支出，优先用于保障在建公益性项目后续融资，严格控制安排能够通过市场化方式筹资的项目，不得用于经常性支出或平衡预算，资金要重点安排在重大基础设施建设项目、城镇化项目和公益性事业项目。

新增债券计入当年新增政府债务限额。

③在建项目后续融资。经四川省政府同意，2015 年四川省财政厅核定攀枝花市的在建项目融资额度为 5.04 亿元，全部用于指定的棚户区改造项目，其中市本级（钒钛高新区）1.15 亿元、东区 2.81 亿元、仁和区 1.08 亿元。

按照财政部规定，在建项目后续融资纳入 2014 年清理甄别存量债务范畴，计入 2014 年政府债务限额。

从 2015 年起，地方政府债务实行限额管理，年度地方政府债务限额（不含政府或有债务）等于上年地方政府债务限额加上当年新增政府债务限额。2014 年，攀枝花市地方政府负有偿还责任的债务余额为 151.94 亿元，加上棚户区改造项目融资 5.04 亿元、2015 年新增债券 5.77 亿元，那么 2015 年攀枝花市地方政府负有偿还责任的债务限额为 162.75 亿元，其中市本级 81.98 亿元、东区 18.46 亿元、西区 16.35 亿元、仁和区 19.57 亿元、米易县 17.56 亿元、盐边县 8.83 亿元。

2015 年 12 月，攀枝花市政府向市人民代表大会常务委员会提出《攀枝花市人民政府关于提请市人大常委会审议批准我市 2015 年地方政府债务限额的议案》（攀府 2015〔8〕号），12 月，攀枝花市人民代表大会常务委员会批准了 2015 年攀枝花市地方政府债务限额，并依法向社会公开。之后，攀枝花市财政局将限额下达县（区）。

五个县（区）财政部门也在核定的限额内，结合实际提出本地区 2015 年政府债务限额，由县（区）政府报同级人民代表大会常务委员会批准，并依法向社会公开。

（四）攀枝花市债务风险分析

本部分利用衡量政府债务风险的几个主要指标来分析当前攀枝花市政府债务的风险状况。

（1）债务率，即当年的政府债务余额占当年政府综合财力的比重，主要反映地方政府承受债务风险的能力。四川省财政厅采用的控制比例为：举借债务≤80%<警示区≤100%<控制举债区。按攀枝花市本级 2014 年综合财力 55.18 亿元，政府负有偿还责任的债务 77.56 亿元测算，市本级负有偿还责任的债务的债务率为 140.56%，超过了债务控制率 100% 的标准，进入控制举债区。国际公认的债务率警戒线是 100%。实际上，2014 年地方政府综合财力的计算口径从中央到地方都有较大的改变，但如何计算综合财力，中央和四川省级都没有明确计算口径。

（2）负债率，即当年的政府债务余额占当年地区生产总值的比重，用来衡量政府债务规模占同期地区生产总值的比例，在一定程度上反映了政府负债规模对国民经济的影响。国际上通常以《马斯特里赫特条约》规定的负债率 60% 作为政府债务风险控制标准参考值。按照攀枝花市 2014 年政府债务余额 186.77 亿元，地区生产总值为 871 亿元测算，攀枝花市负债率仅为 21.4%，远低于 60%。但需注意的是，中国地区生产总值的统计数据同地方公共财政收入数据匹配度向来不高，特别是某些市级和县级地区生产总值统计数据的可信度相对财政收入要大打折扣，因此，由此测算出来的负债率的参考价值并不高。

（3）偿债率，即当年应还本付息金额占当年政府综合财力的比重，反映政府的债务偿还能力。发达国家的偿债率指标一般比较低，国际上公认的安全线是20%。2014年，攀枝花市本级到期债务本息合计17.64亿元，市本级综合财力55.18亿元，攀枝花市本级偿债率为31.97%，远高于20%的安全线。

但是财政部门公布的偿债率仅为12.6%，同上述测算的偿债率相差较大。财政部门认定当年市本级应还本付息金额为6.85亿元（从17.64亿元中扣除了贷新还旧的到期债务10.79亿元），这显然是不合理的。

（4）贷新还旧率，即当年贷新还旧债务占当年归还债务总额的比率，反映地方政府归还到期债务的能力。国家审计署审计结果显示，截至2012年年底，有2个省级、31个市级、29个县级、148个乡镇政府负有偿还责任的债务的贷新还旧率超过20%。2014年，攀枝花市政府贷新还旧额共10.79亿元，占当年偿还本息资金17.64亿元的61.17%，贷新还旧的比率较高，维持政府性债务链的任务较重。

（五）攀枝花市地方债务的变化趋势

本部分选取攀枝花市2010年（"十一五"期末）的债务数据同2014年的债务数据进行纵向对比，通过对主要债务指标的对比分析，我们可以看出攀枝花市政府债务风险的变化情况。

截至2010年年底，攀枝花市地方政府债务为92.89亿元，其中市本级政府债务58.68亿元，县区政府债务34.21亿元。（见表4）

表4 2010年年底攀枝花市政府债务情况　　　　　单位：亿元

	政府负有偿还责任的债务	政府负有担保责任的债务	其他相关债务
市本级	57.03	1.65	—
东　区	3.25	—	—
西　区	5.18	—	—
仁和区	11	0.81	—
米易县	7.28	0.083	0.05
盐边县	6.51	0.032	0.006
合计	90.26	2.57	0.056

数据来源：依据攀枝花市财政局公布数据整理。

（1）债务率。2010年，攀枝花市本级政府负有偿还责任的债务为57.03亿元，市本级综合财力47.05亿元，市本级政府负有偿还责任的债务的债务率为121.2%。2014年，攀枝花市本级政府负有偿还责任的债务的债务率为140.56%。比较"十一五"期末，债务规模扩张了一倍，债务率上升近20个百分点。

（2）偿债率。2010年，攀枝花市本级还本付息额3.79亿元，偿债率为8.06%。2014年，市本级到期债务本息17.64亿元（含贷新还旧），偿债率为31.97%。2010年，攀枝花市本级偿债率尚未超过国际公认的20%的安全线，到了2014年，偿债率指标已经超出警戒线11.97个百分点。

（3）负债率。2010年，攀枝花市地区生产总值为529亿元，政府负债率仅为

17.7%，2014 年政府负债率 21.4%。五年来，政府负债率始终远低于 60% 的国际警戒线。但是，负债率这一债务指标与债务率、偿债率指标的匹配度不够，其原因在于负债率取用的指标是地区生产总值，而债务率和偿债率取用的指标是地方综合财力。地区生产总值同地方财政收入的匹配度向来不高，这也反映了部分地方政府虚报地区生产总值的现实。统计数据的权威性还有待提高。

2014 年和 2010 年比较，攀枝花市本级政府主要债务指标均有不同程度的上升，这意味着政府债务风险逐渐攀升。

（六）攀枝花市政府债务膨胀成因分析

积极防范和化解政府债务风险的前提是对政府债务管理中存在的问题及债务膨胀原因进行系统分析，以便"对症下药"。政府债务膨胀是多种因素影响的结果，不同因素对不同政府债务的影响程度也不相同。攀枝花市政府债务成因有其作为地方政府的普遍性，也具有个例的特殊性。

1. 攀枝花市政府债务管理存在的问题

2013 年，国家审计署公布的《全国政府性债务审计结果》显示，截至 2013 年 6 月底，省级、市级、县级和乡镇四级政府负有偿还责任的债务分别为 1.8 万亿元、4.9 万亿元、3.96 万亿元和 0.3 万亿元。其中，市本级政府债务占地方政府债务总额的比重最大，达 44.49%；其次为县本级，占比达 36.35%；而省本级占比为 16.33%；乡镇本级最低，占比为 2.82%。在县级政府债务中，四川省的县本级政府债务占全省债务总额的比重为 59.38%，远高于全国 38.81% 的平均水平。

近年来，中央和地方政府采取多种措施规范地方融资平台，提升地方投资公司的偿债能力，积极化解债务存量，控制债务风险，逐步建立健全债务管理制度，取得了一定成效。但多年的审计报告显示，中国地方政府债务仍然存在以下几个问题：

（1）规模迅速膨胀。地方政府的日常办公费用、工资支出等保运转的公用经费属于刚性支出，在出现资金缺口的时候上级政府会通过转移支付来支持地方政府正常运转。而对于城市公共设施、新城建设、旧城改造等方面的项目支出，上级政府一般不予以政策和资金支持，于是地方政府往往会给关联银行施加压力，强烈的资金需求使得地方政府短时期内便背负了巨额负债。

（2）隐蔽性强，透明度差。新预算法出台前，中国地方政府合法的债务融资来源主要是中央转贷给地方的专项贷款，而地方政府在强烈的融资冲动下，通过多种"创新手段"巧立名目打"擦边球"，隐蔽融资了庞大的债务资金，脱离中央和同级人大的监管。多年来，对于地方政府债务规模的大小没有一个机构能给出权威的数字，直到 2011 年审计署对地方政府债务进行全国性的专项审计调查后，债务规模才浮出水面。但是，目前针对地方政府债务的专项审计调查并没有形成制度，公众舆论对每年中国地方政府债务的详情并不够清楚明白，地方政府债务还没有真正地晒在阳光下，这不利于规避债务风险和强化债务管理。

（3）县乡债务逾期情况严重。县乡政府的偿债能力相对较低，一方面公共资金需求不断上升，负债增长；另一方面，债务本息累计负担沉重。2004 年农业特产税取消，

2005 年农业税取消，县乡级财政因为农业税费改革有所削弱。在转移支付制度尚未完善的情况下，县乡级基层财政已很难承担债务重负。

（4）政府风险增大。一方面，地方政府为企业或者投资公司提供担保，一旦企业经营失败或者投资项目运行不佳导致无法按时还债，地方政府就成为直接债务人。这一模式可能带来"道德风险"，即企业借款时可能已经寄希望于地方政府偿还负债，由此地方政府的风险随着担保金额的增大而不断攀升。另一方面，当地方政府无力偿债时，中央财政则被迫"兜底"。比如，近年来中央对地方拖欠的养老金进行补助，而中央政府的这种"兜底"行为很可能会带来"道德风险"。地方政府对中央政府抱着最后"买单"的希望而肆无忌惮地负债融资，一旦出现地方债务危机，就会给中央财政带来较大的隐性负担。

2. 攀枝花市政府强化债务管理的相关举措

近年来，攀枝花市政府强化政府性债务管理工作，严格控制新增债务规模和债务成本，努力防范债务风险。

（1）建立偿债准备金制度。2012 年，攀枝花市政府制定《攀枝花市政府性贷款还贷准备金管理办法》，规定攀枝花市政府性贷款还贷准备金按照"归口管理，专户存储，专款专用，确保余额"的原则设立和管理，还贷准备金由市财政根据当年政府性债务余额设立，根据贷款到期时间及财政预算收支情况做适当调整，但不得低于贷款余额的 5%。

（2）逐步建立债务审批和管理制度。新增政府性债务的规模和利率报财政部门初审，并进行可行性研究和风险评估，明确还款资金来源，经市政府批准后实施。市政府要求各部门、单位不得违规举借债务，未经批准不得增加债务总量。2015 年 12 月，攀枝花市政府制定《攀枝花市政府性债务管理办法》，强化了借、用、还三个环节的综合管理，针对防控债务风险和责任追究提出了一些具体措施。

（3）实行政府债务限额批准制度。2015 年，在对地方政府债务限额进行清理甄别的基础上，攀枝花市人民代表大会常委会批准了 2015 年攀枝花市地方政府负有偿还责任的债务限额为 162.754 1 亿元，2015 年攀枝花市地方政府负有偿还责任的债务不得超过 162.754 1 亿元的限额。

3. 攀枝花市政府债务管理中存在的问题

尽管攀枝花市政府在规范融资平台、提高资金使用效益及强化债务管理上做出了很多努力，也取得了一些成绩，但攀枝花市地方政府债务管理中仍然存在一些问题。

（1）市本级和县级政府债务急剧膨胀，增长较快。"十二五"期间，攀枝花市政府债务急剧膨胀，比"十一五"期末翻了一番。截至 2014 年年底，攀枝花市地方政府债务余额为 186.77 亿元，其中市本级 95.47 亿元、县区级 91.3 亿元。

（2）地方债务负担较重。截至 2012 年年底，四川省政府负有偿还责任的债务的债务率为 71.58%。2014 年，攀枝花市本级负有偿还责任的债务的债务率高达 140.56%，根据四川省审计厅债务公告，截至 2012 年年底，全省 21 个地市州中，有 6 个市级、30 个县级和 634 个乡镇政府负有偿还责任的债务的债务率高于 100%，攀枝花市在四川省属于债务率最高的市州之一。

四川省按照 8 000 万人口，政府债务 6 530 亿元测算，人均负债约 8 162 元。攀枝花市按照 120 万人口，政府债务 186 亿元测算，人均负债约 15 500 元，远超四川省人均负债，人均债务负担重。

（3）主要债务指标不容乐观，还本付息压力大。2014 年，攀枝花市本级负有偿还责任债务的债务率为 140.56%，远远超过了国际公认的警戒线 100% 的标准。市本级偿债率为 31.97%，市本级贷新还旧率达 61.17%。2014 年，短期需偿还债务 24.94 亿元，占 2014 年综合财力（估算）的 45.2%，财政还本付息压力巨大。受国内经济下行压力加大、铁矿石价格走低、落实结构性减税政策的影响，市本级财政收入低于预期，减收因素逐步显现，加之民生工程等刚性增支因素的影响，攀枝花市实现财政收支平衡面临严峻考验。

（4）市政府可能会承担担保责任债务风险。攀枝花市政府除负有偿还责任的债务外，还有负有担保责任的债务 17.91 亿元，钒钛产业园区债务、花城新区债务以及部分 BOT 建设项目债务，虽属企业债务或部门债务，但在经济形势严峻、土地出让市场不振的情况下，企业一旦无法按期归还债务，仍存在财政代偿的可能。

五、问题与思考

（1）结合所学财政学知识回答，衡量地方债务水平和风险的主要指标有哪些？

（2）运用所学理论，收集最近时段的相关数据，衡量攀枝花市当前的地方债务规模和风险状况。

（3）结合案例和相关理论，分析导致攀枝花市债务膨胀的原因。

（4）收集文献资料，整理和分析国内外化解地方政府债务危机的模式和经验。

（5）结合理论、案例内容和实际调研，尝试提出化解攀枝花市地方政府债务风险的政策措施。

（6）请按照案例的分析方式，收集整理 2015—2017 年攀枝花市相关数据，分析攀枝花市地方债务有哪些新特点和变化。

六、参考文献与扩展材料

［1］魏加宁. 我国地方政府债务风险化解对策研究［J］. 新金融评论，2014（4）.

［2］刘尚希，赵厚. 财政风险：一个研究框架［J］. 社会观察，2003（1）.

［3］唐恩友. 关于地方财政债务的几点思考［J］. 贵州财政会计，2002（12）.

［4］郭琳，樊丽明. 地方政府债务风险分析［J］. 财政研究，2001（5）.

［5］张军，周黎安. 为增长而竞争：中国增长的政治经济学［M］. 上海：上海人民出版社，2008.

［6］郭玉清. 逾期债务、风险状况与中国财政安全：兼论中国财政风险预警与控制理论框架的构建［J］. 经济研究，2011（8）.

［7］缪小林，杨雅琴，师玉朋. 地方政府债务增长动因：从预算支出扩张到经济增

长预期［J］. 云南财经大学学报，2013（1）.

［8］龚强，王俊，贾珅. 财政分权视角下的地方政府债务研究：一个综述［J］. 经济研究，2011（7）.

［9］刘煌辉，沈可挺. 中国地方政府公共资本融资：问题、挑战与对策：基于地方政府融资平台债务状况的分析［J］. 金融评论，2011（3）.

［10］何杨，满燕云. 地方融资平台债务：规模、风险与治理［J］. 财政研究，2012（2）.

［11］刘伟，李连发. 地方政府融资平台举债的理论分析［J］. 金融研究，2013（5）：126-139.

［12］王萍. 我国地方政府债务风险及其防范［J］. 财经论丛，2007（2）.

［13］武彦民. 我国财政风险的现实性和可控性［J］. 经济理论与经济管理，2003（4）.

［14］刘谊，刘星，等. 地方财政风险监控体系的建立及实证分析［J］. 中央财经大学学报，2004（7）.

七、学生案例分析报告基本格式

1. 标题。
2. 内容提要（简述，300字）。
3. 报告正文：问题回答与文献综述。
4. 总结：对案例本身的总结；对所用知识点、方法及案例过程总结。

案例四

西昌航天新区同城化发展之路

（编者：董洪清）

一、案例提要

凉山彝族自治州（凉山）是全国最大的彝族聚居区，也是全国的深度贫困地区，区域内二元经济结构十分明显，经济社会发展极不平衡。辖区内的安宁河谷地带，是四川省第二大平原，自然条件优越，资源禀赋独特，交通便利，人口和城镇分布密集、产业集中程度高，特色产业初具规模，经济社会在凉山州得到率先发展、高质量发展，龙头作用、示范作用、引领作用十分突出。本案例的西昌航天新区（西昌、德昌、冕宁）属于安宁河谷地带的核心区域，在凉山经济份额中独占半壁江山，实施同城化发展战略不仅具有必要性，而且具有可行性。2018 年其 GDP 709.47 亿元，占凉山 17 县市 GDP 1 533.2 亿元的 46.3%。

同城化是经济全球化和区域经济一体化发展的客观要求，是现代城市做大做强的必然趋势和现实选择。本案例在对西昌、德昌、冕宁推行同城化发展战略的必要性和可行性进行分析的基础上，深入探究同城化发展存在的问题，引导学生思考西昌航天新区同城化发展的重要战略意义，分析西昌航天新区同城化发展中还存在的突出问题并提出相应的策略建议，从而助推西昌航天新区同城化发展，以此引领凉山区域经济更好更快发展，加快建设美丽幸福、文明和谐新凉山。

二、教学目的与学生任务

1. 本案例主要适用于"城乡规划管理""战略管理""管理学""区域经济"等课程。

2. 让学生理解同城化相关理论知识以及实施同城化发展战略对区域经济整体实力提升的重要意义；让学生更熟悉西昌、德昌、冕宁的资源、产业、交通等基本情况，了解区域实施同城化发展战略的必要性和可行性；让学生理解同城化对加快安宁河谷区跨越发展的影响，引导学生思考西昌航天新区同城化发展的思路，分析西昌航天新区同城化发展中还存在哪些问题并提出相应的策略建议，培养学生对同城化发展问题的综合分析能力。

三、案例分析要点

根据背景材料，在收集有关同城化发展、区域协调发展及创新发展等相关资料的基础上，从以下几方面着手进行分析：

第一步，复习回顾有关城乡规划管理、战略管理等相关基础知识。

第二步，通过西昌航天新区同城化发展的相关问题研究，分组讨论西昌航天新区同城化发展的现状及区域协同发展和创新发展的基本情况。

第三步，根据西昌航天新区同城化发展的重点、难点，分析西昌航天新区同城化发展中还存在哪些突出问题，为西昌航天新区同城化发展提出针对性的对策建议。

四、案例内容

同城化是经济全球化和区域经济一体化发展的客观要求，是现代城市做大做强的必然趋势和现实选择。同城化的实质是通过城与城之间的紧密合作，推进城乡建设一体化、产业发展一体化、区域市场一体化、基础设施一体化、生态环保一体化、公共服务一体化，目的是解决行政区域与经济区域的矛盾和摩擦，减少资源消耗，提升区域经济和城市整体竞争力。西昌、德昌、冕宁三县市同城化，是凉山州委、州政府加快安宁河谷区跨越发展，提升区域综合实力的重大战略举措。

（一）同城化发展的必要性和可行性

1. 同城化建设的必要性

西昌、德昌、冕宁位于安宁河谷的核心区域（以下简称西昌航天新区），同城化的提出和战略实施是凉山州委、州政府推进安宁河谷区域加快发展、率先发展、高质量发展和跨越发展，提升区域综合实力的重要举措。这既是四川省"一干多支，五区协同"整体发展战略的客观需要，也是加快推进攀西地区经济发展的现实要求。同城化建设不仅能拓展西昌中心城市的发展空间、扩大辐射力，还有利于提升区域综合实力、加快城市化进程，构建区域经济、社会、文化、生态的良性互动发展机制。

（1）同城化发展是进一步提升区域综合实力和西昌中心城市影响力的必然选择。

在区域经济一体化发展的大背景下，区域之间的竞争不再是单个城市的较量，而是城市群的比拼。合作共赢、抱团发展已成为各城市的发展战略。实践证明：同城化发展是城市提升综合竞争实力的重要抓手，谁不"入伙"，谁就会在激烈的区域竞争中因势单力薄而落后于人。深圳与香港各自均为实力很强的城市，也是不同制度的两类城市，但却较早地提出"同城化"发展理念，并制定了具体措施付诸实施。国内也有不少城市实施了"同城化"的发展战略，如辽宁的沈阳与抚顺、湖南"长株潭"、陕西的西安与咸阳、河南的郑州与开封、山西的太原与榆次以及四川天府新区等，这些地方均打破中心城市行政区界限，通过资源优势互补、产业错位发展、设施共享和市场共建等方式，步入各具特色的创新发展之路。同城化建设战略充分发挥了参与各方的优势，促进了参与各方共同协调发展，提升了区域综合实力和城市整体竞争力。因此，凉山要进一步提升西昌航天新区的综合实力，扩大西昌中心城市的影响和辐射力，必须加快实施同城化建设的步伐。

（2）同城化发展是建设国家级攀西战略资源创新开发试验区的现实要求。

2013年2月，国家发改委批准设立攀西战略资源创新开发试验区，这是目前全国唯一一个以战略资源综合开发利用为主题的国家级战略资源创新开发试验区。凉山州地处试验区核心区域，有6个县（市）整体纳入该试验区，总面积占试验区面积的三分之二。但目前攀西战略资源创新开发试验区规划中涉及的企业、产业和重点项目大多在攀枝花市，而凉山境内相对较少，这与凉山的资源优势并不相称。西昌、德昌、冕宁同处攀西战略资源创新开发试验区腹心地带，地域相连、人文相亲、人脉相通，人文环境和自然资源共生共融，发展优势十分明显。凉山州政府进行同城化打造，有利于整合建设用地、环境容量、资源开发、招商引资等方面的优势，有利于提高凉山在试验区建设中的份量和竞争力，争取国家和省上更大的支持；否则，可能将会在试验区建设的重大产业布局、重点项目争取上错失良机。这不仅会影响自身发展，也会影响试验区的整体建设的推进。受土地、环境容量等瓶颈制约，目前很多项目在西昌无法落地就是未实施好同城化发展的反证。

（3）同城化发展是实施四川省"一干多支、五区协同"，把凉山建成最有特色"一支"发展战略的必然要求。

四川省委十一届三次全会决定实施"一干多支"发展战略，构建"一干多支、五区协同"区域发展新格局。凉山州委、州政府审时度势，牢固树立新发展理念，更加坚定自觉地将凉山工作融入全国、全省发展大局去谋划和推进，紧紧围绕州第八次党代会提出的"建设美丽幸福文明和谐新凉山"的目标取向，着力打造"四基地、一门户、一屏障、两示范"，建成全省"一干多支"中"最具特色的一支"；按照国家主体功能区定位，统筹全州产业发展布局、新型城镇化布局、交通基础设施布局、生态功能布局，通盘考量不同区域的地理区位、资源禀赋、产业基础、发展潜力和路径，进一步统筹优化区域协同发展布局，支持西昌加快建成全面体现新发展理念的中心城市，做大做强以西昌为中心的安宁河谷发展主干，打造优势互补、协调联动、错位发展的区域发展共同体，缩小城乡区域发展差距，破解发展不平衡不充分难题，推动西昌中心城市、安宁河谷同城化发展区的快速发展。

西昌、德昌、冕宁地处安宁河核心流域地段，龙头带动作用十分突出，直接影响凉山的经济发展规模及水平。西昌作为攀西地区中心城市之一，是凉山经济、政治、文化和科技中心（2018年西昌市GDP为509.38亿元，占凉山GDP的33.2%），如能与德昌、冕宁协同发展，可以更有力地带动辐射整个西昌经济圈发展。这必将大大提升区域的综合实力和发展水平，形成"一体两翼"的核心增长极。西昌也必将在凉山成为最具特色的"一支"的过程中扮演非常重要的角色。

2. 同城化建设的可行性

西昌、德昌、冕宁三县市地缘邻近、人文相亲、优势并进、产业互补，在经济、文化、科技和管理等多方面存在广泛联系，一些领域已构建了互补性产业类型，已具备加快推进同城化发展的现实需求和发展互利共赢的强大愿望。

（1）从区位优势上看。凉山按照"突出南向、聚焦关键、全域联动"的总体思路，推进四川南向门户区域性综合交通枢纽建设；着力构建"多通道放射、多节点并举、多网络融合"的立体交通体系，未来凉山将形成"五走廊五枢纽"通道空间新格局。西昌及辐射区是凉山政治、经济和文化中心，也是全州的交通枢纽，随着交通条件的日益改善，"一小时经济圈"已初步形成，为同城化发展提供了坚实的交通保障。

（2）从基础条件看。三县市城市化程度较高，城镇建设水平差异不大，在全州均处于领先水平，具有同城化发展的前提。2014年，西昌城市化率为55.9%，冕宁为37.9%，德昌为36.0%。新型城镇化会带来两个方面的发展加速：一是基础设施建设的加速。成昆高铁复线、泸黄高速扩建的完工，西昌绕城环线的加快建设以及大桥水库调水工程的动工，都将极大加速三县市基础设施的联动建设。二是城镇间人口的深度流动融合。以旅游产业发展为例，西昌由于自身接待容纳能力限制，大量游客辐射到了德昌、米易、冕宁，甚至石棉等地。

（3）从合作空间上看。一是三县市土壤墒情基本一致，为三地在土地管理、土地指标利用方面的合作提供了现实可能。三县市水田等级分别是：西昌6~12等、冕宁9等、德昌6~12等。旱地等级分别是：西昌8~12等、冕宁9等、德昌9~12等。二是环保容量，三县市由于地域紧密相连，谁也无法独善其身，因此必须在环境保护、生态建设方面紧密配合与协同。"十二五"期间，凉山州政府下达给三县市的化学需氧量、氨氮、二氧化硫、氮氧化物四项减排目标分别是：西昌12 258.61吨、1 485.13吨、15 140吨和3 130吨；德昌2 247.83吨、249.28吨、987.49吨和153.42吨；冕宁4 395.87吨、521.19吨、1 072.99吨和1 044.92吨。从2014年凉山州减排办核定的排放量来看，冕宁化学需氧量、二氧化硫，德昌氮氧化物，西昌化学需氧量、氨氮实现新增减排量，其他指标均出现新增排放量。三是资金供给。西昌现有12家银行（2014年新增攀枝花银行、浦发银行、南充商业银行），22家保险公司，9家各类小贷公司，2014年各项存款余额占全州的44.4%、贷款余额占全州的62.1%，保费收入占全州的79.3%。西昌金融市场的迅速放大和供给也给同城化提供了有力支撑。

（4）从产业发展上看。三县市已具备加快推进同城化发展的互补性产业类型。西昌市具有成都、昆明两大城市中心节点和州府所在地的区位优势，很多在攀西及周边地区从事战略资源、新能源、农产品等开发和生产的企业都在西昌设立总部基地，这就能推动企业决策、研发、金融结算、物流配送等生产性服务业向西昌聚集，推动相关产业高端发展、集群发展。德昌县具有光热、大型装备等发展现代农业和装备制造业的良好条件，大力发展蔬菜、林果、畜牧、花卉等特色优势产业极具优势；能加快推进新型工业化，推动装备制造等优势产业向高端发展。冕宁县具有稀土、历史文化、旅游文化等资源优势，建立了省级稀土高新技术产业基地，大力发展红色文化、生态文化等文化旅游产业，目前正在推进的大桥水库引调水工程，为同城化发展创造了良好条件。

（二）西昌航天新区同城化发展存在的问题

2013 年 6 月 7 日，西昌、冕宁、德昌三县市共同签订了《同城化发展协议》。2015 年 3 月 9 日，又举行了西昌、德昌、冕宁三县市推进同城化发展工作会，并签署战略合作框架协议。近年来，凉山州委、州政府高度重视，三县市党政也做了一些积极探索，但总体来说同城化工作进展缓慢，各县市开展同城化工作的主动性、创新性还很不够，同城发展基本处于会议协商的浅表性阶段，政府间的互信与联动还不够有力有效，产业的区域性空间布局和城镇建设仍是各自为阵，同质化发展、重复建设现象十分突出，同城发展和同城共享的良性运行机制尚未形成，离同城化整体目标还相差甚远。究其原因，主要表现在：

1. 区域行政壁垒突出

体制壁垒与行政分割是影响同城化发展的主要制度因素。目前，西昌、德昌、冕宁三县市的国有经济份额依然很大，因受条件和属地的政府约束，不能完全成为市场的主体来进行结构调整和产业整合。同时，行政区划导致行政管理的条块分割，影响了产业融合和市场整合，阻碍了经济资源的自由流通和跨地区的经济合作。三县市同城化发展存在着观念和利益上的壁垒，长期形成的以行政区域划分经济区域和现行的财税及社会保障救济体制，严重束缚了人们的观念和手脚。在遇到具体问题时，三县市思考的方式和角度往往不是从尊重和运用经济规律出发，而是从行政区域的角度去思量，导致三县市同城化的利益协调机制难以建立，在产业发展上无序竞争。

2. 领导机构不健全、协调方式单一

目前，三县市同城化发展尚未成立强有力的专门领导机构，这是各自为政、同城化建设工作不能有效、有序推进的重要原因。在协调方式上，当前三县市政府间的合作大多还停留在各种会议层面上，这种会议式和"提意见"的协调方式在推进三县市同城化过程中尽管也发挥了一定作用，但对涉及各自利益格局的一些优势互补、错位发展的项目就不能科学统筹和有效解决。

3. 制度和机制缺失

从目前三县市的合作内容和方式来看，三县市并没有形成一套制度化的议事和决策机制，还处于由各政府形成的倡导性的合作阶段。仅靠各县市的自觉意识，是难以深度实现区域协作、协调发展的。三县市必须通过强有力的制度约束，才能规范和促进区域间的合作，使合作更加常态化、制度化。

4. 整体意识欠缺

同城化应该是一个全方位的、整体的范畴，既包括经济和社会同城，也包括文化建设和生态维护的同城。相对地讲，三县市在文化和生态的统筹发展方面更加薄弱，在特色文化和旅游文化打造上不仅各自为政，而且综合开发意识淡薄。

5. 区域界定不够明确

同城化发展的核心内容是"城"，三县市同城化战略的提出，一直是西昌、冕宁、德昌三县市行政区域的简单叠加，很少人从城市的元素和定位进行研判和界定。三县市在凉山州尽管属于率先发展地区，城市化水平也较高，但区域"二元"经济结构特

征仍然突出，城乡差别较大，尤其是安宁河谷区及辐射区无论是经济发展还是社会进步的差异均很大。如果简单叠加，将达不到同城化的根本目的。

6. 总体规划严重滞后

规划是对未来整体性、长期性、基本性问题的思考和考量，是发展的顶层设计。而同城化又是一个全方位的整体范畴，既包括经济建设和社会发展，又包括文化建设、生态保护和旅游服务等多个方面。但目前在推行同城化进程中，三县市基本处于"见子打子""头痛医头脚痛医脚"的初级层面。三县市无论是基础设施建设，还是产业发展以及旅游业发展等方面，均无系统性、前瞻性和可操作性的通盘考虑，重复建设和同质化发展现象突出，尤其是产业发展方面。比如，因 GDP 政绩的考量、资源要素禀赋、经济发展迫切、脱贫急切、政策导向不明确等原因，冕宁已建立了稀土工业园区，德昌也建立稀土工业园区；西昌有钒钛工业，德昌也建钒钛工业。这些情况如果得不到改善，将会导致各自为政、恶性竞争，以致重复建设、盲目攀比和资源的极大浪费。

（三）推进西昌航天新区同城化建设的对策建议

全力推进西昌航天新区同城化建设，要贯彻落实"创新、协调、绿色、开放、共享"五大发展理念，针对西昌、德昌、冕宁在同城化建设过程中存在的突出问题和同城区域的地理、资源、产业、基础设施特征，按照高标准、高起点的要求，强化组织领导，加强舆论导向，划定同城区域，打破行政壁垒，以交通建设为先导，以河谷治理为核心，以特色旅游为亮点，统筹要素保障、产业发展和集镇建设，努力构建抱团发展、优势互补和同城共享的良好运行机制。

1. 强化组织领导，切实转变政府职能

根据目前同城化还比较松散的实际情况，建议成立安宁河谷核心区同城化工作指挥部（或者领导小组），指挥长（或者组长）由凉山州委、州政府的主要领导兼任，成员由州级相关部门的主要领导和相关县市主要领导组成。领导小组下设办公室和各个工作小组，明确牵头领导及工作部门，全面负责同城化工作的领导、协调及相关工作。推进管理体制改革，走出行政区域 GDP 考核的模式，建立同城化考核评价体系，层层分解任务，落实责任追究。

在同城化进程中，政府职能应逐渐由管理型向服务型转变，从经济领域向公共服务领域转向。凉山州委、州政府要以"政府—服务"原则为核心，公平分配县市利益，对实施同城化过程中发生的争议问题，按照区域经济和生态利益最大化原则予以裁决，对做出牺牲的县市予以相应补偿，对违反总体规划的单方行动要给予行政或者经济上的处罚，保证同城化的健康发展。

2. 加强舆论导向，强化全民参与意识

"同城"需要同建，同建需要同识和同心。只有全民共同参与，才是真正意义上的同城。通过调研发现，不少市民对"同城化"概念还很陌生，对凉山州委、州政府推行三县市同城化发展战略的积极意义还不知晓。因此，我们建议加大三县市同城化发展战略的宣传力度，通过各种手段，营造万众参与的良好氛围。比如，举办一些有关同城化建设的宣传活动、竞赛活动，通过电视、广播等媒体手段组织一些专栏，开放一

些基础设施的规划以及各种补偿机制的细节，让市民了解同城化的进程，消除市民对同城化的顾虑。同时，还可以通过微信公众号不定期地推送同城化信息，让市民随时了解同城化进程动态等。

3. 科学规划，有序推进

西昌航天新区同城化建设工作是一个庞大的系统工程，为了科学有序地推进同城化建设，凉山州委、州政府必须高标准、高起点地进行顶层设计。建议规划先行，聘请国内有影响的高水平规划设计机构，在充分调研的基础上，根据区域的整体架构蓝图和各区域的功能定位对同城区域基础设施建设、土地整合、产业发展、特色集镇建设等方面进行科学规划，形成以快速通道为先导，安宁河为轴心，特色旅游为亮点，产村相融、农旅结合、错位发展为特征的新型城镇化建设体系。

4. 强化制度建设，规范管理行为

按照五大发展新理念的要求，全面依法依规进行同城化建设。三地同城化建设由于跨行政区域，因各地内外环境和条件的不同及权责利的差异，无论是在顶层设计上，还是在产业发展、城镇建设、基础设施建设等方面，均需要进行约束规范。因此，建议尽快制定《同城化工作守则》《同城化建设设施管理办法》《同城化建设目标责任制》《公共服务同城共享实施办法》和其他有关土地流转、税收优惠、投资政策、创新创业、交通建设、产业布局、旅游发展、基础设施建设等方面的管理制度或者实施办法。

5. 打破行政壁垒，开展先行先试

（1）打破行政壁垒，形成抱团合力。打破行政障碍，首先要摆正政府的角色和定位，要提高区域整体意识，弱化行政区划意识，跳出行政区同城化，树立"同城化发展也是自我发展"的理念，统一制定优惠政策措施，努力扫清与同城化不相适应的政策障碍，这样才能最终实现抱团合力。要先行在投资、贸易、税收、旅游、教育、医疗卫生等方面享受同城化待遇。同城化发展要发挥各自的优势进行资源互补合作，扩大产业链条，公平竞争，集聚产业。

（2）划定同城区域，示范区先行。目前三县市同城化基本上是简单叠加，这并不符合同城化的实质也不能达到建设的目的，凉山州委、州政府必须划定一个区域先行先试。我们建议以安宁河为主线，北起冕宁县的大桥水库，南至德昌县的永郎镇，东西以二半山为界，划定一个优先区域先行先试，相关政策、资金、资源、项目等都向先行区域倾斜，让试点区域率先发展，为更大范围的同城化发展提供可借鉴的经验和样本。

6. 坚持以交通建设为先导，建设一小时经济圈

同城化的先决条件是交通同城，要具备便捷的"一小时经济圈"。纵观国内其他同城区域打造，无一不是以交通快速通道建设为先导。虽然现有的 G5 高速、108 国道、成昆铁路及其他干道和支线已经形成比较通畅的网络交通体系，但离同城化的要求还有相当的距离，交通瓶颈制约仍然十分明显。尽管泸黄高速公路改造虽已结束，但其他路网的改建、扩建工程任务还十分艰巨。另外，政府还应加快推进成昆复线等国家重点工程；同时，科学布局和调整交通站场、客运枢纽，公交化改造客运线路，逐步形成一体化公交运输网络。

7. 以河谷区域治理为核心，打造特色长廊

安宁河境内有雅砻江下游左岸最大支流，河域自然资源富集、气候条件独特、雨量充沛，是凉山境内工农业生产最发达的地区，也是凉山率先发展、示范发展的地区。政府应借同城化建设之机，将河谷的环境治理、生态保护、文化打造放在突出位置，树立系统、全域和全方位治理理念，让天更蓝、山更绿、水更清，人与自然更加和谐，文化底蕴更浓。要建立健全资源有偿使用制度与生态保护补偿机制，以土地综合整治为突破口，打造特色经济长廊、生态长廊和文化长廊，形成特色旅游、特色经济、特色文化。

（1）安宁河河堤修建。目前冕宁至德昌县安宁河流域的河堤为 30～600 米不等的宽度，建议在对河堤开展摸底调查的基础上，进行统规统建，使河堤更加规范化、标准化，这样既可防洪防汛，又可以积攒更多的耕地，更可形成一道靓丽的河堤风景线。

（2）河滩地开垦。冕宁至德昌县安宁河流域的河滩存量多、荒废大、利用率低，建议结合产业规划对河滩地进行规划整治和利用。

（3）安宁河沿河土地整治。按照观光农业、休闲农业、生态农业、体验农业的要求对安宁河两岸边规划区域内的田、水、路、林、村进行成片规划、集中整治。

（4）打造特色绿色长廊。西昌航天新区同城化应以特色旅游为亮点，而安宁河沿线的民风民俗、特色古镇、历史文化、自然风光极具魅力和开发潜力，需要树立大旅游的观念，着力统筹规划、立体开发，而这些旅游的亮点及节点需要安宁河作为纽带进行包装和点睛，因此，沿安宁河两岸围绕旅游打造特色绿色长廊尤为必要。

8. 推进产业融合，加快协同发展

融合共生、协同发展，形成抱团合力是同城化的根本目的。西昌、德昌、冕宁三地气候条件独特、地理条件优越，发展现代农业极具优势和潜力，其应主要从六个方面强化三地现代农业协同发展：一是推进产业协同，促进标准化、规模化、产业化、绿色化发展，构建服务大都市、互补互促、一二三产业融合发展的现代农业产业体系；二是推进市场协同，完善流通体系，构建集散结合、冷链物流、产销对接、信息畅通、追溯管理的现代农产品市场流通网络；三是推进科技协同，构建开放、畅通、共享的科技资源平台，建立项目、投资对接机制；四是推进生态建设协同，加强资源保育、净化产地环境，全面改善区域农业生态；五是推进体制机制协同，深化西昌、德昌、冕宁三地经营制度、产权交易制度、金融保险制度改革和法治制度建设，激发协同发展活力；六是推进城乡协同，建设和谐美丽的新农村，缩小西昌、德昌、冕宁三地城乡差距。

9. 立足资源优势，加快特色集镇发展

凉山旅游绚丽多彩，具有科技含量高、历史文化深、湖光山色美、气候条件特、民族风情浓等综合性、智慧性特征，三县市的旅游发展也各具特色，已在省内外甚至国外产生了较大影响力。凉山已经形成"一座春天栖息的城市""阳光城""最佳宜居城市""中国十大最美古城""中国航天城"等多张城市名片，是御寒避暑胜地，休闲度假的天堂。境内的邛海、泸山、螺髻山、雅砻江巨型电站及库区观光等自然景观以及红色旅游景点、宗教景点、卫星基地、独具特色的民族文化等，对游客极具吸引力。

根据区域产业和资源的优势，同城化建设必须以特色旅游为亮点，但区域旅游共享机制尚未建立，乡村旅游资源开发还严重不足。为此，建议以安宁河绿色长廊为纽带，以民族风情（彝族、傈僳族、回族等）、历史文化、生态农业、观光农业、休闲农业、体验农业为元素，重点打造特色乡村集镇，努力推进城乡一体化进程。在功能定位上，利用安宁河谷阳光度假康养气候，以西昌为中心，冕宁、德昌为支撑，构建西部阳光休闲度假康养旅游目的地，把西昌建成现代化生态田园城市；在德昌县以"山水园林、阳光生态、傈僳文化"为主题，构建宜居宜业宜商的花园生态集镇体系；在冕宁以红色沃土、灵秀山水、田园新城为主题，建立"现代红色生态田园集镇"。三县市通过资源整合、产业融合和板块联合促进旅游要素的集聚，做强休闲度假功能，做大旅游度假经济，做响旅游景区品牌，助推区域经济的快速发展。

10. 分解任务，落实责任

为了使同城化发展项目落地有声、责任有人、进展有序、监督有力，建议由同城化领导小组和各工作组，组织相关部门的责任人和专家，对同城化项目进行认真梳理和研判，推行项目化管理。对每个同城化项目落实牵头领导、负责领导、责任部门、责任人、建设期限、条件保障等，签订目标责任书。目前，根据三县市的资源优势和产业发展现状，同城发展项目可从以下产业或项目中遴选：同城规划、舆论导向、制度建设、交通建设、战略资源开发、安宁河的治理、特色旅游、集镇建设、特色农业、土地流转、品牌建设、经贸交流、引调水工程、教育产业、环境治理、移民安置、劳务合作、燃气管道工程、党建工作、社会管理、文化工作、信息工作、创新创业及其他产业和民生工程等。

总之，同城化是有序引导复杂多元的区域竞争关系，避免重复建设，减少发展内耗的重要举措，是克服县域经济发展瓶颈、推动县域经济传统发展模式加快转变的有效手段，也是凉山经济社会发展到较高程度的重要标志和必然趋势。凉山州委、州政府必须紧密结合实际，加强组织领导，深化改革创新，量力而行，顺势而为，让县市在同城化协同发展中培育提升整体实力，增强产业集群优势，优化区域生产力布局，带动支撑全州经济社会实现更好更快发展。

五、问题与思考

（1）什么叫"同城化"？为什么要发展西昌航天新区同城化？

（2）阐述同城化与一体化之间的内在联系。如何处理好同城化与一体化之间的关系？

（3）如何评价西昌航天新区同城化发展战略对于地区经济社会发展的影响？

（4）比较分析全国同城化比较成功的地区的一些基本做法和成功经验。

（5）请在阅读案例资料的基础上，结合调研，以小组为单位，分析西昌航天新区同城化发展中还存在哪些问题？并提出相应的策略建议。

（6）实施同城化发展战略，是否影响凉山区域整体协调发展？

六、学生案例分析报告基本格式

1. 标题。
2. 内容提要（简述，300字）。
3. 报告正文：问题回答与综述。
4. 总结：对案例本身的总结；对所用知识点、方法及案例过程总结。

案例五 凉山州科技服务业发展规划（2016—2020年）

（编者：徐学英，周菁）

一、案例提要

科技服务业是现代服务业的重要组成部分，加快科技服务业发展，是推动科技创新和科技成果转化、促进科技经济深度融合的客观要求，是调整优化产业结构、培育新经济增长点的重要举措，是实现科技创新引领产业升级、推动经济向中高端水平迈进的关键一环，对于深入实施创新驱动发展战略、推动经济提质增效升级具有重要意义。近年来，我国科技服务业发展势头良好，但总体上仍处于发展初期。凉山彝族自治州（简称凉山州）科技基础十分薄弱，与全国平均水平相比，凉山州科技服务业还处于起步阶段，存在着规模小、市场主体发育不健全、服务机构数量少、专业化程度低、服务水平低、缺乏知名品牌、发展环境差、区域分布不平衡、中高端科技服务业人才缺乏等问题。本案例首先对凉山州科技服务业发展的基础及面临的机遇进行总结，进一步明确规划的指导思想、基本原则和总体目标，厘清各重点领域的主要任务，并提出相关的保障措施，希望能对推动凉山州科技服务业的发展贡献力量。

二、教学目的与学生任务

1. 本案例主要适用于"战略管理"等课程。
2. 让学生了解规划编制基本要求，熟悉凉山州科技服务业规划的指导思想、基本原则、总体目标，分析凉山州科技服务业发展的基础及面临的机遇，明确凉山州科技服务业发展规划的思路，提出针对性的对策建议，夯实学生的规划基础知识，培养学生对规划的综合编制能力。

三、案例分析要点

学生根据背景材料，从收集有关政策、经济环境、凉山州科技服务业数据等资料入手分析：

第一步，学生复习回顾有关规划的基础知识，分析凉山州科技服务业发展的基础条件、面临的机遇及存在的问题，弄清本规划编制的依据。

第二步，学生认真阅读案例材料，以小组为单位讨论凉山州科技服务业重点领域的基本情况，明确发展的主要任务。

第三步，提出促进凉山州科技服务业发展的相关保障措施。

四、案例内容

（一）凉山州科技服务业发展的基础及面临的机遇

1. 发展基础

凉山州是全国最大的彝族自治州，区域内资源富集，极具开发价值。多年来，凉山立足资源，实施"科教兴凉""人才强州"发展战略，经济纵向上超常发展、横向上不断提格升位，2011 年已经实现了 GDP 千亿目标，经济发展步入全省第一方阵，位居全国 30 个少数民族自治州前列。

（1）科技服务业总体发展势头良好。

"十二五"以来，凉山州经济社会发展成就显著，综合经济实力明显增强。2015年地区生产总值达到 1 314.8 亿元，为"十三五"时期经济发展和科技进步奠定了坚实的基础。同时凉山州着力推进科技服务业发展，不断完善科技服务业体系，科技服务业产业规模持续扩大，科技对经济增长的贡献率由 2010 年的 41.8% 提高到 2015 年的45.2%，超过"十二五"期间制定的 45% 的目标。十二五"以来，凉山州实施重大科技攻关和成果转化项目 652 项，获授权专利 1 190 项，创建国家高新技术企业 8 户、省创新型企业 22 户。

（2）科技服务创新体系初步建成。

2014 年，凉山州有专业技术人员 7.1 万人，全社会科技研发经费投入 3 246 万元，授权专利 270 件。2015 年，凉山州拥有科技服务业规模以上企业（按照国家科技服务业统计工作分类标准，凡年营业收入在 1 000 万元以上或从业人员 50 人以上的科技服务企业为科技服务业规模以上企业）24 家，实现营业收入 32 亿元，同比增长 10.3%。现有国家高新技术企业 8 户、省创新型企业 22 户、省知识产权优势培育和试点企业 5户、省科技型中小企业 134 户、省级企业技术研发中心 3 个；组建了四川技术转移中心（凉山）分中心，建立了省级钒钛、稀土、油橄榄产业工程技术研究中心；创建省级重点实验室 1 个、博士后创新实践基地 1 个、高校重点实验室 12 个、州级创新型企业工程技术研究中心 5 个、建立省级企业技术研发中心 3 个；建立了全省民族地区首个院士工作站，总投资 1 亿元，以产学研合作方式建立了公益性研发机构凉山稀土产业技术研究院。冕宁稀土产业化基地成为凉山州首个省级特色高新技术产业化基地。以创新驱动为引擎的高新技术产业在凉山州正茁壮成长，2013 年、2014 年、2015 年度高新技术产业分别实现产值 29.8 亿元、36.7 亿元、31.8 亿元。现已创建省、州现代农业科技示范园区 14 个、农业专家大院 5 个、国家产业技术体系综合试验站 3 个、省级创新团队 6 个。初步建立起为科学研究与试验发展、专业化技术、科技推广、科技信息、科普宣传教育、综合科技等政企院所服务体系。凉山州各类科技服务机构的发展有力地支撑了科技和经济的持续发展。

（3）科技服务成果转化成绩斐然。

"十二五"期间，凉山州充分发挥四川省技术转移中心凉山分中心等科技平台的作用，积极开展技术转移工作，切实加强对成果转化项目和专利实施项目的管理；一些世界级产业基地、"全粒级钛铁矿高效回收专有技术转化应用的优化与提升"等项目成功立项实施。凉山州企事业单位、科研院所已与多个国家或地区在花卉、烟草、生物质能源、机械制造、钒钛稀土新材料等领域开展科技交流、合作，着力新技术、新产品、新工艺等关键共性技术的引进、研究与示范；成功实施了中日技术合作项目——"金沙江流域综合治理项目"，推进了流域环境资源保护；立足优势特色产业，在各县市开展马铃薯、枇杷、荞麦、茶叶、核桃等特色产业的技术创新和成果转化；推动农业龙头企业与州内外科研院所开展产学研合作，顺利实施了津巴布韦烟草优良品种引进；半细毛羊高效综合养殖技术、优质苦荞麦新品种产业化等重点科技成果转化项目。凉山州现已建成县级农村产业技术服务中心 15 个，农村科技 "110" 信息服务平台2 家；首次成功申报国家科技富民强县和国家农业科技成果转化项目，获国家经费支持1 898 万元；实施省级科技富民强县和省级成果转化项目 32 项，获省级财政科技经费2 100 万元。

（4）科技服务政策环境不断优化。

近年来，凉山州委、州政府高度重视科技创新工作，始终坚持科技引领、创新驱动，深入实施"科教兴凉""人才强州"战略，先后制定出台和发布实施了《中共凉山州委关于深入推进创新驱动引领高质量发展》《中共凉山州委 凉山州人民政府关于全面推进大众创业万众创新的实施意见》《中共凉山州委 凉山州人民政府关于进一步加快科技进步与创新的决定》《凉山州科学技术奖励办法》等一系列有利于创新发展的政策，设立了应用技术研发、科技成果转化、产学研合作等 7 项科技专项资金，持续加大科技投入力度，积极推进科技体制改革，积极搭建科技创新平台，加速推进科技成果转化，科技支撑引领作用明显增强。在钒钛稀土等战略资源综合利用开发、农业科技创新、科技扶贫惠民等方面取得了显著成效，区域创新能力明显增强，为优化科技服务业产业发展环境提供了制度和政策保障。

2. 面临机遇

2014 年、2015 年、2016 年凉山州拥有规模以上科技服务企业分别为 20 家、24 家、22 家，实现营业收入分别为 27.87 亿元、32 亿元、35.73 亿元，同比增长分别达7.3%、10.3%、15.8%。"十三五"时期，凉山州科技服务业发展势头良好，将面临重大发展机遇。

一是从国际趋势来看，根据发达国家经验，进入工业化中期以后，技术在产业发展中将发挥越来越重要的作用，服务业会成为国民经济的主体，科技服务业是其中的重要支撑。

二是从国内发展环境来看，我国正在大力实施创新驱动发展战略，正向世界科技强国目标迈进，经济发展方式加快改变，新的增长动力正在孕育形成，新技术、新业态、新模式大量涌现。同时，"一带一路"倡议的实施、长江经济带建设、新一轮西部大开发、《攀西战略资源创新开发试验区规划》和《国家发展改革委国家民委关于支持四川省凉山州云南省怒江州甘肃省临夏州加快建设小康社会进程的若干意见》的深入实施，也为凉山州科技服务业发展拓展了广阔空间。

三是从四川省发展形势来看，四川省委、省政府高度重视科技服务业发展，把科技服务业作为五大新兴先导型产业之一，采取一系列重要举措大力推进。尤其是实施"一干多支""五区协同"发展战略，在凉山州的综合扶贫开发、教育发展、交通建设等方面给予了更多的特殊政策，支持力度更大使凉山州成为全省最具特色的一支和四川南向门户区域性综合交通枢纽，发展势头十分强劲。

四是从凉山州发展趋势来看，面对良好的发展机遇，凉山需要快速发展科技服务业作为支撑。凉山州具有得天独厚的水电、矿产、农业、旅游、民族文化等资源禀赋条件，资源开发极具价值。凉山州委、州政府审时度势，牢固树立新发展理念，更加坚定自觉地将凉山工作融入全国、全省发展大局去谋划和推进，紧紧围绕凉山州第八次党代会提出的"建设美丽幸福文明和谐新凉山"的目标取向，着力打造"四基地、一门户、一屏障、两示范"，推进实施全省"一干多支"中"最具特色的一支"发展战略。2011 年凉山州已经实现了 GDP 千亿目标，经济发展步入全省第一方阵，位居全国 30 个少数民族自治州前列。通过世界级产业基地建设，将凉山州建设成为有世界影响力的科学中心，这必将带动凉山州科技服务业的快速发展。

3. 存在问题

凉山州科技服务业发展虽然取得了一定成绩，但与发达地区相比，还有较大差距。

（1）发展水平低，服务能力不强。

科技服务业总体上还处于起步初期，突出表现在：量小质弱，发展水平较低，市场主体发育不健全，服务机构少、专业化程度不高，服务水平低、服务能力不强，产业链条短，服务业之间关联性较弱，专业化分工协作不够，创新创业环境较差，政策机制不健全。

（2）科技服务业专业人才匮乏。

科技服务业从业人员数量少，素质参差不齐，结构不合理，中高端科技服务业人才缺乏。

（3）工作考核制度缺失。

没有考核就没有导向、没有管理。目前，凉山州政府部门还无法划分各县市、各部门科技服务业的工作职责，更未将该项工作纳入年度考核目标管理，致使各县市、各部门在推动科技服务业工作时无目标、无任务、无责任、无方案，甚至有些部门或县市在推动科技服务业工作时出现不了解、无从下手、无法落实等问题，在认定、评估、统计、管理等方面还没有形成一系列行之有效的机制，缺乏相应的管理制度和政策机制。

（4）区域和行业分布不平衡。

受地方经济社会发育程度制约，2014年凉山州仅西昌市有18家规模以上科技服务企业，其余16个县均无分布，11个贫困县还没有专门的科技服务企业，大部分贫困县甚至没有高新技术企业。

从行业分布来看，凉山州规模以上科技服务企业营业收入贡献主要集中在通信运营领域，如移动通信凉山分公司、电信凉山分公司等。从统计范围来看，目前凉山州仅对规模以上科技服务企业纳入统计，规模以下企业由调查队负责统计，统计范围的全面性有待加强。

（5）发展保障措施缺失。

截至2014年，省、州未就科技服务业设立专项政策或项目。每年5 000万元的州创新创业资金还未整合就位，现有州科技计划项目资金体量小，州级各有关部门从省到州层面都无科技服务业项目或资金安排计划，不能从项目、政策、资金等方面给予实质性支持和引导，科技服务业工作陷入无经费、无抓手的境地。

4. 规划依据

（1）《国务院关于加快科技服务业发展的若干意见》（国发〔2014〕49号）

（2）《四川省科技服务业发展规划（2016—2020年）》

（3）《四川省科技服务业发展工作推进方案》

（4）《凉山州"十三五"科技创新规划（2016—2020年）》

（5）《凉山州科技发展规划（2016—2020年）》

（6）《凉山州现代服务业发展规划（2016—2020年）》

（7）《凉山州人民政府办公室关于印发凉山州五大新兴先导型服务业发展工作推进方案的通知》（凉府办发〔2015〕24号）

（8）《凉山州国民经济和社会发展第十三个五年规划纲要》

（二）规划总则

1. 指导思想

以习近平新时代中国特色社会主义思想为指导，紧紧围绕凉山州科技服务业发展的需求和实际，积极实施创新驱动发展战略，全面落实全国科技创新大会精神，推进供给侧结构性改革，激发科技服务动力，培育科技服务市场，创新科技服务模式，推动科技服务业成为经济增长的重要支撑力量。坚持以政策扶持为先导，以研发设计为龙头，以平台建设为基础，以服务需求为导向，以成果转化为目标，以人才集聚为支撑，以改革创新为动力，建立覆盖凉山州科技创新全产业链的科技服务体系。

2. 基本原则

（1）坚持优势优先。

凉山州科技服务业的发展要充分利用本地资源禀赋，突出比较优势，抢抓科技制高点，率先建立具有世界影响力的科技创新中心，重点围绕世界级战略资源创新开发中心、世界级创新创业创作中心、世界级现代装备制造基地、世界级清洁能源基地、世界级特色优质农产品基地、世界级文化旅游产业基地等初步建立起六个世界级产业创新基地。

（2）坚持创新驱动。

坚定不移地把创新摆在凉山州科技服务业发展的首要位置，不断推进制度创新、管理创新、文化创新，形成以科技创新为核心，全面创新驱动发展的科技服务业良好态势。

（3）坚持深化改革。

简政放权，放管结合，优化服务，加快转变政府职能。加强引导，优化环境，坚定推动政企分开、政事分开，推进科技服务机构市场化改革，发挥市场在资源配置中的决定性作用和政府的扶持作用。

（4）坚持集群发展。

根据凉山州各县市现实基础，差异化定位，打造重点突出、特色鲜明的科技服务业集聚区，引导科技服务机构在空间上集聚发展，培育形成融合发展的科技服务业生态圈。

（5）坚持开放合作。

坚持"走出去"与"引进来"相结合的策略，加强凉山州与国际国内的科技交流合作，有序开放科技服务市场准入，推进科技服务业专业化发展。加强凉山州各县市、各部门、各行业之间的协同发展，重点建立区域内科研院所、高等院校、企业科研设施。构建开放共享良性互动机制，推动大型科学仪器设备、科技文献、科学数据等科技基础条件平台合作建设，实现资源共享、优势互补、协同发展，使科技服务业成为凉山州经济社会发展的加速器和助推器。

（6）坚持均衡发展。

既要充分发挥西昌市现有基础条件好的科技服务企业的示范引领作用，又要创造条件加快科技服务业的体系建设，坚持示范引领、点面结合，推动凉山州科技服务业协同发展、快速发展。

3. 总体目标

到2020年，基本形成覆盖凉山州特色产业龙头企业的科技服务产业体系，服务水平显著提升、机构数量显著增加、产业规模显著扩大。培育一批科技服务龙头企业，鼓励支持重点产业龙头企业建立企业技术研发中心。科技服务市场化水平和竞争力明显提升，科技服务产业初步形成，在现代服务业中的比重得到提升，科技服务业成为转方式、调结构的重要力量。到2020年，科技对经济增长的贡献率力争达到50%，研发经费支出占地区生产总值比重上升到2%。

（三）重点领域

1. 研发设计服务

围绕钒钛、稀土、有色金属、生物医药、十大特色农业产业、新能源、新材料等优势特色产业，强化基础研究机构的支持作用，引导企业加大研发设计投入，建立和完善研发设计服务体系。

支持高校和科研院所面向市场加强科研资源整合，提高研发设计服务能力。支持省内外知名企业在凉山州设立研发服务机构，培育和发展研发设计服务企业，培育研发设计交易市场。

（1）基础研究机构。

加大自然科学基金投入，提高研发经费支出占地区生产总值的比重。稳定支持重点产业学科方向，引导各方加大基础研究投入。加大支持力度，支持高校院所建设国家和省级重点实验室、工程（技术）研究中心，将具有重要应用前景的科研成果进行系统化、配套化和工程化研究开发；支持高校和科研院所面向市场加强科研资源整合，为研发设计服务提供技术支撑。

（2）产业研发机构。

围绕凉山州优势特色产业，支持省内外知名企业在凉山州设立研发服务机构，培育和发展研发设计服务企业，培育研发设计交易市场。支持建设以科技领军型企业为龙头，上下游企业、高校、行业协会、中介机构等共同创新的产业技术创新战略联盟，推动建立责权清晰、优势互补、利益共享、风险共担的产学研紧密合作机制，支持各县市引进共建一批产业技术研发机构，围绕重点产业关键核心技术开展协同创新和联合攻关。

（3）企业研发机构。

鼓励企业独立或联合设立技术研发平台，引导企业研发机构集聚创新资源，开展技术创新、产品创新、商业模式创新、组织方式创新。鼓励引导企业整合创新资源，研发拥有自主知识产权和品牌且技术水平高、附加值高、市场竞争力强的产品；鼓励企业参与或独立创制国家、行业、联盟各类技术标准，促进技术创新与成果转化，为全行业提供关键共性技术服务。

专栏1：研发设计服务

吸引凉山州内外高校、科研院所、企业的研发机构入驻。引进和建设一批国家级、省级重点实验室（工程实验室）、工程技术（研究）中心、企业技术（研发设计）中心、博士后科研工作站。

围绕钒钛、稀土、有色金属、生物医药、十大特色农业产业、新能源、新材料、航空航天等行业需求，加强国（省）重点实验室以及相关国（省）工程技术（研究）中心建设，联合西昌学院等高校，构建"产学研用"结合的研发设计服务联盟，发展面向凉山州优势特色产业的研发设计服务新业态。促进凉山州稀土产业技术研究院的进一步建设与完善，重点研发高品质、高技术含量的储氢材料与镍氢电池，稀土催化、永磁和无机材料及其产业化技术。促进中泽新技术开发公司会同国家林科院、省林科院、中科院合肥智能机械研究所等单位共同组建的四川省油橄榄工程技术研究中心的建设。

2. 技术转移服务

（1）技术转移中心主导。

发挥四川省技术转移中心（凉山州）分中心的主导作用，充分利用凉山州技术转移公共服务平台，以技术合作开发、委托开发、转移扩散为突破，以联合基础研究机构、产业研发机构、企业研发机构为抓手，推动州内外科研成果的转移转化。

（2）技术市场服务。

完善省、州、县三级联动的技术市场体系，强化网上技术市场运行机制，创新网上技术市场服务模式，优化技术信息交易信息的整理发布机制，加强网上技术市场与科技大市场双层复合、功能互补，加快推进双向互动的技术供需体系、技术交易服务体系和技术交易保障体系建设。

（3）科技中介服务。

发展技术咨询、技术评估、技术转移、成果转化以及科技代理等专业化科技中介机构，培育一批重点科技中介服务机构。建立企业技术专业人员队伍和高校、科研机构技术中介队伍，完善技术经纪人制度，充分发挥科技社团在开展科技中介服务中的独特作用。

专栏 2：技术转移服务

促进凉山州区域优势特色产业、高新技术行业的科技成果转化，积极推进"四川省技术转移中心（凉山州）分中心"建设，进一步完善"凉山州技术转移公共服务平台"，结合攀西战略资源创新开发试验区的发展步伐，加快建立攀西区域协同技术转移新机制，集成优势科技创新资源、整合区域服务功能、集聚技术转移高端人才。

构建科技成果咨询、鉴定、评价、评估、登记、信息发布、成果转化等全方位的中介服务机构和平台。

---

3. 创新创业孵化

依托西昌学院等高校、科研院所以及政府相关部门等力量，建立健全凉山州创新创业孵化园区，逐步构建政府引导、全社会参与的创新创业孵化生态体系。

（1）综合性孵化服务。

发挥科技企业孵化器在创新型企业孵化中的支撑作用，鼓励企业之间建立协作网络，推进互联网对传统孵化器的改造，促进科技孵化器联网运营，支持"草根"创业。支持建设"苗圃-孵化器-加速器-产业园"的"四位一体"创业孵化体系。

（2）创新型孵化服务。

引导企业、社会资本投资参与建设一批"孵化+创投"的专业化创新型孵化器，突破传统孵化模式，面向早期项目和新办企业提供资金、创业导师、培训辅导、交流对接等高附加值的软性服务，为创业者提供全方位服务。积极推进众创空间建设，打造新型孵化器。结合凉山州旅游业的特色优势，建设一批宜居宜游宜业的创业孵化小镇，大力提升创客孵化、专业服务、投资促进、媒体延伸等创业孵化服务能力。支持西昌学院设立创业学院，形成创客、企业家、天使投资人、创业导师的互助机制，推动形成创新创业新模式。

专栏 3：创业孵化服务

2020 年之前，争取在西昌、德昌、会理、会东、宁南、冕宁等科技服务业重点发展县市全面建设孵化场所。

依托凉山州科技信息网建立"科技服务业网上平台"，重点提供科技服务业创业培训，编制科技服务业创业投资目录，建设创新创业项目申报系统。

支持西昌学院等高校建设大学科技园、大学生创业俱乐部，并在土地、资金、人才引进等方面给予大力支持。积极筹建凉山州创业导师数据库，并与四川省创业导师数据库紧密联系，完善州内创业导师的培训和激励机制。

全力促进凉山州创业创新孵化中心暨凉山州（西昌）大学生创业基地的建设，发挥孵化中心对创新创业的支持作用。加快西昌市与成都市锦江区的协商洽谈，通过政府购买服务、托管运作的方式，引进创业创新孵化园区管理团队。加快州农科所与内江农科院的战略合作进程，在凉山州共建博士工作站，围绕农业科技创新为全州农业发展提供科技服务。

4. 知识产权服务

加强知识产权的创造、运用、保护和管理，培育知识产权服务市场。加强知识产权服务平台建设，创新知识产权服务模式，强化咨询、检索、数据加工等基础服务，开拓评估、交易、转化、托管、投融资、法律援助等增值服务。打造具有影响力的知识产权服务企业和品牌，提升信息分析、专利预警和战略研究等专业服务能力，推动知识产权服务业的发展。

（1）知识产权中介服务。

加强科技成果转让、转化服务，建立和完善专业化、市场化的科技中介服务体系。积极引进知识产权服务机构，鼓励知识产权服务机构对企业知识产权基础信息进行深度加工，发展知识产权领域信息检索分析、数据加工、文献翻译、科学服务、数据库建设、软件开发、系统集成等服务，加快专利信息的传播利用。加强重点产业和优势产业的专利信息评估、跟踪和预见服务。提供专利技术价值评估服务，提升知识产权利用效率。

（2）知识产权代理服务。

以知识产权服务机构为主导，加强专利人才培养，提升专利人才素质。组织专家团队深入企业开展知识产权综合服务，帮助企业挖掘专利资源，提升专利申请代理率。

（3）知识产权法律服务。

发展知识产权申请、法律维权等服务，提升知识产权的获取和保护维权水平。探索发展商业模式创新、电子商务等特殊领域的知识产权法律服务。

专栏 4：知识产权服务

完善凉山州科技成果申报系统的建设和运行，鼓励各企业、单位在系统中进行网上申报，并根据申报单位具体情况，加快审核，给予相应的专利资助，促进知识产权的应用和发展。

重点发展知识产权中介服务、知识产权代理服务、知识产权法律服务，推进知识产权服务的专业化、高效化、综合化，拓展知识产权服务的商业化模式，加快知识产权服务人才尤其是高端人才的培养，支持西昌、德昌、会理、会东、宁南、冕宁等重点县市开展知识产权服务业集聚试验区建设。

5. 科技金融服务

一是加快政策制定，解决科技服务企业的资金发展瓶颈。颁布各项上市奖励补贴、优惠政策，充分利用凉山州政府与深圳证券交易所、成都（川藏）股权交易中心签订"十三五"战略合作备忘录这一先机，增强协调沟通，激励相关企业上市，确保凉山州企业上市工作顺利开展；加快商业银行对科技服务企业信贷业务优惠办法的颁布；积极培育融资担保公司，帮助担保公司发展壮大，增强担保能力，为科技型、创新型企业提供融资担保。二是鼓励商业银行以行业为依托，以科技型企业在行业中的地位及经营状况、发展空间、资金缺口重点环节为切入点，加强对科技企业的沟通、了解、考察和评估，减少银企信息不对称现象，制定出专业的授信计划和符合企业发展特点的金融服务方案，提供"一对接、二优惠、三服务"的"套餐"服务措施，设立服务科技型企业的专营机构，创新开展科技小额贷款、股权质押贷款、知识产权质押贷款、投贷联动等科技金融产品和服务，实现科技银行建设的新突破，拓展金融服务渠道。三是支持互联网金融发展，引导和鼓励众筹融资平台规范发展。四是支持州、市、县设立种子基金、种子资金，发挥相关政府基金作用，州市县联动，助推财政对科技服务业的资金支持作用。五是引导社会资本发展天使投资、创业风险投资等股权投资，建立创投、信贷、债券、担保、保险、风险投资、政府基金等各渠道融资服务，创新风险分担机制，更好地满足科技型企业的融资需求。

专栏 5：科技金融服务

"走出去""引进来"多措并举，加强企业培育，促进企业上市。组织凉山州内企业到省内外参加各类培训，邀请中国证监会、深交所、保荐机构等有关专家来凉山州考察，举办各类专题讲座、培训、辅导、研讨、座谈等活动，帮助企业提高上市认识、掌握上市知识。按照"培育一批、成熟一批、上市一批"的思路，加快建设凉山州上市挂牌企业后备资源库，大力推进凉山州内注册企业上市或挂牌。

加强企业改制，改善企业融资结构，明晰产权关系，夯实对接资本市场的基础，实现凉山州科技服务企业投资主体多元化。

发展互联网金融下的科技金融筹融资平台。以国有四大行为主，其他股份制银行和城商行为辅，实现科技银行建设的跨越式发展，拓宽金融服务渠道。

以政府为主导，设立凉山州创新创业投资基金，通过设立子基金或吸引各方参股现有基金的方式，引导形成亿元级以上的创新创业投资基金规模。

完善凉山州科技金融中心与市县科技金融工作站的科技金融服务体系，逐步建成以西昌、德昌、会理、会东、宁南、冕宁为主的科技金融综合服务平台。推动科技型中小微企业信用体系建设，健全促进科技创新的信用增进机制。

6. 科技文化服务

推进公共文化服务与科技融合发展，加大文化科技创新力度。

加强数字化服务平台建设。整合凉山州公共文化机构数字化平台，统筹实施文化信息资源共享工程、直播卫星广播电视公共服务、广播电视无线覆盖数字化、农村数字电影放映、凉山家庭大数据服务平台、新媒体传播平台等项目。利用数字化手段，发掘凉山州文化特色，整合老百姓喜闻乐见的数字文化内容，开发富有本土特色的数字文化产品。

加强科技场馆、农家书屋、文化馆、图书馆等文化公共服务平台的网络化和数字化建设，重点针对农村、少数民族地区、偏远地区等的精神文化生活实际需求，实现对公众文化产品的普惠和精准投放，推动全社会文化共享，提高文化消费力。

专栏 6：科技文化服务

推进新闻出版广播影视监管平台凉山州监管分平台、凉山州家庭大数据服务平台、新媒体传播平台、数字出版内容发布投送平台、凉山州广播电视台彝语译制中心等平台建设。

大力支持高清制播能力、下一代广播电视网（NGB）、城镇公共无线视听工程、凉山州应急广播工程、公共服务数字化升级、全媒体集群新媒体产品矩阵、特色文创产业、广播电视节目覆盖工程、高清广播电视节目传输覆盖等项目建设。

---

7. 专业技术服务

立足凉山州实际情况，加强检验检测、技术装备、气象、地震、环境等领域的专业技术服务。推进检验检测公共平台建设和检验检测机构市场化运营，提升专业化服务水平。充分利用现有资源，加快测试方法、测试技术等基础能力建设，发展面向设计开发、生产制造、售后服务全过程的分析、测试、检验、计量、标准化等服务，培育第三方质量、标准和安全检验、检测、检疫、计量、认证技术服务。积极推进农业检测、食品药品检测、安全生产检测、工业产品检测、消费品质量检测等公共检测业务的服务外包。发展电子商务等信息技术服务业。

专栏 7：专业技术服务

围绕凉山州特色产业，打造地方特色检验检测机构，提升科技服务能力。进一步打造凉山州南红玛瑙检测中心，不断完善检测设备，提高检测人员的能力及检测中心的社会影响力，将现有检测机构打造为省级、国家级检测检验中心，树立凉山州玛瑙类鉴别独一无二的权威地位。积极申请建成凉山州纤维检验所，进一步开展区域内纤维制品、桑蚕干茧生丝检验检测服务，强化凉山州国家"东桑西移"战略重要蚕桑基地的地位。

依托"一带一路"的缅气入川工程，抓住缅气入攀全线管道工程贯通的契机，提升凉山州技术装备能力，加快推进埋地燃气管道检测项目、锅炉能效测试煤质分析和检测项目，促进凉山州各行业的经济发展。

---

8. 资源共享平台

围绕凉山州优势产业、特色产业、重点领域，深化科技网平台建设，优化平台运行机制。从用户维、资源维、服务维等角度对平台服务需求进行多维识别，增强平台"集聚、服务、撮合、孵化"核心功能，完善平台服务资源和服务需求汇集机制，推动科技服务资源开放共享，满足企业多元化创新服务需求，打造区域综合科技服务平台，为创新驱动发展提供有效支撑，增强区域综合科技服务能力。

（四）主要任务

按照科技服务业发展的指导思想和基本原则，结合凉山州科技服务业发展中存在的突出问题，应着力抓好以下重点工作。

1. 改革机制体制

抓好顶层设计，进一步加快科技体制改革步伐，破除束缚创新驱动发展的观念和体制机制障碍。

（1）改革管理体制机制。

一是强化政策支持，抓好重点项目建设，形成示范作用。按照分类指导、试点示范的原则，在研发设计、技术转移、创新创业孵化、知识产权、科技金融、科技文化、专业技术服务等重点领域，强化政策对科技服务业的扶持力度，筛选一批重点项目，集中力量推进。重点推动凉山州创新创业孵化器、凉山州网上技术市场建设。二是加大科技服务业财政支持。改进并加强财政科研项目资金管理，加大科技服务业财政支持，通过后补助、无偿资助、贷款贴息（融资贴息）、购买服务等方式，对科技创新平台进行支持。强化资金预算执行和监管，优化科技资源配置，将科技服务业发展需求作为科技专项布局的重要因素。三是强化科技服务业金融支持力度。银保监会、金融办等银行业、金融业监管部门支持银行等金融机构建立科技企业融资服务专营机构，削减科技企业融资手续和费用，大力开展金融产品创新，为科技企业提供多种融资渠道。四是构建科技服务业推进机制。成立凉山州科技服务业发展推进小组，深化州市县，尤其是西昌、德昌、会理、会东、宁南、冕宁等科技服务业重点发展县市的沟通协作，形成发展合力。

（2）完善创新激励机制。

推进科技领域简政放权、放管结合、优化服务改革，在选人用人、成果处置、薪酬分配等方面，给高校、科研院所更大的自主权，激发其科技创新动力；建立科学合理的科技评价制度，实行分类评价，尊重不同创新活动的多元价值。推进科技服务业与"双创"互动发展。结合凉山实际，认真贯彻落实党中央、国务院、省委、省政府关于"大众创业、万众创新"的决策部署。

（3）落实税收优惠政策。

政府通过送法上门、召开座谈会、举办培训班等形式，帮助纳税人全面、正确地了解和掌握税收政策。税务部门安排专人进驻企业进行"一对一"贴近式服务，现场指导解答纳税人的疑难问题，通过实地核实、检查企业账目，分析涉税信息等形式，准确掌握企业的真实经营情况及管理情况，以落实西部大开发、"营改增"等各项科技服务企业发展的税收优惠政策，切实落实企业研发费用加计扣除政策。

2. 促进人才集聚

弘扬创新精神，大力引进高端科技人才，在实践中发现、培育人才，加强科技人才凝聚力。

（1）引育高端科技人才。

一是加强高端人才团队引进力度。积极落实"凉山州科技创新创业人才计划"，将科技服务业纳入各类人才引进培养计划的重点领域。引进对重点发展领域具有重大影响、经济和社会效益显著的领军型创新创业团队。二是实施高层次人才培育计划。切实加强青年人才培养，出台各项政策和保障机制，打破凉山州的地理位置劣势，保持高层次人才的稳定性。

（2）完善服务供给机制。

对接西昌学院及凉山州内外其他高校、科研院所和各级学会组织，建立健全科技型企业专家服务制度和科技创新人才培训合作机制。鼓励高校、科研院所和企业产学研合作，建立以企业为主体，高等院校为基础，校企合作为纽带的合作机制，推动科技服务业领域的高技能人才培养示范基地建设。

3. 创造服务需求

推进凉山州供给侧结构性改革，打造更多发挥本地先发优势的引领性企业，契合凉山州经济和科技发展需求，服务广大人民群众。

（1）推动供给侧结构性改革。

发挥市场在配置资源中的决定性作用，围绕打好钒钛、稀土、有色金属、生物医药、十大特色农业产业、新能源、新材料等优势特色产业的组合拳的科技需求，推动科技服务业的发展。

（2）激发企业科技服务需求。

大力发展科技型龙头企业，鼓励发展科技型中小微企业，强化科技服务对进一步确立企业技术创新主体地位的关键作用，按照企业类型，推动构建科技企业的梯次培育机制，形成科技型中小微企业与龙头企业共同发展的良好局面。

4. 建设创新平台

围绕重点领域、重点产业、重点县市，打造一批各具特色的科技服务业集聚发展的创新平台、公共服务平台、知识产权服务平台，组建产业技术创新联盟，助推凉山州企业转型升级、创新创业。

（1）发挥攀西战略资源创新开发试验区核心载体作用。

以西昌学院、攀枝花学院等高校和科研院所、研究中心为载体，聚合资源、联合发展，同时引进国内外高水平科技服务机构。在建设攀西战略资源创新开发试验区契机下，对接攀枝花市、雅安市，围绕凉山州西昌、德昌、会理、会东、宁南、冕宁等科技服务业发展重点县市，打造攀西高新技术产业带，统筹规划攀西地区科技服务业产业定位及空间布局，实现错位发展、协同创新。

（2）提升重点产业园区创新发展水平。

引导攀西战略资源创新开发试验区以优势产业、重点产业为抓手，大力发展攀枝花钒钛产业园区和西昌钒钛产业园区，同时发展凉山州烟草、油橄榄、花卉、核桃、马铃薯、会东松露等优势特色产业，围绕重点、特色、优势、潜力产业发展科技服务链，加大对高科技含量、高利润附加值、高增长潜力支柱产业的发展培育。支持各地争创高新区，实现产业集聚区、经济强县的高新园区全覆盖。

（3）加强企业研发机构建设。

建立企业研发机构建设的梯度培育机制，扩大企业研发机构覆盖面。鼓励龙头企业建立和发展自有研发部门和研发机构，引导小企业加强研发部门建设，让企业研发机构成为科技人才高地。

（4）加强国际国内合作交流。

围绕凉山州烟草、油橄榄、花卉、蚕桑、会东松露、苦荞、洋葱等优势特色产业，推进有国际合作基础的机构建立国际联合实验室等合作平台，开展国际合作基础研究、应用研究、技术转移。吸引国内外科技服务业龙头企业与凉山州科技服务机构合作，聚集创新要素，开展技术交流。

5. 组织科技创新

以提升科技服务机构的科学水平和技术能力为目标，实施一批重点研发项目和示范应用项目

（1）提高基础研究水平。

重点在研发设计、技术转移、创新创业孵化、知识产权、科技金融、科技文化、专业技术等领域加大基础研究投入，培育一批具有源头创新能力的研究服务机构。

（2）组织重大科技攻关。

重点围绕钒钛、稀土、有色金属、生物医药、十大特色农业产业、新能源、新材料等优势特色产业，以龙头企业为主体，组建产业技术创新联盟，形成集聚效应，实施一批科研基础好、能填补国内空白、近期有望获得突破、发展前景良好的重大科技项目，形成示范效应。

6. 构建科技市场

充分发挥技术市场在配置创新资源中的决定性作用，进一步加快科技市场的建设发展。

（1）推进科技市场建设。

培育一批符合市场化运作要求的企业化主体，建设一批市县科技市场，形成比较完善的科技市场体系。继续引导各级技术市场加快企业化、专业化、市场化的发展步伐，增强拓展市场的能力。加强技术转移中心、知识产权交易中心、检验检测等公共技术服务平台对技术市场的支撑和服务，形成一站式创新服务链。

（2）促进科技成果转化产业化。

落实高校、科研院所科技成果在国内的使用和处置政策，不再审批或备案，所获得的收益全部留归单位，单位可自行决定分配。落实国家关于高新技术企业和科技型中小企业科技成果给予个人股权奖励、股权激励的个人所得税政策。

7. 健全市场机制

转变政府职能，进一步理顺行政部门与科技中介机构之间的关系，实行市场运作、

行业自律与政府监管相结合的模式，加强对科技服务业的规范和监管。加大政府购买服务、"后补助"等方式的力度，完善管理平台，加大实施力度，加快公共科技服务发展。鼓励科技服务业企业开展科技服务业行业标准建设，实现优质服务的标准化。建立知识产权执法联动机制，打击技术交易中的不法行为，维护技术市场秩序。

8. 深化开放合作

推进凉山州与省内、国内以及国际的联合研究计划，加强重点领域的科技合作与交流。有序推进科技计划对外开放，开展高附加值原创性研发活动。鼓励企业通过设立共同基金等方式，吸引国内外知名科研机构来凉山州联合组建科技中心，以研发设计、信息资源、创业孵化等领域为重点，支持科技服务企业"走出去"。支持各类科技服务机构开展对外交流合作，鼓励高校、科研院所增加有绩效的交流和访学活动。

9. 加强科技服务业统计及考核工作

根据科技服务业的特点和发展实际，创设科技服务业统计标准、指标体系与调查方法，为制定科技服务业相关政策提供科学依据。探索研究将新兴业态纳入统计制度的方式方法。加强科技服务业基本单位名录库建设，努力做到"应统尽统"。加强数据开发利用力度，为科技服务业发展提供准确科学的统计参考。将科技服务业工作纳入各县（市）政府和州级相关部门的目标考核，加强对科技服务业的统计评价工作，由州政府目标绩效管理办公室会同州科学技术局及相关单位制定目标管理考核方案，按照考核要求统一对科技服务业的履职情况进行全面考核。

（五）保障措施

1. 组织保障

加强科技服务业领导机构建设，整体安排部署凉山州科技服务业发展，建立州市县、部门间责权统一的协同联动机制，协同推进科技服务业的发展，消除分工不细、责任不清、推进滞缓等问题。加强对科技服务业发展的组织协调和管理，建立州科技服务业发展联席会议制度，统一协调全州科技服务业发展中的重大问题。州级相关部门、县（市）科技管理部门要建立和完善相应的工作机构，明确相应的责任人员。加强科技服务业目标责任考核，将科技服务业纳入州科技进步目标责任考核的主要内容之一，科学分解科技服务业发展目标与任务，着力形成部门互动、州县联动，合力推进科技服务业发展的工作机制。

2. 制度保障

根据《凉山州科技服务业推进方案》和州县（市）相关部门及科技服务型企业的实际情况，制定《凉山州科技服务业管理实施办法》，以规范科技服务业的管理，建立科技服务业发展的长效激励机制。同时加强政策宣传工作，定期召开政策制度解读会，对科技服务业的各项政策进行宣讲和培训。

3. 经费保障

设立凉山州科技成果转化引导基金，支持各市、县，各高校、研究机构、企业安排资金支持科技成果转化。鼓励各地通过发放创新券等形式，推动企业和创业者充分利用各类创新载体提供的科技资源，开展检验检测、合作研发、委托开发、研发设计等研发活动和科技创新，省财政根据各地创新券使用情况给予适当奖励。深化科技大市场试点，对通过技术市场交易实施的技术交易、技术拍卖项目，按规定的比例、范围给予补助。对部门预算中的单位年度政府采购科技服务项目总额设置一定比例，专门面向中小微企业采购。落实国家出台的对天使投资在内的投向种子期、初创期等创新企业的投资的相关税收的支持政策。通过现有财政专项资金积极推动科技服务业示范区、示范机构建设，支持科技服务业做大产业规模、创新服务模式、提升专业服务能力。鼓励信贷、债券、保险、担保、风险投资以及金融衍生品等多种类型的资金加入融资平台。鼓励社会资本设立科技投资公司、科技融资担保公司、科技小额贷款公司、科技融资租赁公司、社区科技银行等多业态的新型科技金融服务机构，满足科技型企业对科技金融服务的多样化需求。鼓励商业银行不断创新，开发知识产权质押、股权融资、融资租赁等特色金融产品，全方位服务科技型企业融资发展。

4. 人才保障

搭建科技服务业专业化人才市场、科技中介市场，实现科技服务业人才的合理配置。一是依托高校和专业化培训机构，加大科技服务业专业人才的培养和培训。调动高校、科研院所、企业等各类人才在科技服务领域创新创业的积极性。二是加强技术经纪人队伍建设，建立技术经纪人执业资格制度，把技术经纪人队伍建设作为推进科技服务业发展的重要抓手。三是不断完善科技服务业引才引智机制，着力引进一批懂技术、懂市场、懂管理的高层次科技服务人才，并落实安家补贴、项目扶持等优惠政策。

五、问题与思考

（1）结合案例，分析对凉山州科技服务业进行战略规划的重要意义。
（2）结合案例分析凉山州科技服务业发展面临的机遇与存在的问题。
（3）分析凉山州科技服务业规划的原因。
（4）结合案例材料分析凉山州科技服务业重点领域发展的措施有哪些。
（5）分析编制产业发展规划的技术要求。

六、学生案例分析报告基本格式

1. 标题。
2. 内容提要（简述，300字）。
3. 报告正文：问题回答与综述。
4. 总结：对案例本身的总结；对所用知识点、方法及案例过程总结。

案例六

凉山州马铃薯主粮化战略研究

（编者：李浩森）

一、案例提要

2015 年，原农业部提出马铃薯主粮化战略，推进把马铃薯加工成馒头、面条、米粉等主食的研究工作，马铃薯将成稻米、小麦、玉米外又一主粮，为我国粮食安全及改变食品结构提供更多保障。凉山州是西南地区马铃薯种植规模达百万亩（1 亩 ≈ 0.066 7 公顷）以上的 3 个州（市）之一，其面积、产量、商品量、经济效益四项指标居四川省首位。而如何利用此契机，建设马铃薯全产业链，精准助力脱贫攻坚将是政府工作的重点之一。本案例首先对凉山州马铃薯产业发展所取得的成效进行总结，其次剖析其产业链条上存在的突出问题，并提出相关建议，借此推动凉山州马铃薯主粮化战略的实施。

二、教学目的与学生任务

1. 本案例主要适用于"战略管理""市场营销学""宏观经济学"等课程。
2. 让学生了解国家实施马铃薯主粮化战略的意义；了解马铃薯主产国、我国马铃薯主产区产业发展现状；了解马铃薯作为重要粮经作物对于推动凉山州脱贫攻坚的重要作用，引导学生思考马铃薯全产业链建设的思路，提出针对性的对策建议，培养学生对战略问题的认知、分析能力。

三、案例分析要点

学生根据背景材料，从收集有关政策、经济环境、行业数据等资料入手分析：

第一步，收集马铃薯主粮化战略出台背景、推进情况，国外马铃薯主产国产业发展情况，国内马铃薯主产区全产业链建设情况。

第二步，认真阅读案例材料，以小组为单位讨论主粮化战略背景下凉山州马铃薯全产业链建设中存在的问题。

第三步，借鉴国外马铃薯主产国产业发展经验、国内马铃薯主产区全产业链建设经验，分析我国马铃薯产业发展趋势，凉山州马铃薯全产业链建设难点、重点，并提出相应的对策建议。

四、案例内容

（一）凉山州马铃薯产业发展成效

自2005年以来，四川省委、省政府和凉山州委、州政府把马铃薯作为山区少数民族群众脱贫致富的重要支柱产业，经过10余年的精心培育，目前凉山州马铃薯产业取得了长足发展。

1. 规模和布局不断扩大优化

2015年，马铃薯种植面积232.25万亩，占全州粮食作物的32.8%，比2010年增加28.68万亩，增长14.09%，年均增长2.67%，量的扩张达到新的高度，成为种植面积最大的粮食作物。在扩大种植规模的同时，不断优化区域布局。规范和有序推进农村土地流转，实行相对集中连片开发和适度规模经营，推动马铃薯生产向优势产区、规模基地、种植大户集中。采取龙头企业和专业合作社建基地、大园区小业主建基地等多种形式，建设现代农业马铃薯产业基地。确定了13个马铃薯生产重点县和136个种植面积在5 000亩以上的重点乡镇，盐源、昭觉马铃薯种植面积达20万亩以上，布拖、喜德等8个县种植面积在10万亩以上。推进万亩乡镇基地、千亩村基地建设，建成万亩基地20个、千亩专业村560个。发展适度规模经营，推进马铃薯生产向种植能手和大户集中，20亩以上种植大户达1 184户。初步形成了高寒山区淀粉加工型、种用型，二半山区淀粉加工型、菜用型，低山河谷区菜用型马铃薯生产基地。

2. 产量和效益逐年提升

2015年，马铃薯产量361.13万吨，比2010年增加68.07万吨，增长23.23%，年均增长4.27%，占全州粮食产量的33.9%；产值39.25亿元，比2010年增加11.69亿元，增长42.42%，年均增长7.33%；实现全州农民人均纯收入525.8元，比2010年增加171.8元，年均增加34.36元，增长48.53%，年均增长8.23%。实现了规模、效益同步增长，为山区农民（尤其是彝族同胞）增收做出了突出贡献。

3. 加工营销能力有所提高

近年来，重点培育了濠吉集团、科兴薯业、润鑫薯业、世富农业等12家龙头企业，建成规模以上加工企业14个，年鲜薯加工能力达130万吨以上，比2010年增加5万吨。马铃薯商品量224万吨，商品率62%，比2010年提高8.3个百分点。大力培育中介组织和营销大户，积极发展壮大农民经纪人队伍，建立马铃薯专合组织74个，以经营马铃薯为主的营销大户132户，农民经纪人队伍1 000多人，有力地开拓了营销市场，拓宽了销售渠道，凉山马铃薯已远销全国30多个大中城市。

4. 良种生产体系日趋完善

种薯繁育设施体系日益完善、种薯生产技术逐步提高、种薯推广机制不断创新。狠抓原原种生产，引进企业建设原种、生产种基地，大力推进种薯市场化，大幅提高良种覆盖率。2015 年，有 7 家企业在凉山从事马铃薯种薯生产、销售行业，实现了良种生产经营由政府推动为主向企业化运作为主的转变。凉山州已初步建成了茎尖脱毒组织培养生产试管苗—网室（雾培）生产原原种—大田扩繁原种（网室扩繁原种）—大田生产合格种薯的马铃薯种薯扩繁体系，引进并成功实施原原种雾化生产技术；初步实现了良种生产经营逐渐由政府推动为主向市场化运作为主转变。州级主要实施试管苗、原原种生产，县级主要实施原种生产，乡镇、村、社和农户主要实施生产种生产。"十二五"期间，共育成马铃薯新品种 9 个，占四川省审定的马铃薯新品种的一半以上。2015 年原原种生产网室面积 63 000 平方米，比 2010 年增加 36 704 平方米；可生产合格试管苗 1 500 万苗、原原种 3 000 万粒。2015 年生产原原种 2 400 万粒，比 2010 年增加 1 994 万粒。

5. 标准化生产逐渐强化

标准化生产是现代农业的重要标志。强化标准化生产是提高农产品质量安全、拓展市场、满足消费者及品牌建设的迫切需要。凉山州委、州政府按照马铃薯生产"高产、优质、高效、生态、安全、专用"的要求，制定并实施《全国绿色食品原料马铃薯标准化生产基地凉山州马铃薯种植技术规程》《凉山州大春马铃薯生产管理工作流程图》，严抓产地环境、投入品使用、生产过程、产品质量全程监控等关键措施落实。狠抓良壤、良灌、良种、良法、良制、良机"六良配套"，落实"五改"措施，即改使用劣杂品种为使用主导优良品种，改"满天星"种植为双行垄作，改一次中耕垄塥为二、三次中耕培土，改偏施氮肥为测土配方平衡施肥，改粗放管理为精细管理、综合防治病虫害。以马铃薯高产高效创建为载体，坚持技术集成创新，全面落实"脱毒良种、适时早播、增施磷钾、平衡施肥，深松整地、双行垄作，密度四千、垄土三次，综防病虫、科学管理"40 字种植技术要领。不断用现代科技改造传统生产方式，走科技驱动型、内涵提升型的现代农业发展路子，有力推动了马铃薯产业的标准生产。

6. 品牌建设逐步推进

秉承"树品牌、推产业、扩市场、引投资、促合作、谋发展"的理念，发展壮大马铃薯产业。组团参加中国国际薯业博览会、农博会、西博会、中国马铃薯大会，全方位、多途径、大声势地宣传凉山马铃薯产业发展取得的成就。加强"凉山马铃薯"地理标志、认证商标的管理使用，引导马铃薯加工企业申报绿色、有机食品认证。积极参加或举办有关马铃薯产业发展的大型节会，着力推介、打造"大凉山马铃薯""中国绿色食品马铃薯之都"品牌。依托凉山品牌网站、农业信息网，加大品牌宣传推荐力度，为品牌建设搭建政策平台、发展平台和服务平台，"凉山马铃薯"已被农业部登记为"农产品地理标志产品"，全州注册马铃薯加工产品商标 15 个，一定程度上提高了凉山马铃薯的知名度和美誉度。

（二）凉山州马铃薯主粮化面临的主要问题

近年来，凉山州马铃薯产业尽管取得了长足进步，但由于基础条件薄弱，马铃薯产业没有达到应有的发展水平，仍然处于艰难的爬坡阶段，抵御自然风险和市场风险的能力还不强，弱质产业的特性还未得到根本改变，产业发展的一些关键环节还存在不少突出问题。

1. 生产零星分散，组织化程度不高

凉山州地形地貌复杂，二半山及以上地区农产品种植面广分散，绝大部分马铃薯种植农户在单打独斗，不仅生产规模小，而且集约化程度较低，与现代农业产业化发展要求差距较大。全州马铃薯加工企业、农民专业合作社、家庭农场和种销大户等新型农业经营主体还不多，"企业＋专业合作社＋基地＋农户""企业＋基地＋农户""股份制合作社＋农户"等新型组织模式推广缓慢，与市场对接差、农民利益联结机制和风险防范机制尚未完全形成。

2. 加工技术落后，产业链条不长

受传统习惯影响，凉山州马铃薯消费主要以鲜薯为主，适合深加工的品种不多，马铃薯加工技术比较落后，加工率不高。2015 年，全州 14 个马铃薯大型加工厂，开工量不足，年加工鲜薯 15 万吨左右。马铃薯加工制品主要是粗淀粉、精淀粉、粉条等低端产品，以精淀粉为原料加工生产下游产品的开发薄弱，产业链条短，产品附加值低，抵御市场风险能力弱，龙头企业的带动作用不明显。

3. 瓶颈制约突出，专业市场缺乏

受地理及交通等瓶颈因素制约，凉山州马铃薯的商品化率增长缓慢，市场在马铃薯产业壮大过程中所发挥的作用还不够充分，凉山州马铃薯产业自然经济特征明显，市场经济体系尚不健全，专业市场建设比较滞后，马铃薯营销协会、马铃薯专业合作社、马铃薯经纪人队伍等营销主体实力不强。目前，尚无马铃薯专业批发市场，没有稳定的交易集散中心，给外地客商购买、本地营销大户销售马铃薯带来极大地不便。在昭觉、布拖、盐源等马铃薯主产县，因交通不便，人背马驮现象在不少地方依然存在，外运较为困难，每年 20 多万亩马铃薯种植面积、20 万～30 万吨的产量都面临着很大的销售压力。

4. 品牌打造力度不够，知名度不高

尽管凉山州已拥有独具特色的"大凉山马铃薯""乌洋芋""七彩洋芋"等马铃薯特色品牌，在 2014 年凉山马铃薯也登上《舌尖上的中国Ⅱ》，成为唯一入选该节目的全国马铃薯主产区。但是，同甘肃省定西市、内蒙古乌兰察布市等马铃薯产业较发达的地区相比，品牌建设还相当滞后，有影响的特色品牌还未真正形成，市场的优势并不突出。

5. 种植技术落后，科技推广缓慢

凉山州虽已实现了一步跨千年的历史转变，但教育科技仍然比较落后，农民文化素质普遍不高，对新技术、新品种的掌握、应用较慢。种植粗放，规模化、集约化和标准化生产相对较低，尤其是彝区和藏区。病虫害防控体系不健全，部分马铃薯集中种植区域缺乏预防病虫害的意识、技术、药械和资金。凉山州良种推广机制不健全，国内马铃薯产业发展先进地区低代种薯覆盖率在40%以上，而凉山州仅为30.2%。有项目实施的区域、交通沿线高产技术落实较好，无项目的区域、边远地区高产技术落实差，影响了单产的进一步提高。

6. 机械化程度不高，生产效率较低

国内马铃薯产业发展先进地区生产机械化程度为20%以上，发达国家在80%以上。凉山州内因种植马铃薯多为坡地，因而只有少部分县进行机播机收示范，加之适合山地特点的机械化设备缺乏，全州马铃薯播种、管理、收获尚未大面积使用农业机械，生产效率不高。

7. 贮藏设施缺乏，损失较严重

长期以来，种植户对马铃薯储藏的重要性认识不够，加上地理及历史原因，马铃薯贮藏信息化应用较少，马铃薯贮藏方式原始、技术落后、装备匮乏，导致储藏能力低下，马铃薯烂种损失比较严重；同时，由于储藏条件较差，马铃薯细菌性及真菌性危害、失水、发芽、青化、淀粉糖化、冻害等时有发生，影响了马铃薯的品质。

据调查，凉山马铃薯损耗率一般均在20%以上，不少地区高达30%左右，而全国马铃薯储藏条件较好的地区，马铃薯的损耗率可以降到5%左右。凉山州按2014年马铃薯产量350万吨、2015年马铃薯产量360万吨和单价1.6元/千克计算，如果通过加强储藏设施建设，改进储藏技术，能把损失率降到5%，现损失率按15%、20%、25%、30%四个档次分别测算，可减少的损失额如表1。

表 1 马铃薯损失测算

损失率/%	可减少的损失额/万元	
	2014 年	2015 年
15	56 000	57 600
20	84 000	86 400
25	112 000	115 200
30	140 000	144 000

由表1可以看出：凉山州马铃薯的损耗比较严重，降低损耗的潜力较大。凉山州通过加强现代化储藏设备设施建设，推广先进的储藏技术，对实施马铃薯主粮化战略，助推马铃薯产业发展，帮助马铃薯主产区农户脱贫致富，落实解决民生问题，同步全面实现小康社会目标的意义十分重大。

（三）凉山州实施马铃薯主粮化战略的建议

实施马铃薯主粮化战略是一个长期的系统工程，涉及面宽，需要解决的问题多。凉山二半山及以上地区，马铃薯早已成为农民的主粮，国家实施马铃薯主粮化战略，无疑给凉山州马铃薯产业进一步发展带来难得的历史机遇。根据凉山州马铃薯产业发展的实际，笔者认为：当务之急是大力宣传实施马铃薯主粮化战略的积极意义，营造

全民支持参与的社会氛围，建立"政府主导、企业主体、农民主动"的上下联动机制，加快基础设施建设和马铃薯产业发展方式的转变，以促进贫困山区农民增收为抓手，提高凉山州马铃薯综合生产能力、抗风险能力和市场竞争力，推进种薯良种化、种植规模化、生产标准化、经营产业化、产品品牌化等方面建设工作，力争把凉山州打造成"中国绿色食品马铃薯之都"。

1. 加大主粮化宣传力度，建立"政府主导、企业主体、农民主动"的上下联动机制

（1）加大宣传力度，营造马铃薯主食化氛围。

我国启动马铃薯主粮化发展战略具有重大的现实意义。马铃薯主食化不仅有助于推进种植业结构调整，实现农业可持续发展，保障我国粮食安全，而且有利于改善和丰富我国居民膳食营养结构。但是，在大多数人的消费观念中，马铃薯仍然属于副食，马铃薯作为主粮消费还没有从根本上被消费者认可。实施马铃薯主粮化的战略，对于提高粮食安全，改善消费者的食物结构，促进山区农民脱贫致富等的重要意义也未引起人们的高度重视。因此，凉山州政府需通过各种途径加大马铃薯产业发展重要意义的宣传，营造全社会共同支持马铃薯主粮化战略实施的积极氛围。

（2）充分发挥政府职能，为实施马铃薯主粮化战略提供强有力的政策支撑。

实施马铃薯主粮化战略面临的问题比较多，需要政府、企业和农户等多主体的通力协作、共同参与，尤其是政府应在马铃薯主粮化战略实施过程中起到主导作用。政府应率先亮牌，坚持舆论导向优先、政策导向优先的原则，出台一些支持马铃薯主粮化的举措，为马铃薯主粮化战略的实施提供强有力的政策保障。需要政府出面解决和引导的工作很多，主要有：①加强领导，健全机构。建议成立凉山州马铃薯主粮化工作领导小组，负责领导全州马铃薯主粮化战略工作。领导小组下专设马铃薯主粮化战略管理办公室，办公室可挂靠在凉山州农业农村局，配备专门人员负责马铃薯主粮化战略实施的管理工作。建立目标责任制，加大考核力度，实行州—县—乡—村层层负责制。力求做到机构到位、人员到位、经费到位、目标及责任到位，以确保马铃薯主粮化战略的顺利实施。②马铃薯产业发展所需的政策支持体系（如马铃薯良种的繁育所需的研究经费、种植补贴、加工补贴、农药化肥等生产资料补贴及保险、金融等）的构建。③马铃薯专业化市场体系的构建和市场秩序的规范。④基础条件保障体系的建设。⑤马铃薯品牌的创建和马铃薯文化的打造。⑥生产及加工规模化企业的引进。⑦马铃薯现代化的储藏设施的建设及技术的推广。⑧土地流转模式的探索与实践等。

（3）以基地建设为龙头，发挥企业的主体引领作用。

根据甘肃省定西市和内蒙古乌兰察布市马铃薯产业的发展经验，在实施马铃薯主粮化战略过程中必须以基地建设为龙头，充分发挥企业的主体引领作用。凉山州地形地貌复杂，马铃薯种植山高地陡、零星分散，加工简单粗糙、产业链短，消费以鲜薯为主、品种单一，可以说从马铃薯的育种、生产、加工到市场均表现出原始、自然、低水平的特征。凉山州马铃薯产业要真正实现规模化、集约化、标准化，必须走基地建设的路子，充分发挥企业的主体示范作用。引进并扶持一批科研机构、企业从事马铃薯良种研究，进行马铃薯规模化、集约化种植，深度精度加工，实施"互联网+"的

交易模式等，打造"企业+专业合作社+基地+农户""企业+基地+农户""股份制合作社+农户"等多种利益主体良性互动的经营模式。

（4）加强引导，充分调动农户的积极性和主动性。

政府的引导、企业的参与对马铃薯主粮化战略的实现，无疑可以起到很好的保障、引领和示范作用。但凉山州马铃薯要真正成为农业产业中最具增产潜力、最具增收潜力、最具市场需求潜力的粮食作物，要真正成为山区少数民族群众脱贫致富的重要支柱产业，仅靠政府和企业还远远不够。马铃薯种植面积的扩大、生产标准化、品种良种化、产品专用化和消费多元化、营养化等，涉及村村寨寨、千家万户，只有广大农户积极参与和大力支持，马铃薯产业最终才能真正成为民生工程、扶贫工程，马铃薯主粮化战略的实施也才能真正落到实处。因此，凉山州政府必须通过各种措施进一步强化马铃薯产业在老百姓心目中的地位，转变人们对马铃薯的消费观念，充分调动农户的生产积极性，让农户主动参与到马铃薯主粮化战略的历史变革中来。

2. 加快良种繁育研究和低代种薯推广体系建设，实现种薯良种化

尽管凉山州的马铃薯新品种选育在云、贵、川三省中居于领先水平，但马铃薯品种仍然单一、病虫害严重、品质差，尤其缺乏加工型新品种，由此直接影响马铃薯的产量和效益，难以满足市场对产品品质的要求，市场竞争力不强，制约着马铃薯产业的健康发展和升级。在一定程度上讲，品种问题已成为制约马铃薯产业发展的一个关键因素。凉山州政府应着力抓好以下工作：

（1）充分利用科研院所的人才优势，加快马铃薯品种繁育体系的研究。依托州农科所、西昌学院等科研单位，利用凉山高海拔优势，打造面向四川的良种繁育基地，建立品质资源库；引进和创造优良基因，着重开发加工性、专用性、抗病性、适合机械化种植的品种，从马铃薯的抗病能力、营养价值、单产水平、稳定性等方面进行开发研究，尽快研究出适合凉山地理气候及加工特征的优质品种。力争构建县有脱毒中心、乡有种薯基地、村有扩繁点、组有示范户的马铃薯良种扩繁体系。

（2）加大加工型马铃薯选育及加工力度。主要选择芽眼较浅、表皮光滑、淀粉含量高、含糖量高的马铃薯，这样可以大大降低加工成本，提高加工效益。

（3）大力扶持种薯生产和销售企业。依托州马铃薯良种繁育推广中心、州良圆公司、高地种业、四川福特公司、四川恒然公司、昭觉、布拖、喜德、盐源、越西等网室生产原原种，在州内马铃薯生产重点县集中建立脱毒种薯扩繁基地。依托种子检验和植物检疫部门建立严格的种薯质量检验监督体系，建立可追溯的种薯质量监控体系。目前要完善现有脱毒种薯生产及销售网络体系和种薯质量检测体系。筛选、审（认）定更多的适合加工的高产优质专用马铃薯新品种，降低种薯生产成本。培育扶持脱毒种薯生产销售企业，依托种薯企业在高寒山区选择一批生产条件好、种薯生产基础较好、交通方便的县集中建设一批原种和低代生产种基地。

（4）在种薯集中生产基地建立种薯生产农民专业合作社和种薯批发市场，推进种薯销售信息平台建设。

（5）争取较大规模地实施国家马铃薯原种生产补贴项目，搞好宣传示范，加快低代脱毒种薯的推广应用。

3. 加强技术创新，实现种植标准化和适度规模化

（1）加强技术创新，实现种植标准化。坚持技术集成创新，全面落实"脱毒良种、适时早播，增施磷钾、平衡施肥，深松整地、双行垄作，密度四千、垄土三次，综防病虫、科学管理"40字技术要领，要根据山区的特性，研究适用于山区、山地的栽培技术，在此基础上，突出合理间套轮作、选用专用品种、晚疫病防治等技术措施的推广落实；完善落实秋、冬马铃薯覆膜配套高产栽培技术。大力推行标准化生产，使全州马铃薯标准化生产比例达90%以上，努力提高商品薯的产量和质量。

（2）规范和有序推进农村土地流转，实行相对集中连片开发和适度规模经营，推动马铃薯生产向优势产区、规模基地、专业合作社、家庭农场、种植大户集中。适度规模经营是发展现代农业的一个基本特征。以适度规模经营为方向、高标准农田建设为基础、高产高效创建为支撑、农机化作业为保障，分期分批建设种植模式标准、要素高度集聚、效益显著增加、示范作用明显的现代农业马铃薯产业园区。在马铃薯生产面积10万亩以上的县，建立一个5 000亩以上的现代农业马铃薯产业园区；生产面积10万亩以下的县建立一个3 000亩以上的现代农业马铃薯产业园区。要抓好全州136个马铃薯种植面积在5 000亩以上的重点乡镇的产业基地建设，推进万亩乡镇、千亩村基地建设。加强种植模式创新和推广，在保持大春马铃薯净作面积不减少的情况下，重点挖掘秋冬马铃薯种植的面积、产量潜力。在二半山以上地区，重点推广大春马铃薯/玉米（豆类）、玉米（豆类）/秋马铃薯、冬马铃薯/玉米（豆类）模式，改一年只种一季马铃薯或玉米为马铃薯、玉米（豆类）分带间套轮作；在低海拔沟坝河谷地区，大力发展秋冬马铃薯，完善推广大行桑（幼龄果树）/秋（冬）马铃薯等模式。实现向科技要面积、向空间要面积、向时间要面积的山区现代立体农业发展模式。

4. 大力扶持加工营销实体，实现产业链条化

马铃薯主食化的关键是消费模式和理念的根本性转变，即要由副食消费向主食消费转变、由鲜薯消费向多品种消费转变、由原料消费向制成品消费转变、由大众性主食产品向特色型功能性产品转变，这些转变必须通过加工来实现。因此，引进和培育马铃薯加工企业，加大加工力度，开发精淀粉、马铃薯全粉、薯蛋白、变性淀粉、薯条、薯片等下游产品，延伸马铃薯产业链条，对发展和壮大马铃薯产业至关重要。笔者建议：

（1）组织人员到马铃薯加工条件较好的地区学习借鉴其加工技术，引进现代加工设备，新建并扶持一批加工企业，提升加工的水平和能力。

（2）建立凉山州内相关部门服务马铃薯加工龙头企业的制度，加大扶持力度，提升龙头企业的产业化带动能力。

（3）丰富马铃薯加工产品类型。马铃薯加工包括机械加工、化学加工、烹饪加工、食品加工多种类型，其制品也多种多样，主要有：马铃薯全粉、精淀粉、薯蛋白、变性淀粉、薯条、薯片、粉条、粉皮、马铃薯咀嚼片、马铃薯保健品、马铃薯保健醋、马铃薯面膜等。消费需求的多样性决定马铃薯加工制品的多样性，只有实现加工品种的多样性，马铃薯加工业才会逐步涉足高附加值、高科技领域。

5. 着力抓好市场流通和品牌建设工作

（1）在马铃薯主产区建立大型马铃薯交易批发市场，拓展马铃薯营销渠道。

（2）依托中国农业信息网、凉山品牌网站构建马铃薯市场信息平台，协助国家、省在凉山州举办全国性的马铃薯产销衔接洽淡会。积极参加有关马铃薯产业发展的大型节会，充分利用媒体加强宣传，提高产品知名度。

（3）借助"互联网+"，发展现代马铃薯产业。一是利用互联网提升农业生产、经营、管理和服务水平，培育一批网络化、智能化、精细化的现代马铃薯"种养加"生态农业新模式，形成示范带动效应，加快完善新型农业生产经营体系，培育多样化农业互联网管理服务模式，逐步建立农副产品，农资质量安全全程追溯体系，促进农业现代化水平明显提升。二是利用"互联网+"的交易模式，打造从产区到销区、从田间到餐桌的产业互联网服务平台，吸引产业客户和投资者参与网上交易，减少中间环节，用市场和资本的力量促进生产者增收。依托"互联网+"服务马铃薯全产业链，搭建集信息服务、交易定价、物流配送为一体的产业互联网服务平台，通过专业化服务吸引国内外马铃薯产业链主体集中参与到凉山马铃薯产业发展中来。三是推进信息化建设，构建合理的信息化模式。需立足于准确的信息服务，不断稳定和扩大信息采集的渠道，开发整合马铃薯市场信息资源。建议以现有的农业部门网络建设为基础，将网络工作站覆盖到基层乡镇，同时由专业部门负责对基层网络工作人员的培训，加强基层互联网络信息人和物的建设，以此实现村、乡、县、州的农业信息一体化和马铃薯储藏信息的及时流通。

（4）加强绿色食品原料马铃薯标准化生产基地的监管和凉山马铃薯地理标志、认证商标的管理使用，引导马铃薯加工企业申报绿色、有机食品认证。做好种薯、商品薯及马铃薯加工品的品牌、商标注册工作，打响"大凉山马铃薯"地域品牌。

6. 加强基础设施建设，为马铃薯产业发展提供保障措施

（1）抓好农田基础设施改善工作。在马铃薯集中产区，改造中低产田土，建设高标准农田，积极推进适度规模经营。

（2）抓好农机装备结构优化工作。深入实施国家农机购置补贴项目，积极探索适合山区马铃薯从播种、灌溉、施肥到采收的全过程机械化模式，加快引进、改良、推广适宜于凉山州山地、丘陵等地形地貌特征的机械化农机具，降低马铃薯的生产成本，提高山区生产效率及马铃薯的市场竞争力。

7. 加快储藏设施建设，推广科学储藏技术

凉山州马铃薯主产区大多集中在二半山及以上地区，由于历史及自然原因，其生产尚属粗放型，靠天吃饭的现象还十分突出，自然堆放的储藏方式已长期形成，原始落后的储藏方式对马铃薯产业的发展造成的影响并未引起农户和部分领导的高度重视，对马铃薯的腐烂所带来的经济损失也估量不足，更谈不上如何采取科学的手段来解决马铃薯的储藏问题。在影响和制约马铃薯产业发展的诸多因素中，储藏设施的解决和科学储藏技术的应用是最为现实的也是见效最快的。马铃薯储藏设施建设工作主要从以下几个方面进行：

（1）加大设备引进力度及储藏技术的研究力度。

开展马铃薯储藏预处理技术研究，包括择优去劣、分选分级等。重点开展适合凉山州独特地理气候条件的马铃薯标准化储藏技术培训与推广，包括马铃薯储藏窖或库

的化学防控措施、化学药剂使用方法、库容比、堆放标准等。根据凉山州目前马铃薯储藏设备设施原始欠缺及技术落后的情况，笔者建议加大现代储藏设备的引进力度，并出台专门的管理办法，给予马铃薯贮藏技术研究项目重点支持，鼓励科研部门和专业合作社、加工企业合作开展不同储藏方式的研究，对引进设备加以吸收，研发适合本地企业及农户储藏的设备及配套技术，对从事储藏研究的专家和技术员给予一定的工作经费支持和激励补贴，鼓励他们经常走到生产第一线，开展储藏技术指导和培训，为生产提供技术支持和服务，引领广大马铃薯种植户科学储藏，形成适宜各区域自然气候条件的科学合理又简单易行的技术，逐步将科学的储藏技术在生产中普及应用。

（2）建议在主产区以自然村为单位开展马铃薯储藏库建设工作。

凉山州每年需要储藏的种薯大约在 50 万吨，需要储藏的商品薯数量更大，推进马铃薯储藏库建设，对于实施马铃薯主粮化战略，减少马铃薯损失意义十分重大。建议组织专业人员到全国马铃薯储藏建设搞得好的地区（比如，内蒙古乌兰察布市和甘肃省定西市）学习，借鉴其马铃薯产业发展的经验和马铃薯储藏库建设的技术，马铃薯储藏管理办公室抽调人员对全州马铃薯主产区储藏情况进行调研摸底，弄清以自然村为单位或者交通便利区域需要建立马铃薯贮藏库的数量及规模，做好科学规划和预算，财政可考虑给予一定补贴，扶贫资金也可专项列支，通过多方筹资手段筹集建设所需资金，以政府主导、企业承建的方式进行储藏库建设，并同时探索有效的储藏技术及管理方式。

（3）建立较为完善的马铃薯贮藏体系。

贮藏设施的建设可以促使马铃薯均衡上市，稳定市场，保证原料供应，延长企业生产周期，提高生产能力。凉山马铃薯储藏量大且十分分散，因此，除以自然村为单位或者交通便利区域为对象筹建马铃薯储藏库以外，还应积极引导鼓励各经营主体建立各种类型的储藏库，以形成千家万户小型库、专合组织及种植大户中型库、集散市场中转库及加工企业大型库的储藏体系。

（4）加强业务培训，培养从事马铃薯储藏管理工作的专门人才。

马铃薯储藏体系建立后，需要大量从事马铃薯储藏管理的专门人才。建议制定"凉山州加强马铃薯储藏技术培训工作的管理办法"，通过政策激励，调动农民主动参与学习马铃薯储藏技术的积极性；马铃薯储藏管理办公室也应主动与大专院校和科研单位进行合作，定期组织专项业务培训工作，培养大批专门技术及管理人员，从事马铃薯贮藏期间的病害发生的防治、温湿度变化的控制、贮藏库的设计及建设等工作。

五、问题与思考

（1）请分析马铃薯"主粮化"至"主食化"演变的背景及动因。
（2）请对比分析秘鲁、美国等马铃薯主产国的马铃薯产业发展经验对我国的启示。
（3）分析凉山州马铃薯产业发展的优势、劣势。
（4）请阐述基于全产业链马铃薯主粮化的突破路径。

案例七

奥林匹克购物中心的市场定位

（编者：肖亮）

一、案例提要

市场定位是指企业根据竞争者现有产品在市场上所处的位置，针对顾客对该类产品某些特征或属性的重视程度，为本企业产品塑造与众不同的，给人印象鲜明的形象，并将这种形象生动地传递给顾客，从而使该产品在市场上确定适当的位置。本案例通过分析攀枝花奥林匹克购物中心的市场定位、市场推广现状和存在的主要问题，引导学员思考市场定位应考虑的主要因素和策略应用。

二、教学目的与学生任务

1. 本案例主要适用于"市场营销学""营销策划"等课程。
2. 让学生通过对项目内外部环境的分析，学会应用市场营销关于市场细分、目标市场评价与选择、目标市场定位等的理论知识解决实际问题，强化对市场营销学 STP 战略的理解，掌握市场定位的内容、步骤及策略，提高学生理论运用能力。

三、案例分析要点

本案例分析遵循"掌握相关理论知识—了解项目背景资料—分析案例项目存在的主要问题—提出对策建议"四个步骤。

四、案例内容

（一）奥林匹克购物中心的项目概况

基本信息：攀枝花奥林匹克购物中心位于攀枝花市重点发展区域——炳三区核心，

是攀枝花市重点规划的城市中心级商业综合体，项目总投资逾 10 亿元，占地面积约 150 亩，总建筑面积 130 530m²。其中，地上建筑面积 59 130m²（含体育馆 13 330m²、商业 30 000m²、体育综合房 15 800m²），地下建筑面积 714 000m²（地下一层 41 300m²、地下二层 30 100m²）。室外体育设施占地面积 6 960m²（含网球场、篮球场、游泳池、儿童戏水池、群众健身广场），共有停车位 1 000 个。该项目业态定位为建设 10 万 m² 的航母级商业综合体，计划引进奥特莱斯名品中心、酒吧风情街区、高端旗舰院线、大型量贩式 KTV、高端运动健身场馆、大型超市、品牌电器、万国特色美食广场等众多业态，打造攀枝花中心之上的"城中城"，让消费者在家门口实现衣、食、住、娱、购、动一站式、全景式体验。

项目荣获 2012 年年度"人居中国奖"。经亚洲人居环境可持续发展促进会、中国房地产投资与开发协会、中国商业地产开发联合会等数家权威机构评定，项目开发商万年长地产获得 2012 年年度"人居中国奖"，奥林匹克中心花园荣获"2012 年最佳城市商业投资综合体"，万年长地产荣获"2012 年最具社会责任房地产企业"。

（二）区位优势

项目位于炳三区 CBD（中央商务区）、EBD（生态经济区）、CLD（中央生活区）的核心，三面环山，清泉一脉，四季常流。项目地处政府重金打造的万亩森林健身公园一期位置。3.5 万 m² 多功能运动中心里，羽毛球馆、篮球场、网球馆、多功能馆、群众健身广场、室内恒温游泳池和儿童戏水池等运动设施齐全。周边名校云集，毗邻攀枝花市第二十五中小学校、攀枝花第三高级中学、攀枝花学院，教育资源丰富。拥有 1.35 万 m² 超大城心中央休闲公园，配套群众健身广场、休闲步道、城心景观设施。

（三）奥林匹克购物中心运营状况

根据该项目的市场定位，其在攀枝花市场上主要竞争者包括金瓯广场、德铭百货、曼哈顿广场和在建的万达广场等，它们普遍拥有地理位置优势，交通便利，所属商圈人口密度大，周围业态较为齐全，能够满足消费者的多方面需求。但是，现有的竞争者共同存在着规模普遍较小，自身经营业态较为单一，周边生态环境建设不足，无法有效满足消费者的一站式综合性需求的缺陷。

比较而言，奥林匹克购物中心经营规模、配套设施和生态环境等比较优势显著。但是，自 2013 年建成以来，奥林匹克购物中心入驻商家不多，仅在入口附近有部分娱乐场所，其他楼层零星有少数几家餐饮店、教育机构、运动健身场馆和公司办公入驻。

2015 年 8 月，4 楼部分建设成为攀枝花电子商务产业园，先后经过两期建成，2015 年年底，园区入驻企业包括启迪之星（攀枝花）孵化器、软通动力信息技术（集团）有限公司、攀枝花网库信息技术有限公司、四川去哪儿网国际旅行社有限公司、京东快递等在内的共计 87 家，其中虚拟入驻 45 家，培育孵化了包括 26 度果园、仁诚电子商务、鸿光科技等一批本土电商企业，具备项目孵化、线上营销、线下展示、项目路演、沙龙会展等功能，是目前攀西地区条件最完善、设备最齐全、品牌集聚度最高的现代化电子商务主题园区之一，也成为目前奥林匹克购物中心主要业态。其他大部分楼层多处于空置状态。总体来说，经营情况差，日常人流量极少。

2014 年 3 月，奥林匹克·太平洋购物中心在奥林匹克中心举行招商签约发布会，活动由特邀嘉宾、央视著名主持人撒贝宁主持，但是之后招商效果不佳，太平洋购物中心最终未能入驻。

2018 年 2 月，由北京耀莱投资集团公司与国际巨星成龙共同打造的文化品牌耀莱国际影城入驻奥林匹克中心，给该区域观众提供国际一流的观看环境，并带动花城老火锅、海蓝宝泰式火锅、巴比克西餐厅、玫玛格尼音乐餐厅、花城咖啡等餐饮娱乐业态入驻，在一定程度上提升了奥林匹克购物中心的人流量，凝聚了一定的人气。

但是，总体来看，奥林匹克中心尚存在诸多经营问题和困难。商业业态单调，有影响力和号召力的主力商业业态少，入驻商家总量不足，经营效益低下的现象未能得到根本改观。

（四）奥林匹克购物中心运营效果不佳的原因

第一是该购物中心是由房地产商自己建设、自己招商、自己管理，未能实现所有者、管理者与经营者的分离，未能实现优势互补。奥林匹克项目业态定位为购物中心，而购物中心是指多种零售店铺，服务设施集中在由企业有计划地开发、管理、运营的一个建筑物内或一个区域内，向消费者提供综合性服务的商业集合体。从严格意义上讲，购物中心不是一种商业业态，而是一种有计划地实施的全新的商业聚集形式，有着较高的组织化程度，是业态不同的商店群和功能各异的文化、娱乐、金融、服务、会展等设施以一种全新的方式有计划地聚集在一起。它通常以零售业为主体，与自发形成的商业街相比，购物中心在其开发、建设、经营管理中，均是作为一个单体来操作，一般是物业公司建楼、出租场地，专业商业管理公司实行统一招租、管理、促销，承租户分散经营，实行所有者、管理者与经营者的分离，优势互补，既可保证和提高管理水平，又可使购物中心以一个统一的社会形象面对消费者，同时由于购物中心内的各零售商分别经营自己的产品，商家还可以充分展示自己独特的品牌形象和经营风格。这种购物场所的组织和构造形式，包含着一种促销思想，即要让消费者在购物场所尽可能停留较长时间。

第二是购物中心的业态定位未能充分考虑项目地理区位劣势。奥林匹克购物中心地处新区两条新建道路之间，但是并未地处主干道，需经支线道路通达。周边虽然已经有部分新建居民小区，但是由于山区地形限制，高低落差较大，附近小区居民到达购物中心的通达性和便利性不佳；市区远距离的消费者到达购物中心，仅有两条公交线路通达，且班次数量有限，这极大地限制了购物中心的辐射半径。周边消费者购买的方便性不能得到有效满足，购物中心的衣、食、住、娱、购、动一站式全景式体验很难实现。

第三是招商缺乏创新。由于购物中心所处商圈尚处于建设初期，商圈商业配套不足，周边极其缺乏商业氛围，购物中心在建成初期招商过程中激励政策制定不足，缺乏创新性的吸引商家入驻的政策措施，未能够在项目建成初期快速凝聚人气，形成商业氛围，并随着时间推移，形成恶性循环。

五、问题与思考

（1）奥林匹克购物中心采用的是怎样的市场定位策略？是否具有可操作性？

（2）你认为奥林匹克购物中心现有的市场定位的主要问题是什么？

（3）如果你是策划者，你会如何调整奥林匹克购物中心的市场定位？

（4）如果你是策划者，你会如何制定奥林匹克购物中心的招商营销方案？

六、学生案例分析报告基本格式

1. 标题。

2. 内容提要（简述，300字）。

3. 报告正文：问题回答与综述。

4. 总结：对案例本身的总结；对所用知识点、方法及案例过程总结。

案例八

攀枝花康养旅游市场推广研究

（编者：王敏）

一、案例提要

当前，健康养生越来越为人们所关注，康养产业正在全球蓬勃兴起。2016年10月25日，国务院印发了《"健康中国2030"规划纲要》，"健康中国"上升为国家发展战略，大健康产业成为继互联网产业之后中国经济的新引擎。攀枝花市具有得天独厚的海拔高度、温度、湿度、洁净度、优产度、和谐度"六度"禀赋优势，在四川省提出"攀西经济区建成国家战略资源创新开发试验区和全国阳光康养旅游目的地"的良好契机下，攀枝花市委、市政府提出创建中国阳光康养产业示范区、建设中国康养胜地的科学决策。攀枝花从此步入了新起点、新征程，全市人民有了新追求、新期待。

本案例以攀枝花康养产业中的"康养+旅游"为研究对象，重点探讨攀枝花冬季阳光康养旅游的现状、发展"康养+旅游"的影响因素及存在的突出问题。

二、教学目的与学生任务

1. 本案例主要适用于"市场营销学""市场调查"等课程。

2. 让学生理解经济市场营销、市场调查的理论和概念，加深对地区经济发展的认识，掌握数据收集、整理、分析的方法，提高运用市场营销学理论解决经济社会发展中问题的能力，做到强化所学知识，掌握相关知识技能。

三、案例分析要点

本案例学习应把握的环节：了解和分析问题——推演备选方案——分析备选方案——实施选中方案。学生通过收集经济新常态、供给侧结构性改革和城市转型发展的有关资料以及攀枝花市近五年的旅游业的相关统计数据，了解攀枝花旅游业发展的态势；

结合收集的数据，分析影响攀枝花旅游业发展的主要因素，并能够结合攀枝花经济现状，提出自己对促进攀枝花康养旅游产业发展的措施建议。

四、案例内容

（一）背景

2018年2月5日至8日，第八届攀枝花欢乐阳光节举办"我陪爸妈回三线"活动。活动邀请当年参与攀枝花三线建设的十组家庭重返攀枝花，开展康养体验游，感怀三线岁月。王元彬一家是其中一组，他们离开攀枝花已有十年之久，此次重返攀枝花，已84岁高龄的王元彬感叹，"攀枝花的变化太大了，路更宽了，空气质量更好了，绿化更多了，房子越修越漂亮了……而且城市包容性强，生活成本不算高，加上自然条件好，物产丰富，非常宜居，尤其适合我们老年人养老。"老人的这番话，正是近年来攀枝花康养旅游发展变化的缩影。

1. 攀枝花的建设

20世纪60年代中期，400万工人、干部、知识分子、解放军官兵和成千万人次的农民工，在"备战备荒为人民""好人好马上三线"的时代号召下，拿起背包，跋山涉水，来到祖国大西南、大西北的深山峡谷、大漠荒野，风餐露宿、肩扛人挑，用艰辛、血汗和生命，建起了1 100多个大中型工矿企业、科研单位和大专院校。通过开发建设，攀枝花成为一个百万人口的现代工业城市，成为大西南一个新的经济增长点，为20世纪末我国实施的西部大开发战略奠定了坚实的人才、技术、管理和资金基础，其城市及经济的辐射作用得到了充分发挥。但是，过去因为发展生产大力开发重工业，一定程度上对攀枝花的自然环境造成了破坏。为促进产业升级与城市转型，充分发挥比较优势和后发优势，促进旅游与农业、工业及其他产业融合，实现创新发展、绿色发展、协同发展，攀枝花必须走出一条符合自身实际和时代要求的转型升级之路。

2. 资源优势

得益于年日照2 700小时左右、无霜期300天以上等得天独厚的气候优势，攀枝花一年四季新鲜果蔬不断。攀枝花拥有特别适宜人类休养生息的"六度"禀赋，包括温度、湿度、海拔高度、洁净度、优产度、和谐度，被评为全国呼吸环境十佳城市、中国十大避寒名城、中国最佳养老城市50强和中国阳光康养示范城市。为做好"阳光"文章，攀枝花创造性地提出了"阳光康养旅游"概念，促进"康养+旅游"融合发展，努力建成年轻人养身、中年人养心、老年人养老的全国阳光康养旅游目的地，逐步打响了"阳光花城·康养胜地"城市品牌。攀枝花根据自身气候资源优势，明确了"康养+农业""康养+工业""康养+医疗""康养+旅游"和"康养+运动"5个"康养+"的发展路径，围绕建设全国阳光康养旅游目的地，充分发挥比较优势，将攀枝花的优势资源加以整合，打造阳光康养的"金字招牌"。品牌背后是效益。2012年至2016年，攀枝花全市接待游客总量从853万人次增加至2 063万人次，年均增长24.7%；旅游总收入从66.9亿元增加至242.6亿元，年均增长38%。近年来，平均每年来攀枝花过冬的"候鸟"老人达 5 万人次左右，养老服务业需求旺盛。2018 年春节黄金周，攀枝花共接待游客 174.5 万人次，实现旅游总收入 17.34 亿元，与 2017 年春节黄金周相比，分别增长 10.49% 和 25.67%。

游客到了攀枝花看什么、玩什么？当地潜力巨大的旅游资源提供了有力支撑。攀枝花位于香格里拉旅游环线，不仅有原始森林、高山峡谷、湿地草甸、天坑地漏、溶洞奇观、生态田园和万亩索玛花海，还有战天斗地的"三线文化"，独具特色的地方美食，精美的苴却砚、钒钛旅游产品等。

3. 政策及相关保障

发展阳光康养旅游产业，攀枝花还有政策优势。攀枝花市相继制定了《关于支持医养融合产业发展的实施意见》《攀枝花市旅游品牌创建补贴办法》《攀枝花市拓展旅游市场补贴办法》等一系列政策措施，为发展康养旅游产业提供了项目、品牌、土地、税收、融资等方面的政策支持。游客愿意多次来攀枝花的原因还有日益便捷的交通。"从成都到攀枝花，坐飞机、乘火车或者自驾都很方便。"如今，成昆电气化铁路、京昆高速公路纵贯攀枝花全境，航空航线直通成都、北京、重庆、深圳、上海、武汉等城市，水陆空立体次级综合交通枢纽即将形成。

抓项目、造声势、提质量，攀枝花市大力推动康养旅游产业发展。目前，攀枝花正按照"一心一轴两翼"的旅游发展布局，以四大精品阳光旅游度假区、八大重点旅游产业项目群为构架，搭建阳光康养产业的主骨架。据介绍，攀枝花市正重点推进八大旅游项目群建设，并将推进红格、阿署达、普达、二滩等旅游产业项目群差异化发展，既形成加快旅游产业发展的整体合力，又避免同质化竞争。2017 年，攀枝花市发布 13 项康养产业地方标准。此标准的制定和实施，实现了攀枝花市标准化工作与康养产业发展的有机融合，康养产业发展质量"有标可依"，标志着攀枝花市向建设"全国阳光康养旅游目的地"的目标又迈出了坚实的一步。

(二) 攀枝花康养旅游

春节期间，当全国大部分地区"千里冰封、万里雪飘"的时候，攀枝花却是艳阳高照、温暖如春。近年来，攀枝花将发展阳光康养产业作为经济结构调整和城市转型的突破口，充分利用天空湛蓝、空气新鲜、冬日暖阳、蔬果丰盛等得天独厚的资源优势，打造中国康养胜地、阳光花城，不远千里到攀枝花享受阳光、过冬旅游、移居康养的"候鸟"老人越来越多。2016 年，到攀枝花市享受冬日暖阳的"候鸟"老人更是首次突破 15 万人次。为深入了解"候鸟"老人在攀枝花康养旅游的真实感受，调研组深入米易县和仁和区通过问卷调查和随机走访等方式对 130 名"候鸟"老人进行了抽样调查。调查结果显示，"候鸟"老人对攀枝花独有的阳光、空气、温度湿度等自然气候条件青睐有加、流连忘返，但也存在住宿费用高涨、接待能力有限和交通不便等亟待解决的问题。

1. 调查基本情况

本次调查采取问卷调查和随机拦访的方式进行，调查对象为米易县和仁和区随机抽取的来攀枝花过冬康养旅游的"候鸟"老人（以下简称受访游客）。发放调查问卷

135份,收回有效问卷130份。调查内容包括受访游客了解攀枝花的途径,在攀旅游的消费娱乐方式,居住情况,对气候、阳光、交通、治安、公共服务等方面的评价,以及受访游客反映的问题和意见建议。

(1)受访游客基本信息。

在130位受访游客中,从年龄结构看,50岁以下的3人,占2.31%;50~60岁的16人,占12.31%;60~70岁的48人,占36.92%;70岁以上的63人,占48.46%。

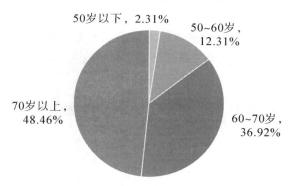

图1　受访游客年龄分布情况

从性别结构看,男性52人,占40%,女性78人,占60%。

(2)受访游客来源地分布。

从受访游客的来源地看,来自川内的占绝大多数。数据显示,来自川内的126人,占96.92%;来自省外的4人,仅占3.08%。其中,来自成都的103人,占79.23%,表明来攀过冬旅游的游客大部分来自成都,相对于2016年冬季成都持续雾霾污染的阴冷天气,攀枝花的冬日暖阳和晴空万里对成都游客具有较强的吸引力。

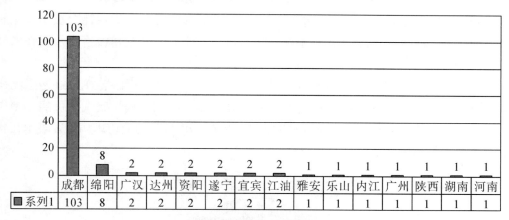

图2　受访游客来源地分布(人)

2.调查中反映出的游客感受体验情况

(1)受访游客中"回头客"超七成,近半数游客来攀旅游达四次及以上。调查显示,受访游客中第一年(次)来攀枝花旅游的有38人,占29.23%;第二年(次)来的有19人,占14.62%;第三年(次)来的有12人,占9.23%;第四年(次)及以上来的有61人,占46.92%。数据表明,"回头客"达70.77%,绝大多数游客对攀枝花的清新空气、灿烂阳光和时令鲜果流连忘返，愿意再次到攀枝花过冬，康养旅游。

（2）游客多通过亲友介绍的方式了解攀枝花。从受访游客了解攀枝花的途径和方式看，选择"亲友介绍"的99人，占受访人数的76.15%；选择"曾经来过攀枝花"的24人，占18.46%；选择"网络"的15人，占11.54%；选择"电视"的6人，仅占4.62%；没有受访游客通过"报纸"而了解攀枝花（注：受访游客可选多项）。数据表明，游客大部分是通过亲友介绍的途径了解攀枝花，通过网络、电视和报纸等媒体了解攀枝花的非常少。

（3）吸引游客到攀过冬旅游最主要的因素是阳光等气候条件。得天独厚、温暖如春的自然气候环境是吸引游客到攀枝花过冬康养的最主要因素。其中：阳光排名第一，空气排名第二，温度湿度排名第三。详见表1。

表1　吸引游客到攀过冬旅游的主要因素

吸引因素	占受访游客比例	排名
阳光	100%	1
空气	78.46%	2
温度湿度	67.69%	3
酒店（含农家乐）服务	36.15%	4
交通便捷	28.46%	5
住宿餐饮物美价廉	20.77%	6
民风	20.00%	7
政府服务意识	10.77%	8

（4）近九成受访游客乘坐火车到攀旅游，近半数游客在攀康养旅游的时间约2个月。关于到攀枝花旅游的交通工具类别，84.62%的受访游客选择火车，13.85%的受访游客选择自驾。关于在攀冬季度假停留的时间，46.15%的受访游客预计会在攀枝花旅游2个月，35.38%的受访游客表示旅游时间不确定，12.31%的受访游客表示会在攀枝花旅游1个月左右。

（5）半数以上受访游客患高血压等慢性病，近八成受访患病游客在攀过冬感觉病情有缓解。调查显示，51.54%的受访游客患有高血压、心脏疾病、支气管疾病、糖尿病等慢性病，其中患高血压和心脏疾病的占38.46%。79.03%的受访患病游客表示在攀枝花过冬康养后感觉病情明显好转或有所缓解。

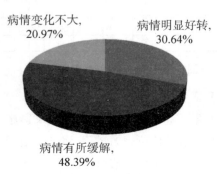

图3　慢性病游客在攀过冬康养后病情缓解情况

（6）近九成游客在酒店农家乐等经营场所住宿，人均食宿月消费2 470元。数据显示，93.08%的受访游客在攀枝花未购住房，86.40%的游客来攀枝花康养旅游主要选择入住酒店、农家乐和度假村等场所，仅有13.60%的游客选择自己租房或入住亲友家。调查显示，入住酒店、农家乐和度假村的受访游客中，每人每月的伙食费和住宿费（床位费）为1 000~6 200元，人均食宿月消费2 470元。

（7）除食宿外，购买本地特产是游客最主要的消费方式。据攀枝花市旅游部门统计，2016年全市旅游总收入同比增长20.04%，外地游客的纷至沓来有力地带动了住宿餐饮、休闲娱乐、商品零售等服务业发展。调查数据显示，除食宿外，购买本地特产是游客首要的消费方式，70%的受访游客在攀枝花购买过土特产；其次是"去景点消费"，占受访游客的42.31%。

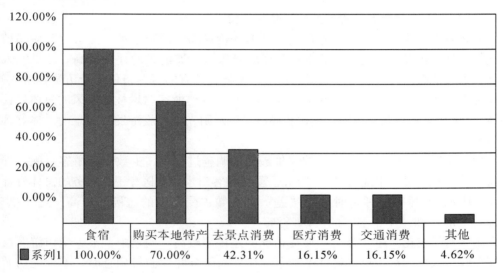

图4　游客在攀消费方式占比情况

	食宿	购买本地特产	去景点消费	医疗消费	交通消费	其他
■系列1	100.00%	70.00%	42.31%	16.15%	16.15%	4.62%

（8）散步是游客最喜欢的娱乐方式。滨河长廊、环形绿道、湿地公园等城市公共设施为"候鸟"老人休闲娱乐提供了良好的硬件条件。调查显示，受访老人中，58.46%的喜欢散步，26.15%的喜欢晒太阳、唱歌跳舞，24.62%的喜欢棋牌娱乐，22.31%的喜欢体育项目。

（9）超六成游客愿意留在攀枝花过春节，近九成游客打算明年再来攀枝花过冬旅游。调查中了解到，游客普遍认为攀枝花冬天阳光灿烂，空气清新，花果飘香，冬季气温温暖如春，适宜老年人康养养生，65.38%的受访游客选择在攀枝花过春节，88.46%的受访游客表示来年还会到攀枝花过冬旅游，这说明攀枝花得天独厚的气候条件和光热资源让游客们流连忘返。

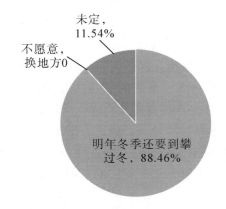

图 5　受访游客对明年冬天是否继续到攀枝花康养旅游的选择

（10）游客在攀枝花康养旅游的感受与评价。

游客对攀枝花气候、阳光等自然条件的评价最高。调查显示，受访游客对攀枝花的气候条件、民风、绿化环境卫生和阳光康养旅游发展前景的评价较高。冬日宜人的温度、湛蓝清澈的天空、干净清新的空气是攀枝花独有的资源条件，受访游客对气候、阳光等自然条件的总体好评率最高，达 99.24%。受访游客对攀枝花民风的总体好评率为 94.70%，对攀枝花城市绿化美化和环境卫生及阳光康养旅游发展前景的总体好评率均为 91.67%。

游客对攀枝花医疗卫生服务的评价最低。调查过程中，少数受访游客反映，外地人看病挂号费用要比本地人贵 7~10 元。受访游客对攀枝花医疗卫生服务的总体好评率仅 53.03%，差评率（评价时选择"差"的人数占受访者的比例）较高，达 9.09%；选择"一般"和"不了解"的占 37.88%。

游客对攀枝花交通（公交）便捷情况的差评率较高。调查中，不少受访游客反映公交车收车太早，稍微晚点就打不到车；在仁和区金叶度假村调查时，不少受访游客反映出租车要么不上山，要么只议价不打表；部分受访游客反映返程火车票不好买。受访游客对攀枝花交通（公交）便捷情况的差评率（评价时选择"差"的人数占受访者的比例）高达 9.09%，总体好评率仅有 75.76%；选择"一般"和"不了解"的占 15.15%。

表 2　受访游客对攀枝花各项公共服务的感受评价

受访游客的总体评价	占比/%				
	好	较好	一般	差	不了解
您对攀枝花气候、阳光等自然条件的总体评价	90.15	9.09	0.76	0	0
您对攀枝花绿化、美化和环境卫生的总体评价	69.70	21.97	6.82	1.51	0
您对攀枝花阳光康养旅游发展前景的总体评价	63.64	28.03	5.30	0	3.03
您对攀枝花民风（助人为乐、敬老爱幼、勤劳善良）的总体评价	62.88	31.82	3.79	0	1.51
您对攀枝花社会治安状况的总体评价	56.06	26.51	9.85	0.76	6.82
您对攀枝花酒店、农家乐服务质量的总体评价	45.45	34.09	12.12	3.79	4.55
您对攀枝花交通（公交）便捷情况的总体评价	44.70	31.06	13.64	9.09	1.51
您对攀枝花医疗卫生服务的总体评价	27.27	25.76	22.73	9.09	15.15

3. 受访游客反映的主要问题

（1）春节期间住宿涨价幅度太大、部分地区一房难求。本次调查发现，"物价高、住宿涨价过快"是游客反映最集中突出的问题。部分受访游客反映，春节期间个别地区一房难求且住宿涨价幅度太高，部分家庭宾馆春节期间住宿费涨幅达200%。有游客反映，部分酒店春节期间连续涨价10多天，每天涨价300多元，住宿费用难以承受，如果再高就选择去海南过冬旅游了。

（2）从业人员素质不高，市内食宿接待能力有限。调查中，不少受访游客反映，市内农家乐食宿服务亟待提档升级，住宿条件、周边环境、饮食卫生待改善；贤家村农家乐饮食质量差，吃了拉肚子，本打算多住一些时间，结果只住20天就走了；农家乐不能24小时供应热水，卫生和饮食差。调查反映的接待容量有限问题主要集中在农家乐，乡村居民长期形成的自由散漫的生活习惯与现代旅游接待服务和游客的要求存在较大差距，农家乐从业人员大多是本地居民，文化素质普遍偏低，一些落后的卫生和饮食习惯影响了当地的服务水平和游客的旅游体验。

（3）交通不便捷。交通不便是受访游客集中反映的另一问题。调查中，受访游客普遍反映，返程火车票难购买；火车站到住宿所在地太远；米易县公交车太少、收车太早；往返偏远的度假村（农家乐）打车不便，有的出租车不打表、信口要价。市区和区县交通要道普遍缺乏旅游景点指示牌。

（4）医保卡不能通用，看病报销难。受访游客普遍反映在攀枝花康养过冬2～3个月难免会有小病小痛，而医保卡不能异地通用，生病住院费用报销也是手续繁琐。医保报销问题是"候鸟"老人在攀枝花过冬不可回避的现实问题。

（三）对策建议

攀枝花已经具备了发展康养旅游的基础，攀枝花在发展康养旅游上只有创出自己的品牌，加强康养旅游市场拓展和产品营销，才能更好地实现城市结构优化调整，创新驱动转型；才能更好地凝聚城市人口的情感，形成其独特的文化价值，从而提升城市的竞争力，打造攀枝花区域优势，推动攀枝花跨越式发展。为促进攀枝花康养旅游的发展，结合市场营销环境分析、战略目标、市场机会、市场风险控制等要求，我们有以下对策建议。

1. 旅游旺季食宿涨价幅度不宜过高

虽然旅游收入能大大增加当地居民收入，但也应考虑到游客的承受度和回头率。在旅游旺季，建议政府加强对全市旅游住宿餐饮价格的引导和监管，严肃查处旅游行业经营者突击随意大幅涨价、不按规定明码标价、欺诈宰客等问题。来攀枝花康养过冬的大都是退休老人，要确保价格涨幅在游客的经济承受范围之内，以免造成游客望而兴叹、失望流失。

2. 推进旅游供给侧结构性改革，提升服务水平和接待能力

一是加大旅游服务从业者特别是餐饮住宿行业从业人员的职业培训，加强旅游服务标准化、规范化建设，提高从业人员的服务意识和综合素质。二是加大旅游供给侧结构性基础设施建设，适度增加中档次、大众化、实惠型康养项目场所。容纳老年游

客较多的农家乐迫切需要加强硬件基础设施建设，提档升级，增设安装一些针灸、中医养生、健身器械等康养保健养生设备，方便老年游客健身娱乐。三是改善餐饮卫生条件，增加一些适合全国各地老年人食用的特色餐饮品系，如面食，烧饼等。确保农家乐餐饮卫生安全，食品监管部门应加大教育和监管力度，确保康养老人吃得放心安心。

3. 充分利用新媒体加大旅游宣传营销力度

本次调查数据显示，76.15%的游客是通过亲友介绍来攀枝花旅游的，通过网络、电视和报纸等媒体了解攀枝花的游客仅有16.16%。建议相关旅游和宣传部门在"互联网+"背景下进一步拓宽宣传营销渠道，加强以攀枝花阳光康养旅游微信公众平台为代表的新媒体建设，逐步建立完善攀枝花旅游资讯网、微博、微信和O2O电商平台等多元化、广覆盖的攀枝花旅游全媒体宣传平台，提供更多的便民服务推送，如景点景区、交通路线、住宿餐饮等信息功能，提供大量图文并茂的旅游资讯，全力塑造攀枝花良好的阳光康养旅游城市形象。

4. 加强公共交通承载能力和交通导向建设

针对游客普遍反映的旅游公交车次较少的问题，建议增设一些旅游线路定制公交，增加公交运行班次，适当延长公交收车时间。在火车站、高速路出口等重要交通要道增设旅游景点导向指示牌。

5. 加强城市环境卫生整治

调查中，部分游客反映乱停乱放车辆到处可见，影响交通出行和城市形象；仁和农贸市场脏乱差、摆摊设点随处可见。建议城管部门加大市容市貌的维护整治，对路边烧烤、乱烧杂物垃圾、车辆乱停乱放等不文明行为进行整治检查，维护攀枝花良好的旅游城市形象。

五、问题与思考

（1）你认为案例中攀枝花阳光康养旅游的顾客选择是否恰当？说明理由。

（2）攀枝花发展康养旅游产业的优势、劣势是什么？

（3）分析攀枝花康养旅游发展的制约因素。

（4）你认为攀枝花应该如何推广攀枝花阳光康养品牌？

（5）结合案例，你认为攀枝花阳光康养旅游应如何与海南竞争？

（5）尝试设计一个攀枝花阳光康养旅游推广的营销方案。

六、参考文献

［1］赖启航. 攀枝花康养旅游产业集群发展初探［J］. 攀枝花学院学报，2016，33（6）：6-9.

［2］李强. 攀枝花阳光康养旅游与房地产业良性互动关系研究［J］. 攀枝花学院学报，2014，31（3）：24-25+29.

［3］攀枝花市统计局. 攀枝花统计年鉴［EB/OL］.（2017-09-23）［2021-12-30］. http://www.pzhstats.gov.cn/tjgz/index.shtml.

［4］攀枝花市政府工作报告［EB/OL］.（2017-09-23）［2021-12-30］. http:// www.panzhihua.gov.cn/.

［5］四川省"十三五"服务业发展规划［R］. http://www.sc.gov.cn/10462/10464/ 13298/13301/2017/4/15/10420125.shtml.

［6］胥兴安，李柏文，杨懿，等. 养生旅游理论探析［J］. 旅游研究，2011，3（1）：40-46，62.

［7］刘家明. 从规划实践看旅游资源开发评价［J］. 旅游学刊，2006（1）：9-11.

［8］胡杨杨，赖启航. 基于游客感知的攀枝花旅游印象形成原因分析及印象管理策略［J］. 河北旅游职业学院学报，2015，20（2）：22-25.

［9］帅俊杰. 攀枝花市政府促进资源型城市转型的案例研究［D］. 成都：电子科技大学，2017.

［10］. 基于全养生理论视角的蕉岭县养生旅游发展研究［D］. 广州：广州中医药大学，2015.

七、学生案例分析报告基本格式

1. 标题。
2. 内容提要（简述，300字）。
3. 报告正文：问题回答与综述。
4. 总结：对案例本身的总结；对所用知识点、方法及案例过程总结。

案例九 | 凉山山地原生态特色烟叶品牌内涵挖掘之路[①]

（编者：周伟韬，冯长春）

一、案例提要

面对烟草产业新的国际国内形势，四川省烟草公司及凉山州烟草公司意识到：品牌营销是凉山烟叶保持竞争优势，实现可持续发展的重要途径。于是凉山烟草公司将"凉山山地原生态特色烟叶关键生产技术研究应用与品牌开发"作为重点科研项目予以立项，并将"凉山山地原生态特色烟叶品牌内涵挖掘与形象提升"作为核心子项目之一。案例在介绍凉山山地原生态特色烟叶基本情况并对其品牌建设背景进行深入分析的基础上，从其品牌内涵挖掘实践工作的角度，介绍了部分工作的关键环节和来龙去脉，阐述了市场营销学理论及相关工具在实践中的具体应用，探究了凉山山地原生态特色烟叶品牌内涵挖掘的工作过程以及实际操作中的方法与工具的应用，有利于帮助学生理清凉山烟草产业品牌建设的思路，并帮助其实现品牌营销相关知识和技能在其他产品的迁移。在问题与思考部分，编者提出一些实际操作中必然会遇到，也必须进行思考和讨论的问题，以提高学生的学习积极性，增强其理论学习与实践操作融汇贯通的能力。

二、教学目的与学生任务

1. 本案例主要适用于"市场营销学""品牌营销""营销策划实训""产品管理"等课程。

2. 让学生理解品牌建设工作的内容，掌握品牌名设计、logo 设计、商标注册、品牌内涵挖掘、品牌价值提升、品牌传播与保护的工作内容与关键环节，学会应用价值

① 本案例来源于凉山烟草公司基金项目：四川省烟草公司凉山州公司科技项目"凉山山地原生态特色烟叶关键生产技术研究应用与品牌开发"（LSYC201601），"凉山山地原生态特色烟叶品牌内涵挖掘与形象提升"（SCYC201601）。

链理论、市场细分理论、定位理论、SWOT 分析法等解决品牌建设中存在的相关问题，夯实学生市场营销基础知识，提高学生品牌策划及市场营销策划的专业技能。

表 1 本案例知识点

知识点	教师引导内容与教学组织方式
品牌营销	讲解市场营销与品牌的有关理论，组织调研凉山烟叶的市场营销、品牌规划和建设现状
价值链	讲解价值链理论，组织学生深入学习和探讨价值链的形成，分析品牌价值的形成过程
SWOT 分析	讲解 SWOT 分析法及其使用技巧
营销策划与品牌策划	组织学生收集品牌策划的相关案例，探讨品牌策划与营销策划的关系
品牌文化与品牌内涵	讲解品牌内涵的形成过程，组织学生深入讨论品牌文化的构成要素及其对凉山烟叶品牌内涵挖掘的影响作用

三、案例分析要点

学生根据背景材料，收集有关烟草行业的政策、凉山烟草产业环境、凉山烟草公司市场营销及烟叶品牌建设等方面的数据并进行分析：

第一步，了解凉山烟叶生产的基本情况以及该产业发展的宏观、微观环境，掌握凉山山地原生态特色烟叶品牌内涵挖掘工作的具体背景。

第二步，收集凉山烟叶品牌建设的详细资料，了解其品牌建设的现状、品牌定位、品牌内涵的主要内容，深入分析凉山烟叶品牌建设中存在的问题。

第三步，阅读案例材料，让学生了解品牌策划与建设的基本内容，基本流程及关键环节，加强学生对"品牌的一半是文化"的理解，掌握 SWOT 分析方法的使用技巧，掌握品牌内涵形成机制的分析方法及品牌内涵挖掘的操作方法。

第四步，引导学生分析案例中介绍的品牌挖掘矩阵的产生过程，学会在营销实践中自制分析工具。

第五步，大量查阅相关资料，讨论案例后列出的问题与思考。

四、案例内容

（一）凉山与凉山烟叶

凉山位于东经 $100°15'\sim103°52'$，北纬 $26°03'\sim29°18'$，正好处于优质烟叶的地球黄金圈内。立体气候特征明显，具备四季如春，干湿分明，光、热、水资源丰富等特征，且光、温、水同季同步。光照充足，雨水丰沛，旱、雨季分明，无霜期长，保障了优质生态烟叶的形成。

自 2011 年以来，凉山烟叶年种植面积均稳定在 60 000 公顷以上，年均收购量超过

120 000 吨，已成为全国第二大州市级特色优质烟叶产区，并建成"全国重要的战略性优质烟叶基地"。

2012 年，凉山烟叶以清甜香最突出、烟气飘逸度最显著、品质得分最高获得全国烟叶综合质量评价的"三最"好评。同时，大凉山清甜香型特色烟叶赢得了"国家地理标志保护产品"，被评为四川省名牌产品，进而成为了我国多个卷烟品牌的主配方原料。

经过多年发展，凉山已形成了包括烟叶种植、销售、复烤、卷烟生产、物流等产业的完整链条；同时，也为凉山农民增收、农业增效做出了重要贡献，为凉山特色农业的发展发挥了良好的示范带动作用，并成为凉山社会经济发展的重要支柱产业。

同时，凉山还是我国最大的彝族聚居区，彝族文化具有鲜明的原生态文化特征。根植于凉山区域文化及彝族文化基础上的"彝烟文化"为凉山烟叶的育种、栽培、烘烤、包装、储运、销售等注入了神秘、勤劳、原生态、高山等富有特色且无可取代的区域人文色彩，极大地丰富了凉山烟叶的品牌内涵。

（二）国际国内形势

2003 年 4 月，中国烟草科技大会暨全国烟草行业降焦减害工作会议在昆明召开，国家烟草专卖局制定的《中国卷烟科技发展纲要》就中国卷烟的发展做出了整体定位，定位之后的发展是：市场走向与技术走向必须顺应世界卷烟发展趋势，逐步向世界主流产品迈近。该纲要明确提出了"中式卷烟"的概念及其目标、任务和发展方向。

2004 年，我国和世界 76 个国家和地区共同与世界卫生组织（WHO）签署了《烟草控制框架公约》。签署该公约的所有成员必须对烟草的生产、销售、税收、广告、包装等多个领域按照公约条款严格管理，这对我国烟草产业的发展将产生难以估测的影响，而首当其冲的就是我国的卷烟工业企业。

2004 年 1 月，国家烟草专卖局颁布了《关于调整卷烟焦油限量的要求》，明文规定：2004 年以后生产的盒标焦油含量在 15 毫克/支以上的卷烟不得进入市场销售。据《烟草控制框架公约》承诺，2005 年，我国生产的卷烟平均焦油含量应降到 12 毫克/支以下。降焦减害，提高卷烟香气质量，改进卷烟配方，提高卷烟加工工艺集成技术已成为不可逆转的卷烟科技发展潮流。

面对国际卷烟科技发展的降焦减害潮流，左天觉博士曾针对中国生产的烤烟型卷烟指出，降焦不一定能降低香烟的危害，减害的关键在于降低亚硝胺的含量，即降焦减害需要根据不同类型的卷烟采用具体技术措施，不能一概而论地采用同一个标准。中式卷烟的吸味和香气与卷烟中焦油的含量有着直接的关系，而混合型卷烟因为原料的选择和配方的不同，较容易解决降焦与留香的矛盾，但有害物质亚硝胺的含量大大高于中式卷烟。

具有中国特色的优质烟叶原料是中式卷烟的基础，要提高我国骨干卷烟品牌的市场竞争力，中式卷烟的发展必须依赖于风格突出、类型多样、质量稳定的特色优质烟叶。这里的特色烟叶指具有鲜明地域特点和质量风格，能够在卷烟配方中发挥独特作用的烟叶，是构建中国烟叶原料体系的重要组成部分，也是开发中式卷烟的重要原料基础。

新形势下，国际国内经济增长放缓，贸易增速回落，各类风险明显增多，我国烟叶生产的总体形势十分严峻复杂。一是全国烟叶供需结构性矛盾十分突出，优质烟叶特别是上等烟叶尤其紧缺，特色优质烟叶市场前景广阔；二是卷烟市场特征多元变化，更大对更大、更强对更强、更快对更快的梯队式大牌发展格局、大企业发展态势更加明显，品牌竞争日益升级；三是全国烟草行业发展高位回稳已成趋势，国家烟草专卖局针对当前卷烟和烟叶形势开启了新一轮稳量调控。

在这种形势下，彰显凉山烟叶区域特色，提升品牌影响力显得尤为重要。

（三）凉山山地原生态烟叶品牌内涵挖掘与形象提升

近年来，为适应国际国内形式对烟叶产业发展的需要，依据国家烟草专卖局烟叶发展思路，凉山烟草公司以市场、品牌需求为导向，以质量、特色为重点，以资源、技术为基础，强化科技创新和管理创新，深入推进现代烟草农业建设，进一步提升了烟叶质量，彰显了特征特色，扩大了市场需求。

然而，国内烟草行业的发展，对凉山烟叶提出了更高要求。面对新形势，结合品牌需求，凉山烟草公司提出了开发"山地原生态特色烟叶"的构想，围绕生态安全、内在质量、特色风格、品牌需求四个方面开展系统研究，着力构建理论、技术、文化三大体系，提升凉山烟草品牌影响力，保障凉山烟叶的可持续发展。

2015年年底，在四川省烟草公司的支持下，凉山州烟草公司以"凉山山地原生态特色烟叶关键生产技术研究应用与品牌开发"为公司重大科研项目，将"凉山山地原生态特色烟叶品牌内涵挖掘与形象提升"作为核心子课题之一，委托西昌学院成立课题组展开全方位研究。

（四）调研与分析

2016年年初，研究工作正式展开。

课题组首先了解到四川省烟草公司及凉山州烟草公司对凉山山地原生态烟叶开发的总目标是：把凉山全面建成山地原生态特色烟区。其具体内容包含：

1. "四五六七八"模式

凉山州烟草公司把凉山山地原生态烟叶开发总体思路总结为"四五六七八"模式。

①挖掘凉山独特的自然、土地、光热、环境"四大资源"；

②凸显凉山烟叶特有的地理环境、自然气候、质量特色、原产地标志和彝烟文化"五大特征"；

③实现凉山烟草在生态环境、品质特色、科技创新、精益管理、品牌效应、文化内涵等主要内容上的"六个一流"；

④彰显凉山烟草在生态、品质、香型、安全、循环、模式、文化等方面的"七大特色"；

⑤构建包括技术开发、组织管理、基础设施、标准化仓储、质量管控、信息化管理、人力资源、"彝烟"文化等在内的完善的"八大体系"。

2. 关键词

进一步调查发现，凉山州烟草公司对"凉山烟叶""彝烟文化""原生态"等关键词以及"凉山山地原生态特色烟叶开发的目的"理解如下：

①凉山是我国最大的彝族聚居区，彝族文化具有鲜明的原生态文化特征，根植于彝族民族地区的文化传统，具有十分鲜明的特色。对凉山烟叶赋予特有的文化特征，打造彝烟文化，将极大地提高凉山烟叶的品牌效应。

②"原生态"具有"自然的原生态"（原生态自然）与"文化的原生态"（原生态文化）两层含义，原生态文化是指古老文化原型在历史长河中积淀形成的具有自身鲜明特征的物质文化遗产与非物质文化遗产。

③凉山山地原生态特色烟叶开发的目的是：一方面是为了满足国内卷烟企业的需要；另一方面是为了维护生态资源平衡，创建环境友好型烟叶生产模式，防止面源污染，且与其他农业产业相互协调发展。

3. 品牌定位

随着调查的进一步深入，课题组发现，从目前全国的烟叶品牌定位策略来看，其几乎都按烟叶香型进行定位，凉山烟叶也不例外。根据2017年《全国烤烟烟叶香型风格区划的通知》，全国烤烟烟叶产区被划分为八大生态区，相应的把烟叶划分为八大香型，包括：清甜香型、蜜甜香型、醇甜香型、焦甜焦香型、焦甜醇香型、清甜蜜甜香型、蜜甜焦香型、木香蜜甜香型。

其中，清甜香型烟叶主产于西南高原生态区，其风格特征为清甜香韵味突出，清香明显，其生态特征为：旺长期光温水中等、成熟期温度较低。

清甜香型烟叶的区域分布涵盖：云南全部，四川大部及贵州、广西部分产地。具体包括：玉溪、昆明、大理、曲靖、凉山、楚雄、红河、攀枝花、普洱、文山、临沧、保山、昭通、毕节西部、黔西南西部、六盘水西部、德宏、丽江、百色西部；典型产地为江川（玉溪）。

由于凉山特殊的地形地貌及气候环境，特别适合种植"清甜香型"烟叶，凉山烟草公司始终致力于发展"清甜香型"烟叶的种植，并将"清甜香"作为凉山烟叶的品牌定位，在全国工业企业中广泛宣传。

4. 品牌建设认知

调查后，课题组就"凉山山地原生态特色烟叶品牌"建设的相关事宜与凉山烟草公司经过多轮深入交流。课题组发现凉山烟草公司对品牌建设的认知如下：

①以"凉山山地原生态特色烟叶"为品牌名申请商标注册；

②设计"凉山山地原生态特色烟叶"logo，并申请商标注册；

③"凉山山地原生态特色烟叶关键生产技术"的研究是"凉山山地原生态特色烟叶"品牌内涵挖掘与形象提升的基础；

④西昌学院课题组的任务就是商标申请和注册，以及对"凉山山地原生态特色烟叶关键生产技术"进行总结和升华，提炼朗朗上口的广告口号或标语。

5. 交流与反馈

针对调查所得信息和数据，课题组经过认真分析，认为本课题存在以下几方面的问题，并与凉山州烟草公司进行了多次交流：

①"凉山山地原生态特色烟叶"无法通过商标注册申请，因此，有必要重新设计品牌名。

②"凉山山地原生态特色烟叶"是否必须包含整个凉山州17个县市所产烟叶。

③凉山烟草公司对关键词的认识还遗漏了对"凉山山地""特色"的理解。

④"彝烟文化"与"凉山文化"的联系与区别，以及二者与"凉山山地原生态特色烟叶"的结合点在哪里？

⑤从品牌营销的角度看，西昌学院项目组的工作在整个科研大项目中定位是否合适？如果这样做，品牌内涵挖掘与形象提升子课题就有可能与技术开发脱节，更重要的是其他技术类子课题无法回答"技术开发的目标是什么"？

⑥虽然凉山烟叶清甜香韵突出，品质与玉溪烟叶无二，然而，云南玉溪是全国最大的地级市产烟区，且"清甜香"品牌名已经被云南红河烟草（集团）有限责任公司作为烟叶及烟草产品品牌注册成功。可想而知，将"清甜香"作为凉山烟叶的品牌定位，其定位策略充其量算是"挑战者定位"，而在现实中，凉山烟叶往往被认为是"追随者定位"。在营销实践中，这样的定位略显尴尬，除非凉山烟叶本来就打算作为玉溪烟叶的附属，这显然不现实。

最后，交流的结果是：烟草公司对第2个问题的回答是肯定的；对第5个问题的答复是"维持原有计划"；其余问题由课题组考虑。

6. 凉山烟叶品牌SWOT分析

针对以上问题，课题组对我国烟叶企业、产品、市场、品牌建设、竞争、卷烟品牌等状况做了更加深入细致的调查，同时也对凉山烟草公司烟叶产品生产技术及品牌相关问题做了深入考察。在此基础上，项目组设计了以下凉山烟叶品牌SWOT分析表，并据此规划了凉山烟叶品牌战略（见表2、表3）。

战略选择结论：

①利用凉山旅游业发展带来的机遇，实现"金攀西"品牌与区域文化、彝烟文化、"绿色、原生态"理念进一步有机结合，深挖"金攀西"品牌内涵，并实现有效传播。

②争取国家和省公司扶持政策，开发自有烟叶品种，并以"金攀西"命名，与相关科研机构合作，培育新品种，并进行推广。

③淡化"金攀西"就是"清甜香"的定位理念，另辟蹊径，重新定位"金攀西"，重塑凉山烟叶形象。

④加快自身品牌管理队伍建设的同时，委托专业机构，充实自身品牌管理力量。

表2　凉山烟叶品牌SWOT分析表

	S	W
O	1. 虽然"金攀西"品牌最近才注册成功，但早已声名远扬 2. 烟叶质量上乘，为绝大多数工业企业认可并选作配方主料 3. 将"彝烟文化"引入品牌内涵，创造了独特品牌文化个性	1. 品牌建设起步较晚，品牌管理理队伍建设有待进一步加强 2. 缺乏自有烟叶品种，缺乏核心技术和竞争力 3. 品牌内涵挖掘不够深入，缺乏文化底蕴 4. 品牌定位不清晰，缺乏有效传播
T	1. 国家政策支持 2. 省公司全力扶持 3. 地方政府全力支持 4. 凉山旅游发展迅速 5. "凉山"已成为人们心目中"绿色""原生态""山地""传统"的代名词	1. 更多资料显示，玉溪烟叶已经成为"清甜香型"烟叶的代表 2. 凉山烟叶仅仅处于"清甜香型"烟叶的追随者地位

表3　凉山烟叶品牌SWOT分析表

战略选择	SO	WO
ST	1. 利用国家对凉山的扶持政策，提高"金攀西"美誉度 2. 利用凉山旅游业发展带来的机遇，促进"金攀西"与区域文化、彝烟文化、"绿色、原生态"进一步有机结合	1. 加快品牌管理队伍建设 2. 利用国家政策和省公司扶持，开发自有烟叶品种，并以"金攀西"命名 3. 利用省公司政策，深挖"金攀西"品牌内涵，并实现有效传播
WT	1. 淡化"金攀西"="清甜香"的定位理念，另辟蹊径，重新定位"金攀西" 2. 重塑凉山烟叶形象	1. 加快队伍建设的同时，委托专业机构，充实自身品牌管理力量 2. 与相关科研机构合作，培育新品种，并推广

7. 实质性工作

（1）"金攀西"品牌名的由来。

2016年3月，课题组展开实质性工作，第一项工作就是品牌命名。首先，课题组组根据调研和SWOT分析结果展开讨论，形成品牌命名三原则：

①融合地域文化、区域文化、产品特征；

②充分利用攀西地区在全国乃至世界范围内的影响力；

③彰显稳重、大气。

2016年5月，课题组在查询大量资料后，发现原西昌卷烟厂有一个卷烟品牌叫"攀西"，20世纪80年代，该品牌香烟曾经蜚声全国，在当时有"小塔山"之称，产品供不应求，消费者购买数量受到限制，大量购买难度较大。继续调查发现，由于该厂法人身份已于21世纪初发生改变，其注册有效期截止2016年5月13日，按照国家商标局规定，商标到期后保护期为一年。也就是说，如果到2017年5月12日，原商标所有者还未办理续展，其他单位均可申请注册。课题组立刻意识到这是一个意外的收获，立即征求凉山烟草公司的意见，双方一拍即合。于是，课题组5月14日提交了"攀西"牌烟叶商标注册。同时，基于凉山上等烟叶的质地金黄、绵柔、延展性好的特点，加之攀西本来就因为钒钛磁铁矿享誉世界，于是，项目组征得凉山烟草公司批准后，6 月 14 日又提交了"金攀西"牌烟叶商标注册。

2017 年 8 月，"金攀西"品牌首先获得商标局授权，"攀西"品牌直到 2018 年 7 月才得到授权，但这丝毫不影响品牌策划工作的开展。2017 年 11 月的项目评审会上，所有在场专家、省烟草公司科技人员及凉山州烟草公司领导一致同意课题组建议，将"金攀西"作为使用品牌，将"攀西"作为保护品牌。

作为一个现代企业，面对的客户群均为国内重要的卷烟企业，其品牌名自然少不了英文名，根据"金攀西"的译音，课题组策划员将其翻译为"KING-PANXI"，其中，"KING"有"皇""王""国王"的意思，象征"金攀西"终将成为行业领导者。该英文品牌名也在项目评审会上一举通过专家认可，为了有效保护该英文品牌，项目组又申请了"JIN-PANXI"品牌名注册，并将汉字品牌与英文及拼音品牌重新组合后，全部用于申请注册，2018 年 11 月，所有商标名全部通过注册授权。

（2）LOGO 设计。

2016 年 5 月，当课题组提交"金攀西"品牌名注册申请后，就着手进行 LOGO 的设计。同样，课题组拟定了 LOGO 设计"三原则"：

①图案与文字组合；

②凸显凉山文化、地域特征；

③凸显产品特质。

为了有利于后期品牌推广和宣传，项目组联合凉山烟草公司，向 20 余家工业企业、多所高校、多家广告公司发出征稿邀请，2017 年 8 月，经过众多专家投票，最后从经过初选后的 27 份稿件中高票筛选出图 1 作为凉山山地原生态特色烟叶"金攀西"品牌的 LOGO，并申请注册。

图 1　金攀西品牌 LOGO

稿件确定后，课题组对该 LOGO 做了如下释义：

①整个图案由一个饱满的镂空绣球变形成一个近似于八卦的图形，寓意攀西地区人杰地灵、顺风顺水及美好喜庆的场景。

②图案由两个长发飘飘、面对面翩翩起舞的攀西地区民族少女组成两片烟叶的形状，代表攀西山地烟叶绿色与原生态，以及烟叶丰收时人们载歌载舞的欢快和喜悦场景。

③两个翩翩起舞的少女之间的空白部分，形成一条蜿蜒的河流形状，代表金沙江、安宁河谷两岸均是出产优质烟叶的好地方。

④整幅图案代表着一方水土养一方人，更代表着攀西地区优秀的水土孕育着丰富的物产资源，出产了优质的烟叶。

然而，2018年6月，课题组得到商标局通知，据称有另外两家公司已申请了两个logo设计图案，和课题组申请的logo近似，故将课题组申请驳回。

课题组在查询了该两个logo后，发现商标局所称的相似性其实和课题组申请的logo之间存在着非常大的区别，所以申请了复审。但国家商标局的复审员最终没有采纳课题组的申诉意见。所以，课题组只好对logo进行调整。

图2　调整过后的LOGO

2018年10月，课题组负责人与凉山烟草公司及相关工业企业营销人员在青岛烟草研究所召开了研讨会。会上，四川省烟草公司科技处负责人在看见项目组制作的宣传册后，特别喜欢封面的设计风格，于是提出以封面为基调，对logo进行调整。经过课题组反复研究，最终拟定三个logo设计方案。

三个logo设计的创意思路为：

①以原有方案"金攀西"字体加金色并凸显，以金色和黑色为主色调，显得庄重而大气，"金"字一语双关，既代表攀西地区的特点，又凸显烟叶质量上乘，尤显尊贵。

②黄色和黑色都是彝族文化中最重要的两种颜色。

③把烟叶做成正在翻开的书的封面，以纸张的柔韧性代表"金攀西"品牌烟叶的柔韧性。

④将一片雕刻了"金攀西"中英文的烟叶做成一张精美的书签放于封面下，象征着"金攀西"是一本有深厚文化内涵，值得慢慢品味的书。

方案一：

图3　方案一LOGO

方案二：

图 4 方案二 LOGO

方案三：

图 5 方案三 LOGO

三个方案，其实也是分三个步骤进行设计和申请注册，2019 年 5 月，三个方案均通过审核，最终进入公示阶段。在使用的时候，凉山烟草公司还可能将三个方案再次组合。

（3）品牌内涵设计。

课题组经过认真分析，最终决定以菲利普·科特勒提出的品牌内涵六要素，作为凉山山地原生态特色烟叶"金攀西"品牌内涵的设计框架，并做了如下阐述：

①打造属性，考虑使其外观、色彩、规格、型号、重量等更有市场吸引力；

②赋予价值，考虑购买该品牌产品为客户带来的直接好处，包括产品的实际意义、服务能力、人员素质、企业形象、货币成本、时间耗费、精力体力使用、机会成本等；

③挖掘文化，考虑品牌所包含的价值观、道德标准、历史沿革、品牌故事等；

④突显个性，考虑品牌及其下属产品所包含的独特性；

⑤增强利益，考虑客户购买该品牌产品得到的产品以外的好处，如名声、身份、延伸效益等；

⑥明确使用者，考虑该品牌针对的客户群，即最适合谁使用。

（4）品牌内涵形成机制。

经过深入研究，课题组提出"文化价值链"的概念，设计了相关模型。该模型认为"文化价值链"是包含了主体文化、地域文化、行业文化、企业文化、产品文化、品牌文化六个层面形成的价值链条，品牌的文化内涵正是这六个层面在品牌中不断融合和沉淀的结晶，这个结晶最终与社会公众的文化追求相结合。而这个结合的有效性表现在社会公众对企业通过品牌传递来的文化信息的认知和联想上，更重要的是，企业对这些文化信息的诉求点与社会公众文化追求的契合度到底有多大。

企业对这种契合度的追求才是最终满足社会公众心理需求的关键。这正是本项目据以挖掘品牌内涵的理论依据。

由此，课题组对凉山烟叶"金攀西"品牌内涵的形成机制做出如下阐述：

①品牌文化的形成。

ⅰ.凉山烟叶的品牌文化由凉山州烟草公司企业文化及凉山烟叶产品文化结合而成。

ⅱ.由于行业的特殊性，凉山州烟草公司的企业文化就是四川烟草公司的企业文化内核与凉山地域文化精髓的结合。

ⅲ.凉山烟叶产品文化受主体文化与区域文化的影响。

②社会公众文化追求。

ⅰ.烟叶企业所面对的社会公众包括了下游客户用户（卷烟企业）、卷烟消费者、社会舆论、政府、区域公众、同类企业等。

ⅱ.由于凉山烟叶的直接客户是国内卷烟工业企业，所以，课题组必须首先深入了解目标客户的企业文化、产品文化、品牌文化，并将其与凉山烟叶文化结合。研究发现，卷烟企业对地域特征、产品质量、区域文化中的价值观等因素更感兴趣。

ⅲ.卷烟消费者的文化追求主要是对卷烟企业及其品牌的文化需求，但是会间接影响烟叶企业的文化及其品牌的文化内涵。消费者会将其对区域文化的理解、地理环境的认识、品牌名的解读、品牌标识（logo）的联想，并与自身的文化需求进行对照，进而影响其购买行为。这就要求烟叶企业必须考虑在其品牌内涵中融入卷烟消费者的文化追求。

ⅳ.社会舆论及政府往往是主体文化的坚定拥护者。烟叶企业的特性决定了凉山烟叶也必须是主体文化及社会责任感的坚定维护者。

ⅴ.凉山区域公众，包括地方政府、金融机构等，最希望看到的是凉山烟叶为地方经济和社会发展做出贡献，其对产烟区及烟农的贡献显得尤其突出而直接。

ⅵ.特色鲜明的凉山区域文化及彝烟文化，是凉山烟叶超越产品质量和价格因素的最强有力的竞争利器，可以帮助凉山烟叶在众多品牌烟叶的竞争中立于不败之地。

（5）品牌内涵挖掘矩阵。

由品牌内涵形成机制分析可知，挖掘凉山烟叶品牌内涵，就是寻找凉山烟叶品牌文化与社会公众文化追求的结合点。因而，我们可以将其品牌内涵影响因素按照文化价值链上各层次与社会公众各维度进行划分，提出以下"金攀西"品牌内涵挖掘矩阵（见表4）。

表4　"金攀西"品牌内涵挖掘矩阵

	文化需求	主体文化	区域文化	行业文化	产品文化	企业文化	品牌文化
文化层次	品牌内涵选择因子	富强、民主、文明、和谐、自由、平等、公正、法治、爱国、敬业、诚信、友善	红、黄、黑三原色、高贵、热情、丰收、喜悦、火、酒、勤劳、朴实、神秘、独特、绿色、原生态	国家利益至上、消费者利益至上；严格规范、富有效率、充满活力	山地、绿色、原生态、清甜香、神秘、传统工艺、现代科技	激情文化——敢于想，敢于做，敢于超越，敢于挑战自我，战胜自我，完成看似不可能完成的宏大目标	诚信为本、卓越品质、永无止境
用户	质量、品质、稳定、独特、持之以恒、诚信	诚信	独特、热情、诚信、朴实、持之以恒	效率、规范、标准	原生态、清甜香、科技	迎接挑战、追求卓越、理想远大	和谐、友善、独特、清甜香、自然美
卷烟消费者	独特、身份、历史、品牌故事、休闲、享受	和谐、爱国、敬业、诚信、友善	独特、神秘	充满活力	绿色、原生态、清甜香、神秘	激情、完美	奉献、环保、服务地方追求完美
社会舆论	正直、公平、奉献、民众	和谐、公正、法治、爱国、敬业、诚信	勤劳、神秘、独特、绿色、原生态	奉献、规范	绿色、原生态、传统、科技	追求完美、目标宏大	服务地方、回报社会
政府	社会主义核心价值观、服务、发展、创新	法治、爱国、敬业、诚信	发展、创新	回报、服务	绿色、原生态、科技、创新	追求卓越、理想远大	环保、绿色、现代
区域公众	健康、环保、增收、生态	公正、法治	绿色、生态	回报、服务	绿色、环保、现代	自豪、喜悦	彝烟文化

由上述内涵挖掘矩阵可知，根据纵向上社会公众各维度的文化追求与横向上各文化层次的结合点，我们可以提炼出闪光点，进而汇集成最右列的品牌文化内涵。其中，彝烟文化是凉山烟叶"金攀西"品牌区别于同类企业品牌的闪光点。

最后，本文将凉山烟叶"金攀西"品牌内涵总结为：清甜香，和谐美，激情奉献，助农增收，情系大凉山；绿新特，品质高，追求卓越，彝烟文化，装点金攀西。

（6）传播。

对于"金攀西"品牌内涵的传播，经过研究后，课题组认为适宜采用公益广告及相关公共关系活动，开展如征文比赛、活动冠名、扶贫攻坚倡议主题活动等。广告语可以是：情系大凉山，装点金攀西；绿化凉山、点金攀西；装点金攀西，今朝更好看。另外，凉山州委州政府还可以成立"金攀西助学基金"等。这些都将有利于"金攀西"品牌内涵的传播。

五、问题与思考

（1）项目组为什么提出"凉山山地原生态特色烟叶"不能通过商标注册？

（2）本案例中，为什么西昌学院项目组要求调整其策划工作在整个科研大项目中的定位？如果烟草公司同意调整，应该怎样调整，为什么？

（3）什么是定位？品牌定位策略有哪些？品牌定位应该做哪些工作？为什么项目组认为把凉山山地原生态特色烟叶品牌定位为"清甜香"不适合？根据案例资料，你将如何对"金攀西"品牌进行定位？

（4）为什么项目组提出"凉山山地原生态特色烟叶"是否包含整个凉山州 17 个县市所产烟叶？请分析包含与不包含各有什么理由。

（5）为什么说品牌内涵的核心是文化？"彝烟文化"与"凉山山地原生态特色烟叶"的结合点在哪里？

（6）为什么说"金攀西"品牌内涵的传播适宜采用公益广告及相关公共关系活动？你还可以想到哪些传播策略和方法？

（7）企业形象、产品形象、品牌形象有什么联系和区别？

（8）SWOT 分析的应用条件是什么，怎样区分优势与机会、劣势与威胁？案例中的 SO、WO、ST、WT 各象限是如何产生的？

（9）针对案例中左天觉博士对降焦减害的论述，你对烟叶品牌内涵的设计有何思考？

六、参考文献

［1］菲利普·科特勒. 营销管理［M］. 梅汝和，梅清豪，周安柱，译. 北京：中国人民大学出版社，2000.

［2］陆长荣，陆长生. 现代品牌战略运作［M］. 上海：华东理工大学出版社，2000.

［3］周伟韬. 市场营销策划实训教程［M］. 北京：北京理工大学出版社，2014.

［4］杜如万，戴培刚，王剑，等. 凉山山地原生态特色烟叶开发实践与思考［J］. 中国烟草科学，2016，37（5）：87-91，97.

［5］蒋璟萍. 企业品牌内涵及其生成模式［J］. 北京工商大学学报（社会科学版），2009，24（3）：41-44，49.

［6］刘卉. 中式卷烟的发展与名优品牌的培育［S］. http://www.doc88.com/p-3089076148757.html.

［7］王树声. 特色优质烟叶开发重大专项立项背景［J］. 中国烟草科学，2010，31（1）：83-84.

［8］中国烟叶有哪几种香型？这篇文章告诉你！［S］. https://www.cnxiangyan.com/zhishi/11186.html.

七、学生案例分析报告基本格式

1. 标题。

2. 内容提要（简述，300 字）。

3. 报告正文：问题回答与综述。

4. 总结：对案例本身的总结；对所用知识点、方法及案例过程的总结。

攀钢集团有限公司联姻鞍钢之旅[①]

（编者：蔡洪文）

一、案例提要

2017 年 5 月 3 日，攀钢钒钛资源股份有限公司对外宣布被暂停上市。暂停上市事件引发了人们对攀钢集团有限公司的经营管理活动和一系列资本运作特别是攀鞍联姻的深思和反省。此案例根据有关资料整合改编而成，回顾了攀鞍联姻的时代背景和历程，叙述了资产置换的详细情况，估计了可能存在的有关挑战，力图对攀鞍并购案进行较详细的再现。

二、教学目的与学生任务

1. 本案例主要适用于"财务管理""高级财务管理""高级财务会计"和"证券投资学"等课程。

2. 让学生理解企业并购、资产置换、现金选择权的理论和概念，提高学生分析和研究企业并购行为的能力，培养学生处理企业并购业务的技能。

表 1　本案例知识点

知识点	教师引导内容与教学组织方式
企业并购	讲解企业并购的有关理论，组织调研攀鞍并购的具体情况
资产置换	讲解资产置换的有关理论，组织学生广泛收集资产置换的有关案例
现金选择权	讲解现金选择权的有关理论，组织学生广泛收集现金选择权的有关案例

---

① 此案例是根据《中国钢铁行业并购重组研究》（https://www.docin.com/p-1739152667.html），李岩、李微傲著《鞍攀"意外"重组》（http://www.docin.com/p-515403360.html），申银万国《攀钢钒钛（000629）——资产置换进展顺利，资源航母即将启动》，《攀钢钒钛——铁矿石龙头横空出世》（https://wenku.baidu.com/view/5bba4e244b73f242336c5fd6.html），《为什么要进行整合？——整合的内在根源》（http://www.doc88.com/p-662151411890.html）等文献改编整合而成，在此向有关文献作者深表谢意。

三、案例分析要点

学生根据背景材料，收集相关政策、行业环境资料、企业数据等资料并进行分析：

第一步，收集《钢铁产业调整和振兴规划》的主要内容和出台背景以及钢铁行业整合的具体情况等资料，了解攀鞍联姻的具体背景；

第二步，收集攀鞍联姻的详细资料，深入分析攀鞍联姻的功过是非；

第三步，收集经济新常态、供给侧结构性改革和"三去一补一降"的有关资料以及攀钢集团钒钛资源股份有限公司从攀鞍联姻后迄今的财务数据，结合攀鞍联姻存在的问题和攀钢集团钒钛资源股份有限公司的经营管理现状分析攀钢集团钒钛资源股份有限公司从 ST 钒钛直至暂停上市的艰辛历程。

四、案例内容

2017 年 5 月 3 日，攀钢集团钒钛资源股份有限公司（以下简称："公司"）接到深圳证券交易所《关于攀钢集团钒钛资源股份有限公司股票暂停上市的决定》（深证上〔2017〕278 号）。因公司 2014 年、2015 年、2016 年连续三个会计年度经审计的净利润为负值，根据深圳证券交易所股票上市规则（2014 年修订）》第十四条第一款第一点及第三点的规定以及深圳证券交易所上市委员会的审核意见，深圳证券交易所决定公司股票自 2017 年 5 月 5 日起暂停上市。对于这则公司公告，人们惊愕不已。ST 钒钛暂停上市对人们来说既在情理之中，又在意料之外。惊叹之余，攀钢集团有限公司的经营管理活动和一系列资本运作特别是该公司和鞍钢的联姻引起了人们深思和反省。

（一）公司简介

1. 攀钢集团有限公司及攀钢集团钒钛资源股份有限公司简介

攀钢集团有限公司（简称攀钢）是依托攀西地区丰富的钒钛磁铁矿资源，依靠自主创新建设发展起来的特大型钒钛钢铁企业集团。经过五十多年的建设发展，攀钢集团在钒钛磁铁矿资源综合利用方面已处于世界领先水平，是全球第一的产钒企业，也是我国最大的钛原料企业和产业链最为完整的钛加工企业，我国重要的铁路用钢、汽车用钢、家电用钢、特殊钢生产基地，所属企业主要分布在攀枝花市、凉山州、成都市、绵阳市及重庆市、广西北海市等地。

建设攀钢是党和国家为开发攀西资源、改变我国钢铁工业布局、建设大三线作出的重大战略决策。攀钢始建于 1965 年，一期建设艰苦卓绝，1970 年出铁，1971 年出钢，1974 年出钢材，结束了我国西部没有大型钢铁企业的历史。攀钢 1986 年开始建设二期工程，到 1997 年基本完成，实现了品种规模上台阶，结束了我国西部不能生产板材的历史。2001 年以来，攀钢积极推进"材变精品"技术改造，实施跨区域联合重组，建设西昌钒钛资源综合利用新基地。2010 年 5 月，与鞍山钢铁集团重组，成为鞍钢集团公司全资子公司。

攀钢所处的攀西地区是中国乃至世界矿产资源最富集的地区之一，是我国第二大铁矿区，蕴藏着上百亿吨的钒钛磁铁矿资源，钒资源储量占中国的52%，钛资源储量占中国的95%，同时还伴生钴、铬、镍、镓、钪等10多种稀有贵重矿产资源，综合利用价值极高。

攀钢以高水平综合利用攀西钒钛资源为己任，依靠自主创新探索出难利用、低品位、多金属共生的钒钛磁铁矿综合利用道路，钒钛磁铁矿资源综合利用技术水平国际领先，形成了阶磨阶选、钒钛矿高炉强化冶炼、微细粒级钛铁矿回收、钢轨在线和离线热处理、钒氮合金生产等一批国际国内领先、拥有自主知识产权的专有技术，拥有国家钒钛重点实验室，是我国首批自主创新型企业。

攀钢形成了独具特色的钒、钛、钢铁系列产品；钒产业技术世界领先，拥有五氧化二钒、中钒铁、高钒铁、三氧化二钒、钒氮合金等系列产品。钛产业品种质量国内领先，拥有钛精矿、钛白粉、高钛渣、海绵钛、钛材等系列产品。钢铁产业拥有以重轨、板材、特钢等为代表的系列精品名牌产品。产品广泛用于冶金、石油、铁路、化工、军工、造船、建筑、机械制造、家电等行业，畅销国内并出口欧美、东南亚等数十个国家和地区。

攀钢集团钒钛资源股份有限公司是攀钢集团的子公司，是一家主要从事钢铁（包括型材、热轧板材、冷轧板材等）及钒产品的制造和销售的公司；主要业务为热轧钢卷、钢带、钢板压延加工、钒产品加工。公司是国内品种较全、规模较大的钢轨生产基地之一，是国内拥有生产在线余热淬火钢轨技术工艺的厂商之一，在线热处理技术世界领先；重轨、热轧板和钒制品是公司的最具核心竞争力的三大标志性产品。重轨是公司的"拳头"产品，产量居国内四家钢轨生产企业之首。集团已探明的资源储备为钒钛磁铁矿100亿吨，占全国的20%，拥有中国钒钛磁铁矿第二大矿区；钒储量占全国钒资源储量的66.2%，占世界储量的11.6%。

2. 鞍山钢铁集团有限公司简介

鞍山钢铁集团公司于2017年1月25日完成公司制改制工商变更登记工作，公司名称正式变更为鞍山钢铁集团有限公司。

鞍山钢铁集团有限公司是中华人民共和国成立后第一个恢复建设的大型钢铁联合企业和最早建成的钢铁生产基地，被誉为"中国钢铁工业的摇篮""共和国钢铁工业的长子"。

2010年5月，经国务院国资委批准，鞍山钢铁集团公司与攀钢集团有限公司联合重组为鞍钢集团公司（以下简称鞍钢）。从此，鞍山钢铁集团公司（以下简称鞍山钢铁）成为鞍钢集团的区域子公司。

鞍山钢铁生产基地地处辽宁省鞍山市，主厂区面积约24平方千米，东临中长铁路，西倚沈大高速公路，南对鞍山市鞍千西路，北靠鞍山市沙河，所属的鞍钢矿业公司在鞍山、辽阳弓长岭地区有7座大型铁矿山。

目前，鞍山钢铁已成为由从烧结、球团、炼铁、炼钢到轧钢的综合配套，以及焦化、耐火、动力、运输、技术研发等辅助单位组成的大型钢铁企业集团；形成了从热轧板、冷轧板到镀锌板、彩涂板、冷轧硅钢、重轨、无缝钢管、型材、建材等完整的产品系列；全面通过 ISO9002 质量体系认证，船用钢通过 9 国船级社认证，石油管通过 API 认证，建筑材料获英国劳氏公司 CE 标志认证书，钢铁主体通过 ISO14000 环境管理体系认证和 OSHMS 职业安全健康管理体系认证。企业综合竞争力进入国际先进企业行列，国际影响力显著增强。其主体生产工艺和技术装备达到国际先进水平。目前，鞍山钢铁具备年产铁、钢、钢材各 2 500 万吨的能力，拥有鞍山本部、鲅鱼圈新区、朝阳钢铁等生产基地。

（二）背景

2009 年 3 月 20 日，国务院出台《钢铁产业调整和振兴规划》，规划期为 2009—2011 年，对钢铁行业整合规划提出如下要求：

进一步发挥宝钢、鞍本、武钢等大型企业集团的带动作用，推动鞍本集团、广东钢铁集团、广西钢铁集团、河北钢铁集团和山东钢铁集团完成集团内产供销、人财物统一管理的实质性重组；推进鞍本与攀钢、东北特钢，宝钢与包钢、宁波钢铁等跨地区的重组；推进天津钢管与天铁、天钢、天津冶金公司，太钢与省内钢铁企业等区域内的重组。力争到 2011 年，全国形成宝钢集团、鞍本集团、武钢集团等几个产能在 5 000 万吨以上、具有较强国际竞争力的特大型钢铁企业；形成若干个产能在 1 000 万～3 000 万吨级的大型钢铁企业。2009 年 6 月 19 日到 7 月 5 日，不过半个月时间，原国务院总理温家宝在经济形势调研中，连续考察了唐钢、济钢、太钢三家钢企，指出必须淘汰落后产能、加快兼并重组。

此番国务院出台振兴产业和总理连续考察钢企，表明政府将钢铁产业整合正式提上日程，而钢铁业整合大幕在很多年前其实就已经被拉开，只是"久闻楼梯声，不见人下来"，我们可以从表 2 的事件中看出来。

表 2　钢铁业整合事件时间表

时间	事件
2005 年 8 月	鞍钢合并本钢，溪钢集团与鞍山钢铁集团正式联合重组，组成鞍本钢铁集团
2005 年 10 月	唐钢、首钢合作
2005 年 12 月	武钢整合柳钢，两集团签署《武钢与柳钢联合重组协议书》，组建武钢柳钢联合有限公司，武钢合并柳钢尘埃落定
2006 年 1 月	宝钢、马钢在上海签署了战略联盟框架协议
2006 年 3 月	宝钢与新疆八一钢铁集团签署战略联盟框架协议：新疆自治区国资委持有的八钢集团的 48.46% 的国有股权无偿划转由宝钢集团持有，宝钢集团将持有八钢集团 48.46% 的股权，成为八钢集团的控股股东
2006 年 3 月	唐钢兼并承德钢铁和宣化钢铁，三大钢铁集团重组新唐钢
2006 年 6 月	沙钢收购淮钢 80% 股权
2007 年 5 月	宝钢与邯郸钢铁签订合作协议：双方拟定以共同出资的方式组建邯钢集团邯宝钢铁有限公司，注册资本人民币 120 亿元（后失败）
2007 年 6 月	宝钢收购八一钢铁，签订资产重组协议
2007 年 7 月	宝钢、包钢签订合作协议

表1(续)

时间	事件
2007 年 8 月	复星国际与海南钢铁订立合资经营合同,总投资 15 亿元,成立海南矿业联合有限公司,从事海内外开采及加工铁矿石等业务
2007 年 8 月	武钢集团与昆明钢铁股份有限公司签订重组协议
2008 年 1 月	攀钢西昌钢铁组建合资公司:投资 150 亿元的攀钢钢钒有限公司正式落户西昌
2008 年 3 月	济南和莱钢集团合并组建山东钢铁集团正式挂牌
2008 年 6 月	唐钢、邯钢合并组成河北钢铁公司:产能超过宝钢
2008 年 8 月	攀钢钢钒、攀渝钛业、长城股份齐发公告,曝露鞍钢同时增持攀钢旗下这三家公司超 5%股份,鞍钢 17 亿元全线举牌,攀钢系整合预期逆转
2008 年 9 月	柳钢、武钢组建广西钢铁集团,负责防城港钢铁基地项目
2008 年 11 月	山东钢铁与日照钢铁签署重组协议,并签订重组意向书,纳入山钢集团系统
2009 年 3 月	宝钢跨地区重组宁波钢铁:宝钢集团与杭钢集团在此正式签署宁波钢铁协议,以 20.214 亿元取得宁波钢铁 56.15%的控股权
2009 年 3 月	发改委正式批准武钢集团和柳钢联合重组、宝钢集团兼并重组韶钢和广钢的方案,在广西和广东分别建设防城港钢铁基地和湛江钢铁基地两大项目
2009 年 4 月 15 日	山西省冶金产业调整和振兴规划通过审议,山西钢铁行业整合将启动,计划到 2011 年全省钢企从当前的 200 多家减少到 50 家左右,且下一步欲组建太原钢铁总公司
2009 年 5 月	河北省三家钢铁上市公司唐钢股份、邯郸钢铁、承德钒钛同时发布公告,披露了换股合并的重组方案,至此,中国最大钢企重组并购案已迈入冲刺阶段。一旦重组完成,河北省钢铁集团将成为全国第二大钢铁集团

(三) 案例陈述

1. 攀钢基本情况介绍

四川攀西地区(含攀枝花、凉山和雅安等地区)是我国重要的战略资源富集区。其中,二氧化钛资源储量 6.18 亿吨,占全国储量的 95%,储量居世界第一;五氧化二钒的资源储量 1 862 万吨,占全国储量的 52%,储量居世界第三;矿石中伴生的铬、钴、钪、镍、镓等稀贵金属,储量均达到相应元素的特大型矿山储量;稀土资源(REO)保有储量 278.18 万吨,远景储量约 1 000 万吨,资源量居全国第二位;石墨资源量约为 6 800 万吨,居全国第三位;碲铋矿资源独特,铋金属量 829.92 吨,碲金属量 553.16 吨,远景储量 2 000 吨以上。这些资源具有稀有珍贵、用途广泛、提炼加工难度大、深度开发附加值极高等特点,被广泛用于国防、航空航天和生物材料等领域,是国防军工和现代化建设必不可少的重要资源,战略地位十分突出。国家还在 2013 年批准设立了国内唯一的资源类国家级攀西战略资源创新开发试验区。这里物华天宝、资源丰富,著名的攀钢就坐落于此。上述资源虽非攀钢独有,但攀钢每年的铁矿石进口量只占其全部用量的 10%,可见攀钢主要是就地取材,矿石等原材料主要来自攀枝花本地,具有资源优势和廉价的运输成本等优势。

攀钢始建于 1965 年,承载着一代人"钢铁强国的梦想"。在当时"三线建设"大战略下，来自全国的 10 万名建设大军中，有不少人来自鞍钢。经过半个多世纪的发展，攀钢已形成年产铁 830 万吨、钢 940 万吨、钢材 890 万吨、钒制品 2 万吨、钛精矿 30 万吨、钛白粉 9.3 万吨的规模。

除了上述资源等优势，作为当时全国十大钢厂的攀钢也于 1996 年进行了股份制改造，其旗下的攀钢集团钒钛资源股份有限公司在注入了攀钢集团大约 90% 的经营性资产后在深圳证券交易所成功上市。

但是，丰富的资源和较早的股份制改革并未提升攀钢的地位，其业绩和企业排名反而每况愈下。

2009 年，攀钢集团营业收入达到 430 亿元左右，但亏损近 20 亿元，上市公司亏损了 15.51 亿元，股票代码因此被打上 *ST 标志，面临退市风险。

2010 年一季度，*ST 钢钒（2010 年 4 月更名 *ST 钒钛）如愿扭亏为盈，实现营业收入 96.39 亿元，净利润 1.76 亿元。

截至 2009 年年底，集团总资产在 650 亿元左右，负债 400 多亿元，净资产在 200 亿元左右。面对这种局面，攀钢有高管说攀钢在钢铁行业前 20 名都进不了了，发展态势不妙。

对于这种态势，有人认为是由攀枝花交通不便、运力不足、人力资源成本居高不下、钛等名贵金属的提炼冶炼技术欠缺等原因造成的。但不管怎样，攀钢是掉队了。

2. 重组迷雾

在攀钢被重组之前，当时有四家中央钢企——宝钢、鞍钢、武钢和攀钢。有关数据显示，宝钢股份（600019.SH）2009 年营业总收入高达 1 485.3 亿元，净利润 58.2 亿元；武钢股份（600005.SH）营业收入则达 537.1 亿元，净利润 15.2 亿元；鞍钢股份（000839.SZ/000347. HK）完成营业收入 701.3 亿元，净利润 7.3 亿元。所以四兄弟中攀钢最弱。

为了优化产业布局，完善国有资本有进有退、合理流动的机制，2006 年 12 月，国务院国资委发布《关于推进国有资本调整和国有企业重组的指导意见》，提出到 2010 年，国务院国资委履行出资人职责的企业（即"央企"），从当时的 155 家，调整和重组至 80~100 家。落实到钢铁行业就是国资委 2007 年前后提出的"三三原则"。

根据 2007 年后的四家钢铁央企表现，攀钢自然就成了"被重组"的对象，但究竟花落谁家，还扑朔迷离。

其实早在 2005 年 7 月，中国就颁布了第一部真正意义上的钢铁产业政策——《钢铁产业发展政策》，明确提出通过兼并重组实现产业结构调整的发展道路，国家支持联合重组的企业扩大规模。与攀钢地理位置相对较近的武钢就提出了西南发展战略，先后吃下鄂钢、柳钢和昆钢，也多次表达了重组攀钢的意愿，但因种种原因未能如愿。

当然各方都看好钢铁业的龙头老大宝钢重组攀钢。从国家层面看，也希望宝钢能重组攀钢，早在 2008 年，国务院国资委在当年年初，即确定了由宝钢重组攀钢的原则，此举亦得到国家发改委等相关部门的支持，认为只有宝钢才有足够的实力来壮大攀钢。对宝钢来说，要实现 8 000 万吨的目标，除了广东湛江千万吨级项目，仍需要完成一系列收购兼并。至于攀钢，对被宝钢重组就显得比较纠结，既希望被宝钢重组，又担心重组后丧失独立央企身份而犹豫不决。

当然攀钢由央企降为省企也是一个选项，攀钢和四川省都有这个意思，但国资委一直没同意。所以局面一直僵持着。

3. 阴差阳错定姻缘

正在各种力量博弈正酣之时，攀钢集团推出了"攀钢系"的三家公司中以攀枝花新钢钒股份有限公司（000629.SZ，下称攀钢钢钒）为主，通过换股方式吸收合并旗下另外两家上市公司重庆钛业股份有限公司（000515.SZ，下称攀渝钛业）和四川长城特殊钢股份有限公司（000569.SZ，下称长城股份），实现整体上市的资产整合方案。为确保上述资产整合顺利完成，攀钢向上述三家上市公司的小股东提供了一个"现金选择权"方案，即不愿意换股的小股东可按一个指定价格，将持有股份卖给指定担保人，即所谓的攀钢整体上市计划推出的"现金选择权"方案。2008年4月14日，国务院国资委原则批准攀钢整体上市方案。

攀钢想到的第一个担保人人选是宝钢。但由于国资委的谨慎和宝钢内部的反对意见，攀钢暂时退出了重组方案。

此时攀钢认为在之前几家央企类似的案例中，没有一家行权，这是一项"无风险"的买卖。在2008年年初，当时攀钢钢钒股价约为13元，因此9.59元的行权价格离市场价格仍有一段空间，如果做为担保人并不会产生实际支出。于是在2008年5月9日，鞍钢宣布成为整体上市现金选择权第三方。鞍钢承诺，愿分别以每股9.59元、14.14元和6.50元收购攀钢钢钒、攀渝钛业和长城股份的流通股。

资本市场的波云诡谲让鞍钢重组攀钢之旅也显得一波三折。

由于资本市场的变化，就在鞍钢2008年5月9日宣布作为第一担保人后当年的8月1日，"攀钢系"股票集体跌停，攀钢钢钒、攀渝钛业、长城股份当日报收8.12元、12.09元和5.58元，远低于9.59元、14.14元和6.50元的行权价格，这意味着鞍钢很可能面临被迫拿出至少200亿元现金给投资者的困境。股价越低，意味着鞍钢付出的代价越高。

根据证监会颁布施行的《上市公司重大资产重组管理办法》，一旦攀钢流通股东大量行权，致使"社会公众持有的股份低于公司股份总数的25%，或股本总额超过人民币4亿元的公司，社会公众持股的比例低于10%"这一条件达成，攀钢整体上市将戏剧性地演变成退市。

2008年8月4日，"攀钢系"同时公告停牌。第二天，"攀钢系"出面澄清，市场传闻不实，鞍钢并未改变计划。

这次澄清公告并没有完全打消市场的疑虑，市场仍在剧烈波动，攀钢一度跌停，攀钢重组已到了生死关头。

在这紧要关头，鞍钢高层抵达攀枝花并再次承诺恪守先前承诺，决不食言。攀钢在确定宝钢无意重组攀钢时便决定加入鞍钢。

但在2008年8月14日，"攀钢系"三家上市公司股价又创下新低，其中攀钢钢钒跌至每股6.89元，攀渝钛业跌至每股9.98元，长城股份每股4.55元，均低于鞍钢承诺的现金选择权行使价。当天，鞍钢分别收购了攀钢系三家公司各5.09%的股权。

鞍钢公开表示，作为此次重组现金选择权的第三方，买入上述三家公司股票是为降低其社会公众股东行使现金选择权所需成本，公司在未来 12 个月内不排除在合适的市场时机下继续增持上述公司股票。

2008 年 9 月 9 日，鞍钢再次在二级市场增持三家股票，分别持股已达 10% 左右。以当时三只股票的 20 日均价推算，鞍钢花费资金在 33 亿元左右。

为避免支付对价的短期现金压力以及退市之忧，鞍钢推出二次现金选择权方案。根据该方案，于 2009 年 4 月 23 日前放弃首次行权的攀钢钢钒股东将取得第二次现金选择权权利，即于 2011 年 4 月 25 日至 2011 年 4 月 29 日期间按 10.55 元/股的价格行权。

以公布二次现金选择权时攀钢钢钒股价计算，二次行权价形成了超过 20% 的套利空间，丰厚回报吸引了大批资金追捧。2009 年 4 月 20 日，攀钢钢钒以 22.1 亿元创下了自 2007 年 11 月以来的单日成交额新高。第二天，该股 9.66 元的收盘价已超过首次行权价。

从增加一次现金选择权到承诺一个有吸引力的行权价格，鞍钢的二次选择权战略为攀钢整体上市铺平了道路。截至攀钢整体上市首次现金选择权行权申报期结束，首次行权申报股数不足三家公司总股本的 1%。

2009 年 5 月 6 日，攀钢集团为实现整体上市而进行的换股吸收合并宣告完成，攀渝钛业（000515.SZ）、长城股份（000569.SZ）从 6 日起终止上市，股东原持有该两家上市公司的股份，转换为攀钢钢钒股份。攀钢钢钒当日复牌交易。

在攀钢钢钒换股吸收合并攀渝钛业和长城股份的同时，共有 263.35 万股攀钢钢钒股份、7 701 万股长城股份申报行使现金选择权。换股合并后，攀钢钢钒总股本增至 49.76 亿股，其中换股合并攀渝钛业新增股份约 3.33 亿股，换股合并长城股份新增股份约 6.18 亿股，总计增加约 9.51 亿股。攀钢集团合计持有 19.91 亿股，占总股本的 40.02%，鞍钢集团持有 5.9 亿股，占总股本的 11.96%，为第二大股东。

至此，鞍钢重组攀钢大局已定。

2010 年 5 月 26 日，国资委企业改革局发布消息称，经报国务院批准，鞍山钢铁集团公司（下称鞍钢）与攀钢实行联合重组。重组后，鞍钢与攀钢整体划入新设立的鞍钢集团公司，均作为鞍钢集团公司的全资子公司，不再是国务院国资委的直接监管企业。这样，跌宕三年的攀钢联姻之旅终于尘埃落定。

4. 并购方式和资产置换情况

（1）并购方式和资产置换情况简介。

2010 年 7 月 28 日，鞍钢与攀钢正式完成重组，新成立的鞍钢集团公司作为母公司，由国资委代表国务院对其履行出资人职责。为避免同为鞍钢集团控股的上市公司的鞍钢股份、攀钢钒钛的同业竞争，两家公司实施资产置换，即将鞍钢股份铁矿石资产与攀钢钒钛钢铁资产进行置换，2010 年 11 月启动本次重大资产重组。

此次交易将实现攀钢钒钛主营向铁矿石采选、钛精矿提纯、钒钛制品生产和加工、钒钛延伸产品的研发和应用业务转型，成为鞍钢集团旗下矿产资源的整合平台。此次重组前，公司超过 80% 的营业收入来自于钢铁业务，而重组后预计公司 40% 以上的营业收入将来自于矿石业务，近 40% 的营业收入来自于钒钛业务。具体情况见表 3、表 4、表 5。

表 3　攀钢、鞍钢资产及其置换情况表

公司名称	保留置换情况	具体业务	公司名称	股权比例/%	资产内容	资产估价/亿元
攀钢	保留业务	钒钛及相关业务	攀钢集团钛业有限公司	100		
			攀钢集团北海特种铁合金公司	100		
			攀钢集团攀枝花钢钒有限公司钒制品厂	100		
			北京攀承钒业贸易有限公司	51		
		矿山业务	攀钢矿业铁矿资源	100	新白马、兰尖、朱家包包。储量拥有 13 亿吨，平均品位29.14%	
			攀钢矿业钒钛资源	100	攀西地区拥有钒资源1 862 万吨，钛资源储量6.18 亿吨，分别占世界储量的11%、35%，占中国储量的 52% 和 95%。当时公司拥有年钒制品 2万吨、钛精制品 56 多万吨、钛白粉 8 万吨的综合生产能力	
			攀钢矿业宜宾有限公司	100		
			攀钢矿业凉山有限公司	100		
	置换给鞍钢业务	钢铁及相关业务	攀钢钢钒	100		115
			攀钢特钢	100		
			攀钢研究院	100		
			攀钢国贸	100		
			成都地产	100		
			攀钢冶金	100		
			攀钢信息	100		
			攀钢科工	100		
			攀钢大酒店	100		
			攀钢财务	96.182		
			梅山中铁	88.64		
			金山物质	51		
			广州攀兴	30		
			梅塞尔气体	40		
			攀钢总部资产	100		

表 4　攀钢置换后业务表

保留置换情况	具体业务	公司名称	股权比例/%	资产内容	业务占比/%
保留业务	钒钛及相关业务	攀钢集团钛业有限公司	100		40
		攀钢集团北海特种铁合金公司	100		
		攀钢集团攀枝花钢钒有限公司钒制品厂	100		
		北京攀承钒业贸易有限公司	51		
	矿山业务	攀钢矿业铁矿资源	100	新白马、兰尖、朱家包包。储量拥有 13 亿吨，平均品位 29.14%	40
		攀钢矿业钒钛资源	100	攀西地区拥有钒资源 1 862 万吨，钛资源储量 6.18 亿吨，分别占世界储量的 11%、35%，占中国储量的 52% 和 95%。当时公司拥有年钒制品 2 万吨、钛精制品 56 多万吨、钛白粉 8 万吨的综合生产能力	
		攀钢矿业宜宾有限公司	100		
		攀钢矿业凉山有限公司	100		
鞍钢置入业务	矿山业务	鞍千矿业有限公司	100	拥有胡家庙子铁矿 100% 股权。储量 11.5 亿吨，原矿产量 1 500 万吨；精矿产量 260 亿吨	
		鞍钢集团香港控股有限公司	100	拥有金达必 35.90% 的股权，而金达必又拥有卡拉拉矿 50% 的股权	
		鞍钢澳大利亚公司	100	拥有卡拉拉矿 50% 的股权	

表 5　鞍钢置入攀钢业务表

业务	公司名称	股权	资产	价值/亿元
矿山业务	鞍千矿业有限公司	100	拥有胡家庙子铁矿 100% 股权。储量 11.5 亿吨，原矿产量 1 500 万吨；精矿产量 260 亿吨	51.97
	鞍钢集团香港控股有限公司	100	拥有金达必 35.90% 股权，而金达必又拥有卡拉拉矿 50% 的股权	16.41
	鞍钢澳大利亚公司	100	拥有卡拉拉矿 50% 的股权	33.24

（2）置入攀钢集团钒钛资源股份有限公司的资产情况。

置入的资产包括鞍钢旗下鞍千矿业100%股权、鞍钢香港100%股权以及鞍澳公司100%股权，三者都直接或间接的掌握大量的矿山资源。

①鞍千矿业。

鞍千矿业2007年获得胡家庙子铁矿的开采权，该矿位于辽宁鞍山市千山区，矿区内矿床地表覆盖层较薄，矿体肥厚，开采条件良好，拥有许东沟、哑巴岭、新区三个采场以及一个选厂。截至2009年年末，地质储量为11.5亿吨，已办理采矿证可开采的储量为4亿吨。2006年8月正式投产，设计能力为铁矿石1 500万吨/年、铁精矿260万吨/年，2009年铁精矿年产量220万吨。

②卡拉拉矿。

置入资产的另一大亮点是鞍钢香港和鞍澳公司旗下的澳洲铁矿石资产，主要是金达必公司拥有的铁矿石资源以及鞍澳公司和鞍钢香港共同控制的卡拉拉矿业公司旗下的铁矿石资源（见表6）。

表6 鞍钢拥有卡拉拉矿的实际股份表

子公司名称	鞍钢拥有比例股权/%	子公司拥有卡拉拉矿股份比例详情	子公司拥有卡拉拉矿股份实际比例	鞍钢拥有卡拉拉矿实际比例
鞍钢集团香港控股有限公司	100	拥有金达必35.90%股权，而金达必又拥有卡拉拉矿50%的股权	17.95%	67.95%
鞍钢澳大利亚公司	100	拥有卡拉拉矿50%的股权	50%	

本次交易置入的境外资产中，鞍钢集团香港控股有限公司的主要资产为金达必金属公司35.92%股权，鞍钢集团投资（澳大利亚）有限公司的主要资产为卡拉拉矿业公司50%股权。金达必金属公司是澳大利亚上市公司且持有卡拉拉矿业公司50%股权。因此，置入的外方经营性资产实为卡拉拉矿业公司67.95%的股权。

卡拉拉是西澳大利亚州中西部地区正在开发的最大和最先进的铁矿项目，拥有平均品位34.1%、符合JORC标准的25.18亿吨的铁矿石资源量（包括平均品位36.5%的9.775亿吨的铁矿石储量），磁铁精矿资源量约为10.27亿吨，品位68.6%。目前卡拉拉铁矿项目的配套基础设施建设正在进行中。卡拉拉目前的基础设施建设标准可以满足年产1 400万~3 600万吨铁精矿的需要，未来有较大的扩产潜力。卡拉拉于2011年年末达产，一期设计产能为磁铁精矿800万吨/年，赤铁矿300万吨/年。其中，磁铁精矿是高品位、杂质少的优质铁精矿，品位达到68.2%；赤铁矿品位约60%，系直接装船级铁矿，无需精选。卡拉拉铁矿总产量在2015年可达2 000万吨/年，2020年将超过3 000万吨/年，可以开采30年以上。

③攀钢钒钛资产置换前后的铁矿石资源储量。

重组后，攀钢钒钛将在现有新白马、兰尖、朱家包包铁矿基础上，新增鞍千矿业下属的胡家庙子铁矿及卡拉拉铁矿，从而形成攀西、东北、澳大利亚三大矿产基地。仅这三项涉及的资源，原矿、精矿可开采储量分别为 49.68 亿吨、36.68 亿吨，规划原矿、精矿产能分别达到 8 715 万吨、4 250 万吨，可开采年限长达 57 年（见表 7）。

表 7　置换后攀钢钒钛资源有限公司的矿业业务表

业务名称	控股比例	业务性质	资源储量/亿吨	可开采储量/亿吨	平均品位	规划原矿产能/万吨	规划精矿产能/万吨	可开采年限/年
攀钢矿业	100%	攀钢原有	13	7.5	29.40%	2 600	990	20
鞍千矿业	100%	鞍钢置入	11.5	4	28.70%	1 500	260	57
卡拉拉矿	67.90%	鞍钢置入	25.18	25.18	34.10%	4 615	3 000	34
合计			49.68	36.68		8 715	4 250	57

④资产置换后存在的问题。

本次重组完成后，鞍钢集团虽然将鞍千矿业和卡拉拉矿业置入了攀钢，但其旗下的鞍钢集团矿业公司亦从事铁矿石采选业务，与攀钢钒钛之间仍存在同业竞争。鞍钢集团矿业公司为鞍钢全资子公司，从事铁矿石采、选，烧结矿、球团矿生产业务。鞍钢集团矿业公司下属铁矿探明铁矿储量为 77.2 亿吨。鞍钢集团矿业公司具备年产 1 300 万吨铁精矿的生产能力，所产铁精矿全部销往鞍钢股份有限公司。

不过，鞍钢集团公司承诺，鞍钢集团公司将尽最大努力逐步促使鞍山钢铁集团公司现有的铁矿石采选业务达到上市条件，在鞍山钢铁集团公司现有铁矿石采选业务符合上市条件且相关操作合法合规的前提下，在本次重组完成后 5 年内将其注入攀钢钒钛。鞍山钢铁集团公司矿业资产表如表 8 所示。

表 8　鞍山钢铁集团公司矿业资产表

分类	名称	矿石品位/%	储量/亿吨
露天矿	大孤山	30.64	1.217 6
	东鞍山	30.87	2.68
	眼前山	27.82	2.237 5
	齐大山	26.31	16.4
	弓长岭	26.75	17.7
地下矿	弓长岭	36.84	
其他			43.432 2

5. 攀安联姻后的诸多挑战

专家认为，此次联合重组对双方均为利好，不过，新设立的"钢铁巨无霸"鞍钢集团公司（下称新鞍钢）也面临诸多挑战。

攀钢与鞍钢的联姻有利于加快我国经济结构的调整，提高产业集中度，增强我国钢铁企业在国际上的竞争力和话语权；但也存在着钢铁行业产能严重过剩、竞争异常激烈，两家公司的磨合整合和现金选择权过高等问题。

总之，鞍钢与攀钢进一步整合之路并不平坦，充满诸多挑战。

6. 后记

攀钢集团旗下的攀钢集团钒钛资源股份有限公司于 2018 年 8 月 24 日在深交所复牌，2018 年度实现利润 30.9 亿元。

五、问题与思考

（1）结合《钢铁产业调整和振兴规划》的主要内容和出台背景以及钢铁行业整合的具体情况等资料，分析攀鞍联姻的具体背景。

（2）分析攀鞍联姻的动因、效应、过程、资产估价、资产置换、并购整合等情况。

（3）结合收集的攀鞍联姻的详细资料，深入分析攀鞍联姻的功过是非。

（4）结合收集的经济新常态、供给侧结构性改革和"三去一补一降"的有关资料以及攀钢集团钒钛资源股份有限公司从攀鞍联姻后迄今的财务数据，结合攀鞍联姻存在的问题和攀钢集团钒钛资源股份有限公司的经营管理现状分析攀钢集团钒钛资源股份有限公司从 ST 钒钛直至暂停上市的艰辛历程。

（5）试对攀鞍联姻时双方的会计事务进行处理。

（6）试分析攀钢集团有限公司及攀钢钒钛资源有限公司的出路。

六、附录、参考文献与扩展材料

［1］李岩，李微敖. http://finance.sina.com.cn/chanjing/sdbd/20100609/10368087737.shtml. 2010-06-09.

［2］申银万国. 攀钢钒钛（000629）——资产置换进展顺利，资源航母即将启动［R］. 2011-07-05.

［3］攀钢钒钛：铁矿石龙头横空出世［R］. https://wenku.baidu.com/view/5bba4e244b73f242336c5fd6.html.

［4］为什么要进行整合？：整合的内在根源［R］. http://www.doc88.com/p-662151411890.html.

［5］攀钢集团钒钛资源股份有限公司. 攀钢集团钒钛资源股份有限公司关于股票暂停上市公告［EB］.（2017-05-03）［2021-12-30］.

七、学生案例分析报告基本格式

1. 标题。

2. 内容提要（简述，300 字）。

3. 报告正文：问题回答与综述；改进方案与建议（包含经济效益评价与分析）。

4. 总结：对案例本身的总结；对所用知识点、方法及案例过程的总结。

案例十一

不同"钒"响

——攀钢钒钛财务报表分析

（编者：钟君）

一、案例提要

2016 年中国的钒矿储量为 900 万吨，居世界第一。钒资源方面，攀西地区拥有钒资源储量为 1 862 万吨（以 V_2O_5 计），占中国储量的 52%，世界储量的 11.6%。攀枝花钒钛磁铁矿已探明资源储量 71.8 亿吨，约占全国已探明铁矿石储量的 20%，居全国同类矿首位。钒钛磁铁矿伴生矿产，累计探明资源储量（V_2O_5）1 553 万吨。中国的钛资源储量位居全球第一，攀西地区是全国乃至全球钛资源最富集的地区之一，其 6.18 亿吨的钛资源储量（以 TiO_2 计）分别占据中国和全球储量的 95% 和 35%。

2013 年 3 月 13 日，国家发展改革委正式同意设立攀西战略资源创新开发试验区，是全国唯一获准设立的国家级资源开发综合利用试验区。攀西战略资源创新开发试验区的总体目标是建成世界级钒钛产业基地、我国重要的稀土研发制造中心和有色金属深加工基地，打造国内资源富集地科学开发利用资源的示范区。到 2015 年，铁资源综合利用率提高到 75%，钒资源综合利用率提高到 50%，钛资源综合利用率提高到 20%以上。钒钛磁铁矿尾矿回收利用率达到 70% 以上。到 2020 年，试验区稀土、碲、铋深加工及应用达到国际先进水平，区内建成 2~3 个千亿级产业园区。

1993 年攀钢成立，攀钢集团钒钛资源有限公司（以下简称攀钢钢钒）由攀钢集团旗下之攀钢集团板材股份有限公司发展而来，1996 年在深交所上市，股票代码 000629，几经变革，股权结构、主营业务等都发生了多次大的变化。2011 年，攀钢钢钒实施重大资产置换，将全部钢铁业务置出至鞍山钢铁，置入铁矿石采选业务，公司主营业务转变为铁矿石采选、钛精矿提纯、钒钛制品生产和加工。自 2014 年，攀钢钢钒连续三年亏损，为求扭亏，2015 年开始放弃一直以来的铁矿石采选等主营业务，专注于钒钛产品生产与销售、钒钛延伸产品的研发和应用。2016 年进行重大资产重组，将铁矿石采选、钛精矿提纯业务和海绵钛项目资产分别出售给攀钢集团和鞍钢矿业，剥离亏损资产后，公司主营业务转变为钒钛制品生产和加工、钒钛延伸产品的研发和应用，公司逐步打造大规模钒钛产业生产基地。

公司因 2014 年、2015 年、2016 年连续三个会计年度经审计的净利润为负值，根据相关规定以及深交所上市委员会的审核意见，其股票自 2017 年 5 月 5 日起暂停上市。2017 年度公司净利润为正，公司于 2018 年 8 月 9 日向深圳证券交易所提交了《关于撤销公司股票交易退市风险警示的申请》，经深交所审核同意，自 8 月 24 日起公司股票交易撤销退市风险警示，顺利摘帽。

本案例通过分析攀钢钒钛重大资产重组后的 2016—2018 年的年报，结合非财务信息通过评价其资本结构质量、资产质量、利润质量、现金流量质量，最终整体评价其财务状况质量并预测攀钢钢钒未来的发展前景。

二、教学目的与学生任务

1. 本案例主要适用于"财务报表分析"课程。

2. 让学生理解和掌握财务报表分析的含义、目标及方法；培养学生利用网络和公开资源搜索财务报表分析相关背景资料的能力；通过分组完成财务报表分析报告；掌握资产质量分析、资本结构质量分析、利润质量分析、现金流量质量分析、财务比率分析等财务状况质量综合分析技巧。

表 1　案例知识点及教学组织方式

知识点	教师引导内容与教学组织方式
财务报表分析的框架与路径	教师讲授为主
财务状况质量分析框架的背景分析	布置学生结合案例情况分组收集资料，按照 SWOT 分析框架进行课堂介绍
财务状况质量分析框架的会计分析	结合案例，教师讲授引导，学生课堂解读攀钢钢钒 2016—2018 年审计报告的内容
财务状况质量分析框架的财务分析	布置学生结合案例情况分组完成报告，进行课堂展示
国家的环境保护相关政策对钒钛企业的影响，应该如何应对	布置学生分组提交讨论观点至在线讨论区
以中美贸易战为代表的国际贸易争端对钒钛企业的影响分析	布置学生分组提交讨论观点至在线讨论区

三、案例分析要点

财务报表作为企业财务状况、经营成果和现金流量的结构性表述，可以概括性地揭示企业各项经济管理活动的财务后果。企业财务状况质量是企业质量的外在财务表现和综合体现。本案例分析参考张新民教授提出的"财务状况质量分析框架"展开，立足公司所处的经营环境，结合公司的资本引入战略、资源配置战略等，充分识别和分析公司财务状况质量背后的管理质量。

本案例的分析思路如下：

第一，背景分析。这是财务状况质量分析的基础。公司所处行业、生产经营特点以及公司在行业中的地位，在很大程度上决定了公司的资产结构、资本结构、收入确认方式、销售政策、议价能力、费用结构、盈利模式及现金流量等。本案例立足企业经营背景与行业分析、股权结构分析、企业所处的政策法规环境分析，结合企业自身对经营活动及经营战略的表述，客观分析企业的优势、劣势，充分识别企业的机会与威胁，为全面透彻地进行财务报表分析奠定基础。

第二，会计分析。阅读审计报告，关注审计意见的类型及审计报告的措辞，根据审计报告对财务报表的质量做出整体判断，尽可能消除报表分析的"噪声"，提高财务报表分析结论的可靠性。

第三，资本结构质量分析。这是财务状况质量分析体系的起始点和立足点。整体上，本案例通过分析企业的资本来源渠道及其占比确认企业的资本引入战略，识别战略内涵及其财务效应对公司发展产生的影响。结构上，本案例重点关注公司的股权结构，特别是公司主要股东或控股股东的背景、性质、持股比例及经营历史、股东变化情况、高管人员结构等因素对公司可持续发展的影响。

第四，资产质量分析。资产质量分析具体包括项目质量分析、结构质量分析和整体质量分析三方面，体现企业的资源配置战略。项目质量需要关注财务报表中资产项目中的重点项目和异动项目，结合各项目的特征分别分析其质量。资产结构分析将资产类型划分为投资性资产和经营性资产，根据其在资产总规模中的比例确认企业发展战略及盈利模式，将其作为战略实施效果评价的基础。

第五，利润质量分析。利润质量分析包括利润表的项目质量分析和利润质量分析两部分，体现战略实施效果。其中利润质量分析要从利润的含金量、利润的持续性和利润与企业战略的吻合性三方面入手。战略吻合性分析将资产负债表、利润表、现金流量表联系在一起，分析资产结构与利润结构的吻合性、现金流量对战略的支撑能力。

第六，现金流量质量。分析经营活动、投资活动、筹资活动现金流量的质量，可以在一定程度上透视企业战略实施的现金支撑能力，判定企业未来战略顺利实施的可能性，便于相关信息利用者更科学地预测企业未来的发展趋势。

第七，财务状况整体质量评价。在之前对资本引入战略、资源配置战略、战略实施效果、战略支撑能力深入透视的基础上，本案例进一步结合非财务因素全面评价企业的整体质量，并对公司发展前景做出科学的预测和推断。

四、案例内容

（一）公司概况及背景

1. 公司发展历程

回顾攀钢钒钛的发展进程，可以追溯到 1993 年，由攀钢集团和十九冶共同发起，采用定向募集方式设立的攀钢集团板材股份有限公司，就是攀钢钒钛的前身。

1996 年，攀钢板材在深交所上市。1998 年，公司实施资产重组，将钒业务资产注入，主营业务变更为钢铁及钒产品的生产与销售。2007 年，公司实施资产重组，对集团的钢铁、钒、钛业务和资产进行整合。2011 年，公司与鞍钢集团实施资产置换，将全部钢铁业务置出至鞍山钢铁，置入铁矿石采选业务，主营业务变更为铁矿石采选、钛精矿提纯和钒钛制品生产。

2016 年，公司进行资产重组，将铁矿石采选、钛精矿提纯及海绵钛业务剥离，主营业务变更为以钒钛产品生产与销售、钒钛延伸产品的研发和应用为主。

公司由于 2014—2016 年连续三年的净利润为负，根据相关规定，公司股票自 2017 年 5 月 5 日起暂停上市，随着剥离亏损的铁矿石采选、钛精矿提纯业务及海绵钛项目，公司盈利能力提升，已于 2018 年 8 月 24 日恢复上市（见图 1）。

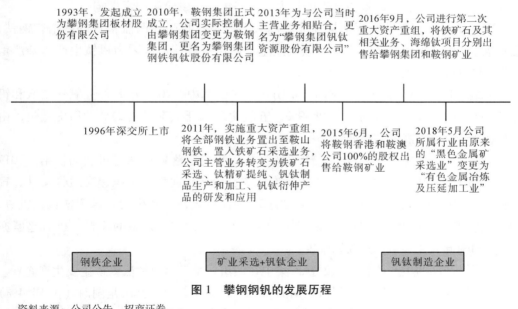

图 1　攀钢钢钒的发展历程

资料来源：公司公告，招商证券。

2. 公司股权结构

根据公司恢复上市公告书披露，截至 2018 年 8 月 15 日，攀钢集团持有公司 35.49%的股份，为第一大股东，鞍山钢铁、攀长钢、攀成钢分别持股 10.81%、6.54%、5.84%，社会公众股的持股比例为 41.23%（见图 2）。

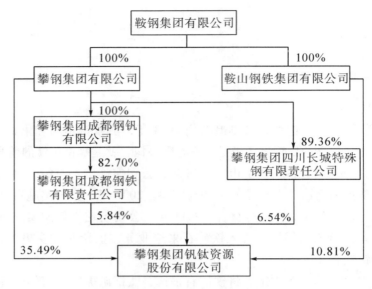

图 2　攀钢钢钒的股权结构

资料来源：公司公告，招商证券。

3. 宏观环境

不同于钢铁等大宗类商品产能分散、价格更多受需求主导的特点，钒等小金属类商品供给相对集中，受政策限产影响较大，价格更易受供给端因素影响。

2016 年以来，在供给侧结构性改革的大背景下，我国环保监管日趋严格，钢铁、化工等行业因环保而减产限产事件频频发生。四川攀枝花地区因为钒钛生产污染严重而受到政府部门特别重视。

受此影响，2016 年以来钒制品产量明显趋紧。其中，2017 年 8 月五氧化二钒和钒铁产量同比分别大幅下降约 32% 和 49%，五氧化二钒开工率降至 21% 的历史低位，由此大幅推升钒价上涨弹性空间。

供给端除了环保高压之外，"洋垃圾"禁入境规定落地也掣肘钒制品供给。2017 年 7 月 18 日，中国环境保护部和国家标准化委员会分别向世贸组织递交通告文件，宣布中国在 2017 年年底前，禁止进口 4 大类 24 种洋垃圾，包括生活来源废塑料、钒渣、未经分拣的废纸和废纺织原料等高污染固体废物。作为生产片钒的原料，钒渣趋紧亦进一步加剧五氧化二钒供给收缩幅度。

我国钒产品的生产原料钒钛磁铁矿集中在四川，攀钢是钒钛磁铁矿主要生产企业。

就钒资源的储量来看，四川占全国的 62.2%，居于首位，其次是湖南（占 14.4%）和甘肃（占 5%），其他地区储量较小。四川主要是钒钛磁铁矿，其他地区多为石煤矿。攀钢是钒钛磁铁矿主要生产企业，也是世界上生产钒钛磁铁矿的主要企业之一，其产品主要给企业内部使用。而就钒渣产量而言，攀钢位居世界第二，产量也呈逐年增长态势。

我国的钒产品的生产与钒矿资源分布密切相关，攀钢占据绝对垄断优势。从我国的钒产品产量来看，攀钢集团和承钢钒钛占总量的近 70%，而在污染较小的钒钛磁铁矿的提钒工艺中更是占到了 95% 以上，在供给方占据了绝对的垄断优势。其中攀钢钒钛的钒产品（以 V_2O_5 计）产能约为 2.2 万吨，攀钢集团下属西昌钢钒产能约为 1.8 万吨，合计攀钢集团共有 4 万吨钒产品产能，为中国最大和品种较全的钒制品生产企业；市场占有率方面，攀钢集团钒产品在国内市场占比 47%，位居第一，在国际市场占比 12%。

环保政策鼓励氯化法，提倡淘汰传统硫酸法：2014 年环保部出台《钛白粉工业污染防治技术政策》，明确鼓励氯化法、联产硫酸法清洁钛白粉生产工艺，淘汰传统硫酸法重污染生产工艺。2015 年《钛白粉单位产品能耗限额》出台，规定了生产钛白粉单位产品能耗的限定值和准入值，该标准已于 2016 年 10 月 1 日实施。近年，随着我国氯化法技术的不断突破，氯化法装置的建设也逐渐加快。

4. 市场地位

攀钢钢钒 2016 年资产重组后，以钒、钛产品为战略重点发展业务。公司目前专注于钒钛产品生产与销售、钒钛延伸产品的研发和应用。公司主营业务包括钒、钛、电三大板块，其中钒、钛板块是公司战略重点发展业务。目前公司具备硫酸法钛白粉 2.2 万吨/年、氯化法钛白粉 1.5 万吨/年，酸溶钛渣产能 20 万吨/年的生产能力。

钒领域处于国内龙头地位：公司拥有五氧化二钒、三氧化二钒、中钒铁、高钒铁、钒氮合金、钒铝合金等系列钒产品，已成为中国最大和品种较全的钒制品生产企业，其中 FeV_{80} 和 V_2O_5 产品为出口免检产品，V_2O_3、钒氮合金、FeV_{80} 生产技术填补了国内空白，粉状 V_2O_5、钒铝合金等非钢领域运用产品已逐步进入规模化生产阶段。

公司钛产品处于行业前列：公司为全国最大的酸溶钛渣生产企业和国内少数几家"硫酸法+氯化法"钛白粉生产企业之一，钛产业链完整，可生产钛渣、硫酸法锐钛型钛白粉和金红石钛白粉等多种产品。公司钛白粉是国内知名品牌，2017 年公司钛白粉产量位居全国前三，而钛渣产量及市场占有率更是近年来始终保持国内第一，2017 年产量达到 16.04 万吨。

（二）年报审计意见

攀钢钢钒 2016 年、2017 年年报的审计机构均是瑞华会计师事务所（特殊普通合伙），2018 年年报的审计机构为信永中和会计师事务所（特殊普通合伙）。三年的审计报告出具的审计意见类型均为标准的无保留意见。

（三）资本结构质量与资本引入战略

1. 负债项目的构成与质量

攀钢钢钒 2016—2018 年的流动负债项目如表 2 所示。由表 2 可见，流动负债中占比较高的项目包括短期借款、应付票据、应付账款、其他应付款和预收账款。其中短期借款 2016—2018 年的规模比较稳定，2018 年略有上升。应付票据、应付账款、预收款项是企业在经营活动中形成的对上下游的商业债务，体现的是企业对上下游的议价能力，即企业利用商业信用推动其经营活动的能力。攀钢钢钒 2016—2018 年的应付账款规模略有下降，应付票据规模上升，预收款项规模 2018 年是 2016 年的两倍多。

表 2　攀钢钢钒 2016—2018 年流动负债结构　　　　单位：百万元

流动负债项目	2016 年	2017 年	2018 年
短期借款	1 200.85	1 265.85	1 537
应付票据	1 761.39	1 829.7	1 997
应付账款	965.77	897.36	609.43
预收款项	361.42	413.01	742.86
应付职工薪酬	15.42	17.81	19.4
应交税费	5.46	80.62	156.15
应付利息	4.35	2.81	1.99
应付股利	0.02	0.02	0.02
其他应付款	518.95	287.4	179.74
一年内到期的非流动负债	312	439.62	139.99
流动负债合计	5 145.63	5 234.2	3 586.1

非流动负债项目中占比最高的是长期借款，2016—2018 年分别为 5.1 亿元、2.22 亿元和 1.12 亿元，规模逐年下降，占比分别为 58.76%、31.2%、19.06%。长期应付款 2016—2018 年分别为 1.5 亿元、2.91 亿元、2.51 亿元，占比分别为 17.28%、41.52%、42.67%。

2. 所有者权益项目的构成与质量

攀钢钢钒的股东权益总额由 2016 年的 36.07 亿元上升到 2018 年的 76.92 亿元。盈余公积三年间没有发生变化，资本公积金几乎没有发生变化。未分配利润由 2016 年的 -121.33 亿元上升至 2018 年的 -81.8 亿元。

3. 资本引入战略

战略视角下的资本可以分为经营性负债资本、金融性负债资本、股东投入资本和企业留存资本。根据这四类资本在负债和所有者权益总规模中的比重大小，企业的资本引入战略分为五类：以经营性资本为主的经营驱动型、以金融型负债资本为主的举债融资驱动型、以股东入资为主的股东驱动型、以留存资本为主的利润驱动型以及各类资本并驾齐驱的并重驱动型。攀钢钢钒 2016—2018 年的资本结构如表 3 所示。

表 3　攀钢钢钒 2016—2018 年资本结构

单位：百万元（百分比除外）

报表项目	2016 年年报	2017 年年报	2018 年年报
流动负债	5 145.63	5 234.2	3 586.1
非流动负债	867.99	700.36	587.66
负债合计	6 013.62	5 934.57	4 173.76
负债合计同比（YOY）	-87.0%	-1.31%	-29.67%
股东权益	3 607.5	4 538.67	7 691.8

表3(续)

报表项目	2016年年报	2017年年报	2018年年报
股东权益同比（YOY）	-63.02%	25.81%	69.47%
归属母公司股东的权益	3 428.41	4 302.21	7 399.79
归属母公司股东的权益同比（YOY）	-59.29%	25.49%	72.0%
资本公积金	5 526.86	5 539.12	5 540
盈余公积金	1 441.03	1 441.03	1 441.03
未分配利润	-12 133	-11 269.7	-8 179.56
负债及股东权益总额	9 621.11	10 473.23	11 865.56

（四）资产质量与资源配置战略

1. 流动资产项目质量

（1）货币资金项目质量。

货币资金项目质量一般可以从货币资金规模的恰当性分析其运用质量，从币种构成及其自由度分析其构成质量，从规模的持续性分析其生成质量。

货币资金的规模的恰当性没有统一的定量标准，需要根据企业实际情况，即既要满足生产经营和投资需求，又不能造成大量闲置。简单而言，从需求和供给两个角度，一方面分析货币资金日常的使用需求有哪些，有多大的需求量；另一方面分析货币资金的来源。

攀钢钢钒2016—2018年的货币资金规模及构成如表4所示。2016—2018年货币资金占总资产的比重分别为13.05%、12.04%及18.58%，稳中有升。货币资金2018年年末余额比2017年年末余额增加74.89%，主要原因是公司盈利导致的经营活动现金流大幅增加；2018年年初其他货币资金余额95 644 796.99元，本年全部收回，年末余额1 300 413.21元为新增房屋维修基金。

表4 攀钢钢钒2016—2018年货币资金规模及构成　　　　　　单位：元

项目	2016年年报	2017年年报	2018年年报
库存现金	96 523.06	23 672.74	41 981.93
银行存款	653 904 343.95	1 164 897 018.93	2 203 306 949.23
其他货币资金	601 133 497.83	95 644 796.99	1 300 413.21
合计	1 255 134 364.84	1 260 565 488.66	2 204 649 344.37

注1：其他货币资金601 133 497.83元中：600 000 000.00元为银行承兑汇票保证金、1 133 497.83元为住房维修基金。

注2：其他货币资金95 644 796.99元中：91 000 000.00元为攀钢钒钛母公司票据保证金存款、1 144 796.99元为住房维修基金、3 500 000.00元为东方钛业质押借款保证金。

注3：其他货币资金1 300 413.21元全部为金贸大厦房屋维修基金。

自由度受限的货币资金主要是其他货币资金中的票据保证金、质押借款保证金和房屋维修基金，占货币资金总额的比重较小。

货币资金汇总涉及的外币主要是美元，余额及折算汇率如表5所示。由表5可知，其所占比重不大。

表5　攀钢钢钒2016—2018年美元货币资金余额

项目	期末美元余额/百万元	折算汇率	期末折算人民币余额/百万元	占货币资金总额比重
2016年	4.35	6.937	30.19	2.41%
2017年	13.96	6.5342	91.25	7.24%
2018年	9.69	6.8632	66.48	3.02%

货币资金规模的持续性分析与恰当性分析的联系在于都是从需求和供给两个方面进行分析，区别是恰当性是相对静止状态的，持续性是动态分析，因此需要联系经营活动、投资活动和筹资活动的现金流入量和流出量进行分析，信息使用者可以结合现金流量质量分析。

（2）商业债权项目质量。

商业债权一般包括应收账款、应收票据、预付账款三类。攀钢钢钒的商业债权构成如表6所示。由表6可见，攀钢钢钒在赊销过程中使用应收票据结算方式更多，而且2016—2018年逐年上升。除2016年外，应收票据的构成以银行承兑汇票为主，具有较强的变现性。2016—2018年年末通过背书或贴现方式终止确认的未到期应收票据分别为11.67亿元、18.32亿元和44.41亿元，说明攀钢钢钒采用背书应收票据支付的结算方式也较多。

表6　攀钢钢钒2016—2018年商业债权构成情况　　　　　　　　单位：百万元

项目	2016年年报	2017年年报	2018年年报
应收票据	934.2	1714.63	1950.64
其中：银行承兑汇票	158.75	1083.24	1950.64
商业承兑汇票	775.45	631.39	—
应收账款	204.89	182.3	229.49
预付款项	349.84	184.77	189.32

应收账款规模三年稳定在2亿元左右。应收账款的分析一般从真实性、合理性、周转性和保值性展开。真实性和合理性分析需要与企业资产规模和营业收入规模相适应，也可以和同行业对标企业、行业平均水平或企业前期水平进行比较。周转性一般通过账龄分析（见表7）、债务人构成分析（见表8）和应收账款周转情况展开。保值性是分析应收账款坏账准备的计提情况（见表9）和计提政策的恰当性。

表 7 攀钢钢钒 2016—2018 按账龄分析法计提坏账准备的应收账款 单位：万元

| 账龄 | 计提比例 | 2016 年期末余额 | | | |
| | | 应收账款 | | 坏账准备 | |
		金额	占比	金额	占比
1 年以内	5.00%	6 269.08	89.89%	313.34	31.31%
1 至 2 年	30.00%	0.15	0.00%	0.05	0.01%
2 至 3 年	50.00%	0.45	0.01%	0.22	0.02%
3 至 4 年	80.00%	88.00	1.26%	70.40	7.03%
4 至 5 年	80.00%	0.19	0.00%	0.15	0.01%
5 年以上	100.00%	616.63	8.83%	616.63	61.62%
合计		6 974.52	100.00%	1 000.90	100.00%

| 账龄 | 计提比例 | 2017 年期末余额 | | | |
| | | 应收账款 | | 坏账准备 | |
		金额	占比	金额	占比
1 年以内	5.00%	15 202.34	92.93%	760.12	48.96%
1 至 2 年	30.00%	510.87	3.12%	153.26	9.87%
2 至 3 年	50.00%	—	—	—	—
3 至 4 年	80.00%	0.39	0.00%	0.31	0.02%
4 至 5 年	80.00%	38.00	0.23%	30.40	1.97%
5 年以上	100.00%	608.30	3.72%	608.30	39.18%
合计		16 359.91	100.00%	1 552.40	100.00%

| 账龄 | 计提比例 | 2018 年期末余额 | | | |
| | | 应收账款 | | 坏账准备 | |
		金额	占比	金额	占比
1 年以内	5.00%	10 569.54	94.26%	528.48	46%
1 至 2 年	30.00%	35.95	0.32%	10.78	1%
2 至 3 年	50.00%	1.32	0.01%	0.66	0%
3 至 4 年	80.00%	—	—	—	—
4 至 5 年	80.00%	0.39	0.00%	0.31	0%
5 年以上	100.00%	605.73	5.41%	605.73	53%
合计		11 212.93	100.00%	1 145.97	100%

表 8 攀钢钢钒按欠款方归集的前五名应收账款 单位：百万元

	年末余额前五名 应收账款汇总金额	占应收账款年末 余额合计数的比例	计提的坏账准备 年末余额汇总金额
2016 年	138.25	64.34%	1.08
2017 年	86.98	43.97%	4.35
2018 年	166.84	69.24%	2.69

注：攀钢钢钒年报中未披露欠款方前五名的明细资料。

表9 攀钢钢钒2016—2018年按信用风险特征组合计提坏账准备的应收账款

单位：百万元

年份	账面余额		坏账准备		账面价值
	金额	比例	金额	计提比例	
2016年	214.89	100.00%	10.00	4.66%	204.89
2017年	197.82	100.00%	15.52	7.85%	182.30
2018年	240.95	100.00%	11.46	4.76%	229.49

如果预付账款的规模变化随着企业业务量或者信用程度的变化呈现出一定的规律性和合理性，则可以初步判断其质量基本正常；如果某一期预付款项规模相对于同行业正常水平或前期历史水平出现较大变动的，则需警惕此项目是否是企业向关联方输送资金的项目。

攀钢钢钒2016—2018年的一年以内的预付账款占比分别为34.10%、93.11%、99.69%。2016年账龄超过1年且金额重要的预付款项为预付东方电气股份有限公司17 775万元，未结算原因为发电厂300MW工程未完工结算。2017年账龄超过1年的预付账款主要为本公司预付攀港有限公司材料采购款1 200万元。预付账款2017年期末余额较年初余额减少47.18%，其主要原因为发电厂预付21 057.68万元工程款已完工结算。按预付对象归集的期末余额前五名的预付款情况仅2018年披露了明细公司，支付给攀钢集团西昌钢钒有限公司的1年内到期的预付款占比84.74%。2016年、2017年未披露明细，前五名占比分别为93.24%和59.53%。

（3）存货项目质量。

存货项目质量分析，一般包括构成及规模恰当性分析、物理质量和时效状况分析、盈利性分析、周转性分析、保值性分析五方面。攀钢钢钒的存货的物理质量时效性不强，可以不进行分析。

从表10可以看出，攀钢钢钒的存货规模逐年增加，主要增加的部分来自库存商品。三年年末的存货跌价准备占比均较小。信息使用者需要判定其库存商品增加是因为产成品出现积压，还是因为市场需求旺盛而增加产成品的产量和储备量以防止产品出现短缺。

表10 攀钢钢钒2016—2018年存货构成及规模　　　　单位：百万元

年份	项目	原材料	在产品	库存商品	周转材料	其他	合计
2016年	账面余额	122.27	166.15	277.35	1.13		566.90
	跌价准备	9.64		6.58			16.22
	账面价值	112.63	166.15	270.76	1.13		550.67
2017年	账面余额	199.32	149.66	465.91	1.62	10.61	827.12
	跌价准备	6.66		2.23			8.89
	账面价值	192.67	149.66	463.68	1.62	10.61	818.23
2018年	账面余额	198.68	206.96	635.52	1.23		1 042.38
	跌价准备	4.11		1.35			5.46
	账面价值	194.58	206.96	634.17	1.23		1 036.93

存货的盈利性分析通常要通过毛利率的水平及走势体现，存货的周转性分析要考察存货的周转率。存货的盈利性和周转性往往存在此消彼长的关系，结合企业的经营战略来分析，看企业是差异化战略还是成本领先战略。同时，存货的周转率和毛利率往往也存在此消彼长的关系，我们需要在保证存货顺畅周转的前提下来考察应收账款质量，进行综合分析。

由表 11 可以看出，2016—2018 年，攀钢钢钒的营业周期逐年缩短，存货周转天数略有下降，而应收账款周转天数下降明显，即存货和应收账款的周转速度都在加快。销售毛利率上升趋势明显，2018 年的毛利率是 2016 年的 3.7 倍。

表 11　攀钢钢钒 2016—2018 年存货盈利性及周转性指标

项目	2016 年年报	2017 年年报	2018 年年报
营业周期/天	47.59	39.13	35.27
存货周转天数/天	32.07	31.75	30.39
应收账款周转天数/天	15.51	7.39	4.89
存货周转率/次	11.23	11.34	11.85
应收账款周转率/次	23.2	48.74	73.64
销售毛利率	7.43%	17.74%	27.52%

2. 非流动资产项目质量

（1）固定资产及在建工程项目。

固定资产是企业获取盈利的重要物质基础，其规模和结构能够反映企业的生产工艺特点和技术装备水平。而在建工程本质是正在形成过程中的固定资产，是企业固定资产的特殊表现形式。

攀钢钢钒的固定资产是指同时具有以下特征，即为生产商品、提供劳务、出租或经营管理而持有的，使用年限超过一年，单位价值超过 2 000 元的有形资产。固定资产在与其有关的经济利益很可能流入本公司，且其成本能够可靠计量时予以确认。本公司固定资产包括房屋及建筑物、机器设备、电子设备、运输设备、办公设备等。

表 12　攀钢钢钒 2016—2018 年固定资产及在建工程规模　　单位：百万元

项目	2016 年年报		2017 年年报		2018 年年报	
	金额	占比	金额	占比	金额	占比
固定资产	2 518.67	26.18%	4 688.32	44.76%	4 475.52	37.72%
在建工程	2 270.89	23.60%	331.41	3.16%	75.37	0.64%
资产总计	9 621.11	100.00%	10 473.23	100.00%	11 865.56	100.00%

表 13　攀钢钢钒 2016—2018 固定资产构成账面价值　　单位：百万元

年份	房屋建筑物	机器设备	运输设备	办公设备	合计
2016 年	1 070.46	1 439.49	8.65	0.08	2 518.67
2017 年	2 124.65	2 555.80	7.80	0.07	4 688.32
2018 年	1 957.21	2 509.21	8.54	0.06	4 475.02

固定资产 2017 年年末余额较 2016 年年末余额增加 41.90%，主要原因为发电厂 300MW 煤矸石发电工程预转固 1 042 130 254.60 元、重庆钛业 75kt/a 硫酸法钛白技术改造升级搬迁项目预转固 1 063 313 711.24 元所致。攀钢钢钒的固定资产占比未超过 50%，不是传统意义上的重资产行业，这一点在有色金属冶炼及压延加工行业中较为特殊。

固定资产质量分析一般也通过盈利性、周转性和保值性三方面入手，但同时需要关注固定资产的取得方式、分布与配置、会计政策恰当性等问题。在建工程项目分析需要深入了解工程的工期长短、有无长期挂账、项目搁浅现象，详细信息可以结合资产负债表报表附注中的内容进行分析。

攀钢钢钒 2016—2018 年的固定资产折旧政策没有发生变化，均采用年限平均法，折旧年限、残值率等会计估计也保持了稳定性。具体如表 14 所示。

表 14　攀钢钢钒 2016—2018 年的固定资产折旧政策

类别	折旧方法	折旧年限	残值率	年折旧率
房屋建筑物	年限平均法	14~40 年	0~5%	2.38%~7.14%
机器设备	年限平均法	5~24 年	0~5%	3.96%~20.00%
电子设备	年限平均法	3~12 年	0~5%	7.92%~33.33%
运输设备	年限平均法	3~10 年	0~5%	9.50%~33.33%

（2）无形资产项目。

无形资产在创造经济利益方面存在较大不确定性，一般从盈利性和保值性维度进行分析。资产负债表中列示的无形资产项目不一定包含了企业所有真实拥有的无形资产。其体现的一般是外购的，因为自创取得的无形资产企业可能将开支全部费用化了，从而导致企业自创无形资产游离在资产负债表之外。

攀钢钢钒 2016—2018 年均无开发支出的披露。无形资产的构成情况如表 15 所示，其主要构成是土地使用权，专利权占比极低，且规模逐年下降。

表 15　攀钢钢钒 2016—2018 年无形资产构成账面价值　　　单位：百万元

项目	土地使用权	专利权	合计
2016 年	288.05	5.08	293.13
2017 年	325.31	3.70	329.01
2018 年	316.63	2.31	318.94

3. 资源配置战略

企业的资源配置战略通过资产结构来体现。资产结构的质量特征包括：有机整合性、整体流动性、与资本结构的对应性、与企业战略的吻合性四个方面。

其中，资产结构与企业战略的吻合性一般会在上市公司年报中的"经营情况讨论与分析"中说明（体现在企业的资源配置战略，即战略承诺）。分析时，需要按照企业经营性资产和投资性资产在总资产规模中的比重大小，判定企业的资源配置类型：以经营性资产为主的经营主导型、以投资性资产为主的投资主导型还是经营性资产与投资性资产较均衡的投资与经营并重型。

攀钢钒钛 2016 年年报中的公司发展战略表述为：立足对攀西钒钛资源的深度开发，主攻钒钛，把公司打造成为全球钒领域标杆企业和国际一流的钛化工企业。

2017 年、2018 年年报中的公司发展战略描述更细，分为了发展战略、发展愿景和发展目标三部分。其中发展战略和发展目标两年的表述是一致的。发展战略：协同资源、做强基体、做大产业、绿色发展。发展愿景：建设国内一流、国际知名的钒钛新材料上市公司。发展目标的表述出现了变化，2017 年的发展目标：做强两大核心产业——打造全球最具影响力的钒产业，培育国内最具竞争力的钛产业；做优四大支撑平台——市场营销运作平台、技术开发创新平台、最优工厂（产线）平台、信息管理平台；做大经营规模——按公司产业布局，同步做大钒、钛、贸易三个经营板块。2018 年的发展目标：打造国际最具影响力的钒产品供应商、国内最具竞争力的钛产品供应商，成为钒钛产业发展的引领者。

在年报中，攀钢钒钛还披露了每年的发展计划。2015 年年报中披露的 2016 年的发展计划没有预计到重大资产重组计划，和 2016 年的实际情况可比性不大。因此此处略去。重点关注 2016 年年报中披露的 2017 年发展计划和 2017 年年报中披露的 2018 年发展计划。

2017 年公司的业务发展计划为：完成钒制品（以 V_2O_5 计）2 万吨、钛白粉 23.2 万吨、高钛渣 20 万吨，全年预计实现营业收入 86.76 亿元，实现扭亏为盈。为实现目标，公司将重点抓好以下几项工作：一是以上海钒贸及各生产基地为基础，实现钒产业全流程动态跟踪，提升钒资源协同配置、产销衔接与库存管控效率。二是抓好重庆钛业等新投产线的达产达效攻关工作。三是加大新工艺、新产品开发力度，积极推进钒铝合金产业化、高品质钛白粉等重大科研项目，提升产品核心竞争力。四是狠抓市场营销，加强与国际国内战略客户的合作，进一步扩大产销规模，改善经营绩效。

2018 年公司业务发展计划为：完成钒制品（以 V_2O_5 计）2.44 万吨、硫酸法钛白粉 21.5 万吨、氯化法钛白粉 1.2 万吨、钛渣 18.5 万吨；全年力争实现营业收入 100 亿元。为实现目标，公司将进一步完善生产工艺流程，持续对标挖潜，以增强盈利能力为目标，打造钒钛产业的技术高地，做强产业基础；建立高效、灵敏、与生产单元高度协同的营销体系，加强产销衔接与库存管控。钒产业：持续保持生产规模世界领先，产品、技术世界领先，通过低成本、高效、清洁化生产，打造全球最强最具影响力的钒产品供应商；努力使钒精细化工产品、钒铝合金等非钢领域的系列应用产品实现重大突破。钛产业：打造最具竞争力的钛原料贸易平台，做国内最具竞争力的钛产品供应商。

（五）利润质量与战略实施效果

1. 利润项目质量

（1）营业收入项目质量。

营业收入项目的质量分析包括营业收入的品种构成分析、地区构成分析和客户构成分析。攀钢钢钒 2016—2018 年年报中未披露具体的客户构成。根据其年报披露的信息，我们可以从产品品种（表16）、地区（表17）和行业（表18）方面进行构成分析。

表16　攀钢钢钒 2016—2018 年主营业务收入产品构成分析　　单位：百万元

主营构成表	2016 年年报	2017 年年报	2018 年年报
产品合计	10 610.01	9 435.75	15 161.4
电	—	1 987.17	1 982.66
钛产品	1 560.46	3 424.31	4 261.63
钒产品	1 491.1	3 337.54	8 161.74
矿石及铁精矿	4 699.45	—	—
钢材及钢材制品	—	—	181.7
其他项目	372.06	574.55	573.67
内部抵消	−36.75	—	—
其他产品	2 523.68	112.19	—

表17　攀钢钢钒主营业务收入地区构成分析　　单位：百万元

主营构成表	2016 年年报	2017 年年报	2018 年年报
地区合计	10 610.01	9 435.75	15 161.4
中国大陆	9 819.32	10 429.5	13 266.96
四川省	7 346.83	5 416.57	—
除四川省外的中国大陆境内	2 472.49	5 012.94	—
港澳台地区及海外	2 426.17	1 290.42	1 894.44
内部抵消	−1 635.49	−2 284.17	—

表18　攀钢钢钒主营业务收入行业构成分析　　单位：百万元

主营构成表	2016 年年报	2017 年年报	2018 年年报
行业合计	10 610.01	9 435.75	15 161.4
电力	1 915.69	1 987.17	1 982.66
钛产品	1 560.46	3 424.31	4 261.63
钢铁行业	75.24	112.19	181.7
矿山采掘业	4 699.45	—	—
钒产品	1 491.1	3 337.54	8 161.74
其他项目	—	574.55	573.67
内部抵消	−36.75	—	—
其他行业	904.81	—	—

可见，攀钢钢钒在资产重组后，产品集中在钒产品和钛产品，另外，电力产品也创造了可观的收入。钒产品的收入占比由 2017 年的 35.37% 上升至 2018 年的 53.83%，钛产品 2017 年占比 36.29%，2018 年占比略有下降，为 28.11%。

地区分布 2016 年和 2017 年披露了四川省内和省外的情况，2018 年仅披露了国内

和境外两类。从 2016 年和 2017 年的情况看，四川省的收入占比由境内收入的 74.82%
下降至 51.93%。

（2）营业成本项目质量。

营业成本项目的分析要和营业收入相匹配，我们也可以从产品、地区和行业入手。

表 19　攀钢钒钛 2016—2018 年主营业务成本产品构成分析　　单位：百万元

主营构成表	2016 年年报	2017 年年报	2018 年年报
产品合计	9 821.43	7 761.41	10 989.71
电	—	1 782.17	1 795.17
钛产品	1 167.41	2 756.07	3 346.29
钒产品	1 397.95	2 577.61	5 124.94
矿石及铁精矿	4 796.01	—	—
钢材及钢材制品	—	—	181.89
其他项目	283.75	533.78	541.42
内部抵消	−36.75	—	—
其他产品	2 213.07	111.79	—

表 20　攀钢钒钛 2016—2018 年主营业务成本地区构成分析　　单位：百万元

主营构成表	2016 年年报	2017 年年报	2018 年年报
地区合计	9 821.43	7 761.41	10 989.71
中国大陆	8 159.13	8 884.64	9 354.35
四川省	6 100.55	4 517.95	—
除四川省外的中国大陆境内	2 058.59	4 366.69	—
港澳台地区及海外	3 285.96	1 160.94	1 635.36
内部抵消	−1 623.66	−2 284.17	—

表 21　攀钢钒钛 2016—2018 年主营业务成本行业构成分析　　单位：百万元

主营构成表（单位：百万元）	2016 年年报	2017 年年报	2018 年年报
行业合计	9 821.43	7 761.41	10 989.71
电力	1 628.53	1 782.17	1 795.17
钛产品	1 167.41	2 756.07	3 346.29
钢铁行业	92.62	111.79	181.89
矿山采掘业	4 796.01	—	—
钒产品	1 397.95	2 577.61	5 124.94
其他项目	—	533.78	541.42
内部抵消	−36.75	—	—
其他行业	775.67	—	—

营业收入和营业成本的关系也可以通过毛利率直观地体现。毛利率也是常见的盈
利能力分析指标。由表 22 可见，攀钢钒钛 2016—2018 年的整体毛利率逐年上升，且增

幅较大。主要的钒产品毛利率由 2016 年的 6.25% 上升至 2018 年的 37.21%，钛产品的毛利率略有下降但维持在 20% 左右。境内的毛利率远高于境外。

表 22　攀钢钢钒 2016—2018 年毛利率情况

项目	2016 年	2017 年	2018 年
整体毛利率	7.43%	17.74%	27.52%
产品			
电	—	10.32%	9.46%
钛产品	25.19%	19.51%	21.48%
钒产品	6.25%	22.77%	37.21%
矿石及铁精矿	-2.05%	—	—
钢材及钢材制品	—	—	-0.1%
其他项目	23.74%	7.1%	5.62%
内部抵消	—	—	—
其他产品	12.31%	0.36%	—
地区			
中国大陆	16.91%	14.81%	29.49%
四川省	16.96%	16.59%	—
除四川省外的中国大陆境内	16.74%	12.89%	—
港澳台地区及海外	-35.44%	10.03%	13.68%
内部抵消	0.72%	—	—
行业			
电力	14.99%	10.32%	9.46%
钛产品	25.19%	19.51%	21.48%
钢铁行业	-23.11%	0.36%	-0.1%
矿山采掘业	-2.05%	—	—
钒产品	6.25%	22.77%	37.21%
其他项目	—	7.1%	5.62%
内部抵消	—	—	—
其他行业	14.27%	—	—

（3）期间费用项目质量。

期间费用的项目质量分析需要注意：不能只强调规模，而更应强调费用发生带来的效应。常用的指标是各项期间费用占营业收入的比重，即期间费用率。

表 23　攀钢钢钒 2016—2018 年期间费用情况表

单位：百万元（百分比除外）

项目	2016 年年报		2017 年年报		2018 年年报	
	金额	费用率	金额	费用率	金额	费用率
销售费用	583.34	5.50%	219.15	2.32%	295.02	1.95%
管理费用	1 338.59	12.62%	363.80	3.86%	525.47	3.47%
财务费用	322.34	3.04%	189.22	2.01%	133.12	0.88%
总计	2 244.37	21.16%	766.17	8.19%	953.61	6.30%

可见攀钢钢钒的期间费用率 2016 年最高，之后逐年下降，管理费用率、销售费用率、财务费用率也均保持下降趋势，管理费用率大幅上涨，财务费用率逐年下降，但期间费用率稳中有降。

2. 利润含金量

利润的含金量指的是企业主要利润构成项目获得现金流量的能力。张新民教授在利润表的常见项目外，推出了核心利润的概念。核心利润用来反映企业自身的经营活动所带来的利润。

核心利润＝毛利－税金及附加－期间费用

而判定核心利润含金量时，我们需要将核心利润调整为同口径核心利润后再与经营活动现金流量净额进行比较。

同口径核心利润＝核心利润＋固定资产折旧＋其他长期资产价值摊销＋财务费用－所得税费用

3. 战略实施效果

企业不同的资源配置战略会形成不同的资产结构，进而产生不同的盈利模式。分析战略实施效果其实是在分析利润的战略吻合性。我们可以通过比较利润结构与资产结构的匹配性、经营性资产报酬率等来判定战略的实施效果。

（六）现金流量质量与战略支撑能力

1. 现金流量质量

（1）经营活动现金流量质量。

经营活动现金流量的质量包括充足性、合理性和稳定性三个维度。其中，充足性判定企业是否有足够的经营活动现金流量满足正常运转和规模扩张需求，我们可以结合货币资金的规模持续性进行分析。合理性主要从现金流入量和流出量的顺畅性、恰当性、结构合理性、匹配性和均衡性进行分析。

表 24　攀钢钢钒 2016—2018 年经营活动现金流量情况表　单位：百万元

项目	2016 年年报	2017 年年报	2018 年年报
销售商品、提供劳务收到的现金	8 542.56	6 205.52	8 353.83
收到的税费返还	—	—	0.02

项目	2016 年年报	2017 年年报	2018 年年报
收到其他与经营活动有关的现金	625.68	79.75	76.81
经营活动现金流入小计	9 168.24	6 285.27	8 430.65
购买商品、接受劳务支付的现金	6 741.58	5 901.29	5 297.89
支付给职工以及为职工支付的现金	1 560.91	321.14	390.39
支付的各项税费	692.04	245.84	777.66
支付其他与经营活动有关的现金	509.82	197.32	185.89
经营活动现金流出小计	9 504.35	6 665.59	6 651.84
经营活动产生的现金流量净额	−336.11	−380.32	1 778.81

（2）投资活动现金流量质量。

投资活动现金流量的分析与经营活动的不同之处在于：没有必要考虑各期现金的流入和流出的匹配性和协调性，因为投资行为获取收益一般具有滞后性。第一，我们可以结合投资活动的流向分析企业的扩张战略：对内扩张、对外扩张、对内对外的相互转移战略等。第二，我们可以分析投资活动的盈利性，对内投资形成固定资产等长期资产的盈利性通过毛利率指标体现，对外投资的盈利性通过投资收益及投资性资产报酬率体现。

表 25　攀钢钢钒 2016—2018 年投资活动现金流量情况表　　　单位：百万元

项目	2016 年年报	2017 年年报	2018 年年报
取得投资收益收到的现金	4.37	59.63	60.76
处置固定资产、无形资产和其他长期资产收回的现金净额	459.63	318.78	0.08
处置子公司及其他营业单位收到的现金净额	47.2	—	—
收到其他与投资活动有关的现金	—	410.46	57.88
投资活动现金流入小计	511.2	788.87	118.72
购建固定资产、无形资产和其他长期资产支付的现金	508.29	171.15	123.39
支付其他与投资活动有关的现金	1 358.26	165	139.08
投资活动现金流出小计	1 866.54	336.15	262.47
投资活动产生的现金流量净额	−1 355.34	452.72	−143.75

（3）筹资活动现金流量质量。

筹资活动现金流量总体上应与企业经营活动现金流量、投资活动现金流量的周转状况相适应，在满足经营活动与投资活动现金需求的同时尽量降低融资成本，选择适合的融资渠道，避免过度融资，保持合理的偿债能力。

表 26　攀钢钢钒 2016—2018 年筹资活动现金流量情况表　　　　单位：百万元

项目	2016 年年报	2017 年年报	2018 年年报
取得借款收到的现金	14 010.43	1 377.85	1 523.21
收到其他与筹资活动有关的现金	152.8	949	95.64
筹资活动现金流入小计	14 163.23	2 326.85	1 618.85
偿还债务支付的现金	11 999.53	1 512.85	2 062.06
分配股利、利润或偿付利息支付的现金	1 831.32	95.98	108.17
支付其他与筹资活动有关的现金	14.49	273.15	51.12
筹资活动现金流出小计	13 845.34	1 881.97	2 221.35
筹资活动产生的现金流量净额	317.89	444.88	−602.5

2. 战略支撑能力

现金流量的战略支撑能力与利润质量分析的战略实施效果是相辅相成的。分析利润结构对应项目的报酬率时，也要分析相应收入项目的含金量，这一含金量便是现金流量的战略支撑能力。

五、问题与思考

（1）阅读攀钢钒钛 2016—2018 年年报中的"公司业务概要"部分对公司主要业务与产品、经营模式、行业地位及行业现状、资源勘探及储量情况的描述，"经营情况讨论与分析"部分对经营环境及经营对策的描述，"公司治理"部分对同业竞争情况的描述，结合案例资料，采用 SWOT 分析法，完成对攀钢钢钒的背景分析。

（2）攀钢钢钒 2016—2018 年年报的审计报告意见均是标准无保留意见，意味着什么？对财务报表分析有何影响。

（3）阅读攀钢钢钒 2016—2018 年年报中的"股份变动及股东情况""董事、监事、高级管理人员和员工情况"以及"公司治理"部分，结合案例材料分析攀钢钢钒的控制权结构情况及其治理结构的合理性。

（4）结合攀钢钢钒 2016—2018 年资产负债表及报表附注，分析商业债务结构变化反映的攀钢钢钒议价能力的变化情况以及长期借款规模及占比下降，长期应付款规模及占比上升的原因并评价其负债项目的质量。

（5）结合攀钢钢钒 2016—2018 年资产负债表及报表附注，分析股东权益变动的原因及影响以及未分配利润为负的原因，并分析其会对攀钢钢钒产生哪些影响。

（6）根据案例材料，结合攀钢钢钒 2016—2018 年的资产负债表，分析攀钢钢钒的资本引入战略的类型，并分析该类型下的战略内涵及其财务效应。

（7）根据案例材料，结合攀钢钢钒 2016—2018 年的资产负债表，分析评价攀钢钢钒的货币资金、应收账款、应收票据、预收款项、存货等流动资产的项目质量，固定资产、在建工程及无形资产等非流动资产的项目质量。

（8）根据案例材料，结合攀钢钢钒 2016—2018 年的资产负债表，分析攀钢钢钒的资源配置战略类型，分析 2017 年和 2018 年发展计划的实现程度并分析差异原因。

（9）根据案例材料，结合攀钢钢钒 2016—2018 年的年报及报表附注，分析营业收入、营业成本、期间费用的项目质量。

（10）结合攀钢钢钒 2016—2018 年的年报及报表附注，分析计算攀钢钢钒 2016—2018 年的核心利润、核心利润率、核心利润含金量等指标，评价攀钢钢钒核心利润的质量。

（11）根据案例材料，分析评价攀钢钢钒 2016—2018 年经营活动、投资活动、筹资活动现金流量的质量。

（12）结合攀钢钢钒 2016—2018 年的资产负债、利润表、现金流量表信息评价其战略实施效果及现金流量支撑能力。

（13）综合案例资料及前述问题的分析结论，对攀钢钢钒 2016—2018 年的整体财务状况质量进行评价，并结合非财务信息预测企业未来前景。

六、参考文献

［1］攀钢钢钒 2016—2018 年年报。

［2］张新民，钱爱民. 财务报表分析 ［M］. 北京：中国人民大学出版社，2017.

［3］王鹤涛，等. ＊ST 钒钛（000629）：钒钛王者，涅槃归来 ［R］. 长江证券，2018-08-19.

［4］杨件，倪文祎. ＊ST 钒钛（000629）：钒钛资源龙头，复牌前景可期 ［R］. 招商证券，2018-08-23.

七、学生案例分析报告基本格式

1. 标题。

2. 内容提要（简述，300 字）。

3. 报告正文：问题回答与综述。

4. 总结：对案例本身的总结；对所用知识点、方法及案例过程总结。

案例十二　攀枝花移动通讯公司增值税纳税筹划①

（编者：刘鑫春、陈耀坤）

一、案例提要

从 1949 年邮电部成立到 1994 年联通的成立，我国的整个电信企业完全处于行政垄断时期。随着吉通公司与联通公司的成立，中国电信行业体制改革正式拉开。2000 年，中国电信集团公司和中国移动通信集团公司（下文简称"中国移动"）先后成立，掀开了中国通信业的新篇章。从 2008 年开始电信行业迎来了新一轮重组，原先的六家运营商合并为中国移动、中国电信、中国联通三家运营商，我国运营商正式形成现在的三足鼎立局面。

中国移动于 2000 年 4 月 20 日正式成立，其成立资本达 518 亿元，2018 年年底，其资产总额高达 15 359 亿元。作为中国大陆最大移动通信服务供应商，中国移动的用户高居全球之最，移动通信网络在全球范围内规模也是最大。根据 2018 年《财富》杂志的世界 500 强企业最新排名，中国移动位居 53 位，是全球品牌价值最高的电信品牌之一。

中国移动主要的业务范围涵盖了移动话音、有线宽带、数据及多媒体内容以及国际出入口局的业务经营权和计算机互联网国际联网单位的经营权。其业务范围除了基本话音业务，还有多种增值业务，比如数据、传真、IP 电话等业务内容，具体涵盖了"动感地带""全球通""and！和"等客户品牌。

随着 5G 时代的到来，中国移动已经由以前的高速发展变成了现在的缓慢增长。但由于基数大，其 2015 年营业收入达 6 683 亿元，纳税总额 913 亿元，平均每天纳税 2.5 亿元，带动就业人口超过 300 万。中国移动 2012—2015 年具体收入详见表 1。

① 案例根据攀枝花学院 2017 届财务管理专业陈耀坤同学的毕业论文修改而成，感谢攀枝花移动通讯公司对本案例编写的支持。

表 1　2012—2015 年中国移动营业收入及纳税总额　　　单位：亿元

指标名称	2012 年	2013 年	2014 年	2015 年
营运收入	5 818	6 302	6 414	6 683
同比增长率	8.7%	8.3%	1.8%	2.6%
纳税总额	739	879	934	913
净利润	1 293	1 217	1 093	1 085
同比增长率	2.7%	−5.9%	−10.2%	−0.6%
主营业务利润	1 505	1 356	1 173	1 029
同步增长率	−0.51%	−9.9%	−13.5%	−12.2%

由表 1 可知，在 2013 年以前，由于移动通信的快速增长以及 4G 的初步实行，中国移动长期保持着 8% 的高速增长，企业缴纳税额也随着营业收入的增长保持持续增加，而 2015 年有所降低主要是因为在 2014 年 6 月 1 号实施"营改增"以后起到了一定降低税负的作用，但依然高达 913 亿元。虽然中国移动公司规模很大，但其税负依然比较重。而其在近四年虽然营运收入持续增长，但其利润却不断下降，2014 年下降幅度达到了 10.2%。其公司年报给出的解释是"营改增"的实施以及网间结算标准的调整对其财务数据带来较大影响。但随着"营改增"的实施，其 2015 年税负有所降低，且结算标准也调整到位，可是其利润却并没有上涨。

自 2014 年 6 月 1 日起电信行业由原先缴纳营业税变为缴纳增值税，其中基础电信服务的税率为 11%，增值电信服务税率为 6%。[①] 纳税人在提供电信业服务的同时若附加有赠送终端、充值卡等相关货物或者服务，则需要对所获得的所有款项以及价外费用进行分别核算，按照各自的税率来计算并缴纳相应的增值税。而国内的单位及个人向境外的单位提供相应的电信业服务则免征相应的增值税。对于采取积分兑换的形式而赠送的服务不征收增值税。[②]

"营改增"的实施，对移动通讯企业的流转税缴纳带来了很大的变化，以中国移动为代表的移动通讯企业急需在新的税收政策背景下研究企业的纳税筹划问题。

中国移动作为大型国有企业，长期以来都很重视纳税筹划。因此其公司内部相关筹划大多比较完善，而在"营改增"的大背景下，公司所涉及的流转税发生了重大变化，所以有必要在新的税收政策下重点研究中国移动的增值税纳税筹划问题。

二、教学目的与学生任务

1. 本案例主要适用于"纳税筹划与管理"课程教学。

---

① 从 2019 年 4 月 1 日起，增值税执行新的税率，电信服务中的基础电信服务税率为 9%，增值电信服务税率为 6%。

② 周雪玮. 营改增对移动通信行业的财务状况影响研究：以中国移动为例 [D]. 北京：对外经贸大学，2014.

2. 让学生将税收筹划的理论与企业的实际案例相结合，提高学生发现问题、分析问题、解决问题的能力，能较为灵活地将税法知识、纳税筹划的基本方法与技巧和企业的实际经营活动结合起来进行纳税筹划方案的设计，提升学生的综合筹划能力。

表 2　本案例知识点

知识点	教师引导内容与教学组织方式
营改增	复习回顾营改增的历程，相关规定，讨论其对通信企业的影响
增值税的基础知识	讲解增值税的征税原理，增值税的发展历程，通信行业增值税的缴纳知识
增值税的纳税筹划	讲解增值税筹划的基本知识，基本方法，结合攀枝花移动公司进行分析

三、案例分析要点

学生根据背景材料，收集有关政策、行业环境情况、企业数据等资料并展开分析：

第一步，学生复习回顾有关增值税、增值税筹划的基础知识。

第二步，学生认真阅读案例材料，以小组为单位讨论目标企业纳税筹划的现状和存在的问题，找出筹划点，分析其筹划方案。

第三步，结合我国税制改革的动向和通信行业的发展，分析移动通信企业未来的筹划重点和方向。

四、案例内容

（一）公司介绍

1. 公司基本情况

攀枝花移动隶属于中国移动四川分公司，成立于 2000 年，是攀枝花地区移动通信的主导运营商，下辖东区、江北、西区、仁和四个城区分公司以及米易和盐边两个县级分公司。截至 2016 年，攀枝花分公司客户规模已达 80 万，营业收入超 6.3 亿元，市场份额超过 75%，已正式跨入 4G+VOLTE 商用时代。近年来，公司坚持以发展为中心，贯彻现代企业管理制度，树立"务实精进"的企业理念，营造"内顺外和"的企业氛围，努力打造受尊敬的企业。成立以来，攀枝花分公司在谋求自身发展的同时，还不忘承担社会责任，全力推进城市经济和信息化建设，积极投身社会公益、慈善事业，树立了良好的企业形象。

2. 攀枝花移动涉税情况

攀枝花移动在"营改增"以后主要缴纳增值税和企业所得税，这两个税种纳税金额占企业纳税金额的 90% 以上。此外，攀枝花移动公司还缴纳个人所得税、城市建设税、印花税等其他税种，这些税种纳税金额占企业纳税金额的比例不超过 10%。其两大税种的具体缴纳情况如下：

增值税：攀枝花移动公司为增值税一般纳税人，增值税应税范围为基础电信服务和增值电信服务，前者执行11%增值税税率，后者执行6%增值税率。公司执行分级就地预缴、分层汇总、总机构统一缴纳的增值税汇总申报缴纳方法。

企业所得税：根据税法，攀枝花移动公司执行25%的企业所得税率，以收入总额扣除税法允许抵扣的各种成本费用项目之后的应纳税所得额为计税基础，计算缴纳企业所得税。

攀枝花移动作为大型国有企业分公司，一直很重视自身纳税筹划，在企业所得税方面的相关筹划已经非常完备，但营改增后，增值税的筹划对该企业来说又是一个全新又急切需要研究的问题。

（二）增值税纳税筹划方案分析

1. 销项税额筹划

增值税销项税额＝应税收入总额×适用税率。

根据公式，要减少销项税额，我们可以从两个方面进行考虑：一方面可以考虑尽量减少应税收入，另一方面可以考虑降低适用税率。

（1）改善收入结构，提升增值业务占比。

电信行业"营改增"政策明确地规定了基础电信服务和增值电信服务的税率不一样，前者适用11%的高税率，后者适用6%的低税率。这一税率差异的意图在于鼓励电信行业转型，积极推动电信行业从提供语音、宽带等基础服务项目为主到提供信息、数据等高级服务项目为主的转变。移动公司应该积极发展增值电信服务，调整自己两类业务的比例，同时对于处于两类业务中间地带的部分业务，尽量将其纳入增值电信服务中，以适用于低税率，从而降低增值税整体税负。

表3　攀枝花移动2014—2016年三年间主要收入构成表

收入类型	2014年	2015年	2016年	增值税率
基础业务/%	46.6	40.6	31.26	11
增值业务/%	39.4	45.4	55.74	6
其他业务/%	14	14	13	6~17

从表3可知：攀枝花移动公司基础业务占比由之前的46.6%降到31.26%，增值业务占比由之前的39.4%提升到55.74%，其他业务基本持平。从数据的变化可以看出我国电信行业的业务发展和改革趋势，传统的语音项目收入不断降低，数据业务等新兴业务收入持续增长。公司虽与其他电信企业相比具有一定优势，但优势也在不断被缩小。攀枝花移动不仅需要持续关注各类业务的发展情况，还需要分析各类业务的占比情况，分析各类业务收入结构，从业务模式、套餐结构等方面继续努力，找出新的消费热点，持续调整和优化经营活动。

（2）转变经营模式，调整营销策略。

随着"营改增"的正式推行，各电信企业要及时研究相关税收政策，分析涉税风险，对企业的经营模式和营销策略进行相应的调整和改变。相关企业需要特别关注的以下两个规定：

①混合销售。根据营改增的相关政策，电信企业提供电信服务时同时一并免费赠送客户识别卡、电信终端等货物或者电信服务的，应该就电信企业取得的全部价款和价外费用进行分别进行核算，按照不同业务适用的税率单独计算应缴纳增值税。如果企业未能分开核算，则价款和价外费用一并按照高税率计算缴纳。这一规定对于攀枝花移动的主要业务"合约机"有着较大的影响。

在目前市场上，"存费赠机"和"购机送费"的营销策略由于很好地契合了用户的需求，市场需求旺盛，发展很快。以攀枝花移动在 2016 年推出的"iPhone7"合约机为例，这其实本质上是一种混合销售，在"营改增"前，合约机或者话费都不计入收入，也就不需要缴纳营业税。改征增值税后，对赠送的手机或者话费要按照混合销售的原则按比例进行拆分核算，否则一律视同销售缴纳增值税。分开核算拆分收入的原理是："存费赠机"在计算销项税时，终端采用"平进平出法"，即按终端进价作为终端的销价作为销售类业务销项税基，按向用户收取的总款项与终端进价的差额作为电信服务款项为服务类业务销项税基；"购机送费"则按与用户约定的终端价格作为销售类业务销项税基，按向用户收取的总款项与终端进价的差额作为电信服务款项确认服务类业务销项税基。下文以攀枝花移动 iPhone7 合约机"存费赠机"业务为例，对该项操作做详细介绍。

攀枝花移动 2016 年出台了 iPhone7 "存费赠机"合约销售策略，客户只要预存手机话费 5 680 元，同时订购 238 元的 4G 业务套餐，承诺至少在网 2 年，手机就不花钱，免费赠送。假定市场上 iPhone7 裸机售价为 5 680 元，采购价格为 4 880 元，办理一台 iPhone7 合约机业务，不同销售模式攀枝花移动的税款缴纳情况如表 4 所示。

表 4　不同销售模式缴税情况表　　　　　　　　　　单位：元

资费收取方式	通信服务收入——销项税	终端销售收入——销项税	终端销售收入——进项税	应纳增值税
赠送手机视同销售处理	624.8	965.6	829.6	760.8
混合销售拆分处理	88	829.6	829.6	88

依表 4 可知，当将赠送的手机视同销售处理，按照税法规定，这台手机将按照市价 5 680 元确认销售收入，因为收取的 5 680 元预存为话费，那么也将计 5 680 元的通信服务收入，则企业将缴纳 760.8 元的增值税；如果将总价 5 680 元的混合销售收入做一个拆分处理，其中 4 880 元为销售收入，800 元为通信服务收入，则只需要缴纳 88 元的增值税，高下立现。

需要补充一点：在合约机销售收入进行拆分后，终端销售按照手机成本计入销售收入，剩下部分应当按照公允价值比例进行拆分，增值电信服务和基础电信服务分别适用于 6% 和 11% 的增值税税率，为了简化计算，在表 3 中两种不同的电信服务业务均统一按照按 11% 的税率进行计算（这与实际情况有所不同）。在实际的业务中，电信终端的销售收入应当是在合约签订月一次性确认，而通信服务收入应当在未来 24 个月逐月确认收入，缴纳增值税税款。

不仅仅是合约机，电信企业惯有的"存费送费"和"捆绑销售"等业务也可按照混合销售来处理。"捆绑销售"是指把两种或者两种以上关联度较高的业务打包优惠出售，这种业务通常让客户感觉到经济实惠，促销效果明显。移动公司的"新爱家""新优家""商务动力包"等宽带政策就是其中的典型。用户每月消费达到相应的档次，就可以免费获得相应宽带和固定电话业务，且宽带免费赠送。对于这个业务的处理和前文合约机的处理相似，纳税人需要将实际收到的收入按不同业务的公允价值的比例进行分摊，分别确认收入，缴纳税款。"存费送费"是指客户以预先存入足够金额话费为前提，获得电信赠送话费，预存的话费将在未来一段时间一次性返还或者分月使用，预存金额越多返费越多。同理，电信企业需要将实际收到的话费按照赠送返还的话费和客户实际购买的话费的公允价值按照各自的比例递延摊销，分期确认收入缴纳税款。

② 视同销售。积分兑换实物、积分兑换话费等积分兑换活动是电信企业维系客户，拓展业务的常规活动。在电信企业缴纳营业税的时代，这种馈赠行为是不需要缴纳营业税的。电信企业改征增值税后，这种积分兑换赠送实物的行为属于税法规定的视同销售，需要缴纳增值税，而赠送电信业服务则不需要缴纳。所以企业有必要对积分兑换的策略进行适当的调整，尽量避免赠送实物，提高电信服务赠送比例，在保持客户满意度的同时减少增值税的税负。

以攀枝花移动为例，在缴纳营业税的时代，移动公司的年底积分兑换活动，大多是赠送大米、鸡蛋等实物礼品，财务部门进行账务处理的时候，把这些赠送的实物价值列入企业客户维系成本，不涉及营业税的缴纳。在"营改增"后，赠送实物的行为按照税法规定，属于视同销售，要缴纳增值税。2016年，攀枝花移动为答谢客户，提出以下积分兑换的活动方案：

方案一：每5 000积分兑换价值88元的大米一袋，进价为70元。

方案二：每5 000积分兑换98元话费。

方案三：每5 000积分兑换98元话费，并可按70元的进价换购价值88元的食用油一桶。

这三种方案，攀枝花移动分别需要缴纳的增值税如表5所示。

表5　增值税缴纳情况表　　　　　　　　　　单位：元

方案	通信服务收入——销项税	终端销售收入——销项税	客户维系成本——进项税	应纳增值税
方案一	0	14.96	12.6	2.36
方案二	0	0	0	0
方案三	0	11.9	11.9	0

由表5可知，采用方案一比另外两种方案多缴纳2.36元的增值税，方案二和方案三相比虽然应纳增值税额不变，但根据市场部反应，方案三更能刺激用户兑换积极性。综合考虑下，攀枝花移动通讯公司最终决定采取方案三进行积分兑换。

从以上的分析可以看出，在积分兑换业务中，电信企业在充分了解税法规定的基础上，结合自身业务合理开展促销活动，不仅仅能节约税收成本，还可以拓展市场，维系客户，一举多得。因此，电信企业的市场推广部门必须积极和财务部门进行沟通，在设计相关促销活动的时候，听取财务部门的意见，主动参与并设计纳税筹划方案，引导更多的客户选择赠送电信服务或者电话费的方式，减少实务赠送。在不影响客户实际利益的基础上，让更多的客户优先考虑选择增值电信服务（这比兑换基础电信服务的税率更低）。

2. 进项税额筹划

增值税的本质是对业务的增值部分进行征税，采取的是进项抵扣制，应纳税额＝当期销项-当期进项，实行的是差额纳税。根据这一原理，降低增值税税负可以从两个方面考虑：一方面尽量减少销项税额，另一方面增加进项税额。

笔者整理了攀枝花移动 2014—2016 年三年的成本费用数据，详细情况见表6。

表6　攀枝花移动 2014—2016 年三年成本费用表　　　　　单位：万元

成本类型	2014 年	2015 年	2016 年	三年合计	三年综合占比/%
折旧与摊销	12 580.24	12 580.24	12 285.59	37 446.07	27.39
人工成本	6 262.01	6 655.24	7 069.66	19 986.91	14.62
网络支撑成本	10 355.76	15 208.06	15 968.46	41 532.28	30.38
营销成本	10 221.82	5 647.10	5 929.46	21 798.38	15.95
综合成本	4 993.94	5 339.03	5 605.98	15 938.95	11.66
合计	44 413.77	45 429.67	46 859.15	136 702.59	100.00

由表6可知，攀枝花移动 2014—2016 年的成本费用总额中，没有进项的折旧与摊销和人工成本两个项目占到了42.01%，在有抵扣的成本费用项目中，网络支撑成本比重为30.38%，排名第一，营销成本其次，综合成本最小。

通常来讲，增加进项税金，有以下三种主要思路：

第一，在采购的时候，面对一般纳税人和小规模纳税人两种不同身份的供货商，公司在选择供货商的时候要将采购成本与可以抵扣的进项税金结合起来综合考虑。根据税法规定，从增值税一般纳税人处购货可以取得供货商自行开具的增值税专用发票，取得抵扣（根据行业不同，抵扣率有6%、11%、13%和17%几种）；选择从小规模纳税人处购物，只能取得对方去税务局代开的征收率为3%的增值税专用发票，可以抵扣的税率为3%，二者之间的可抵扣差额大。

第二，想办法增加成本、费用中的应税项目范围，尽量增加增值税专用发票抵扣额。在当前的税收政策下，不是所有的成本费用都可以取得抵扣，这就需要企业结合自身实际情况，尽可能选择与实际成本费用类型接近并且能够抵扣的项目进行费用列支。

第三，在可能的情况下，尽量使增值税专用发票的进项税率最高，抵扣金额最多。虽然税法对于增值税专用发票的开具和使用有相应的规定，但是在实际开具的时候，有可能会在开票项目上有一定的选择，不同的项目适用于不同的税率，取得的进项抵扣有所不同。在这种情况下，企业就需要对税收进行全面分析，从而选择有利的开票项目。

下文分别从攀枝花移动网络支撑成本、综合成本、营销成本三大可抵扣成本进行纳税筹划分析：

（1）网络支撑成本的抵扣。

攀枝花移动公司的网络支撑成本分为网络维护和网络运行两大类，如表 7 所示，下面将分别介绍。

表 7　攀枝花移动 2014—2016 年网络维护成本构成表　　　　单位：万元

项　　目	2014 年	2015 年	2016 年	三年合计	三年综合占比
维保	392.73	452.58	475.21	1 320.52	17.55%
代维支出	445.45	404.52	424.75	1 274.72	16.94%
单次日常修理	919.7	934.19	980.9	2 834.79	37.67%
维护耗材	587.58	329.03	345.48	1 262.09	16.77%
网络优化服务费	277.58	270.97	284.52	833.07	11.07%
网络维护成本合计	2 623.04	2 391.29	2 510.86	7 525.19	100.00%

网络维护成本费用可选项目比较少，存在的问题也比较少，经过攀枝花移动接近两年的梳理优化，网络维护成本能够保证全部取得增值税专用发票。其中维保、代维以及网络优化服务为省公司统一签订合同，按照 6% 的规定税率取得增值税专票；维护耗材则通过内部商城统一采购结算，获取税率为 17% 的增值税专票。以上项目均未发现问题，问题主要出现在占据网络维护成本费用 35% 以上的单次日常修理费用上。按照规定，维修费用应当按照维修类项目开具税率为 17% 的增值税专票，但是目前公司只能按照服务类项目开具税率为 6% 的增值税专票。这是因为根据攀枝花移动公司与供应商的合作协议，全市所有的网络设备修理均由 4 家招标入围的一般纳税人供应商承包，但是这 4 家供应商为了自身降税，统一政策，只愿意按照服务类项目开具 6% 的增值税专票，否则就要调高修理价格。这关系着每年大约 900 多万元的修理费用，给公司造成的进项税额损失约 99 ［900×（17%-6%）］万元，对于攀枝花移动公司取得充足的进项抵扣带来了不利的影响。

而网络运行成本项目比较多，问题也比较多。其中规费为政府行政事业性收费不能抵扣，车辆、办公、差旅等综合杂费占比较小，筹划的重点应当放在能耗成本、租赁费、客户接入成本三大项目上。

表 8　攀枝花移动 2014—2016 年网络运行成本构成表　　　　单位：万元

项　　目	2014 年	2015 年	2016 年
（一）租赁费	1 220.91	1 921.59	2 020.83
1. 房屋及建筑物	900.6	833.55	875.23
2. 设备	20.61	16.77	17.61

表8(续)

项 目	2014 年	2015 年	2016 年
3. 电路	49.09	113.95	119.65
4. 共建共享网元	250.61	298.06	312.97
5. 铁塔	0	662.26	695.37
（二）水电费	95.16	91.29	95.85
1. 水费	29.09	27.74	29.13
2. 电费	66.07	63.55	66.72
（三）外购动力费	2 759.39	2 981.94	3 131.03
（四）燃料润料费	150	112.58	118.21
（五）车辆使用费	173.64	236.13	247.94
（六）规费	221.52	300.32	315.34
（七）电信卡制作费	4.24	4.24	4.45
（八）办公费	27.58	11.61	12.19
（九）差旅费	20.61	22.26	23.37
（十）物业管理费	57.27	69.03	72.48
（十一）财产保险费	45.45	76.13	79.94
（十二）客户接入成本	2 542.42	4 216.45	4 427.27
合 计	7 318.19	1C 043.57	10 548.9

第一，能耗成本，指水费、电费、动力费以及燃料润料等费用。目前攀枝花移动90%以上的水费直接支付给自来水公司，可以取得税率为3%的增值税发票，10%左右的支付给物业公司或者租赁业主，不能取得增值税专票，但是水费金额较小，对纳税影响较小，可以不用考虑。而燃料润料费主要指通信基站发电机耗用的汽柴油等，目前攀枝花移动已经同中石油签订了协议，采用分开配送统一支付的方式，每月合并开具税率为17%的增值税专用发票。以上均无问题，但是电费由于历史原因，分为固网电费和移网电费，固网电费主要产生自以前接受过来的铁通的接入网点与站点，有将近80%属于自有基站，可以取得税率为17%的增值税专票，剩余的20%为租赁用房，不能取得增值税专票；而产生移网电费的基站绝大部分属于租赁用房，无法取得增值税专票。针对这一问题，攀枝花联通公司需要加大相关直供电的改造进度，新建基站要做到100%直供电，存量的非直供电基站加快改造进度，无法改造的，尽量与业主协调，采取分表开户、自行缴纳的方式结算电费。同时推进市公司集中支付，做到"一点结算、一点开票"（即各基层单位用电由市公司汇总后统付，开具一张增值税专票），减少发票的使用量，降低管理风险。

第二，租赁费，主要包括房屋建筑物、设备、电路、网元、铁塔等租赁项目。目前国家已经将房屋、土地等不动产的租赁支出纳入了"营改增"范围，这一部分能够取得税率为6%～11%的增值税专票，但公司应该尽量争取与身份为一般纳税人的业主签订租赁合同，以便取得最高税率的抵扣；设备与共建共享的电路网元租赁费可以按照 11%～17%的增值税率开票抵扣。铁塔资产租赁在三大运营商的积极争取下，也已经被纳入了抵扣范围，目前租赁费筹划问题不大。

第三，客户接入成本，指的是运营商在客户接入以及维护方面的支出。其具体指从分线盒或者楼层交换机到用户终端之间的支出，包括了固话和宽带的各种安装维修等工料费。攀枝花移动公司为了发展宽带、保有固话，在前几年大力开展光纤改造，客户接入成本也大幅攀升，从 2014 年的 2 542.42 万元攀升到 2016 年的 4 427.27 万元。这其中，工费已经承包给外包公司，可以按照服务类项目开具税率为 6%的增值税专票；物料费实现了全市统一结算，统一开具税率为 17%的增值税专票。客户接入成本在增值税专票获取方面总体情况较好，但是其在网络运行成本中占比大，攀枝花移动还应该继续推动客户接入成本的精细化管理，在会计核算上做到工料分离，严格管控外包费，控制物料的出库时点，保证费用入账科学合理。

（2）营销成本的抵扣。

攀枝花移动公司近年来，努力践行省公司控制营销成本、提升营销效能的政策，营销成本大幅降低。

表 9　攀枝花移动 2014—2016 年营销成本构成表　　　　单位：万元

项　　目	2014 年	2015 年	2016 年
一、业务宣传费	638.18	324.19	340.4
二、社会渠道费	3 493.33	3 076.13	3 229.94
三、支付业务服务费	63.33	100.32	105.34
四、网厅支撑费	2.12	3.55	3.73
五、客户服务成本	9.39	0	0
六、用户获取成本	385.15	251.61	264.19
七、用户维系成本	653.94	225.81	237.1
八、配送费	10.61	20.00	21
九、折旧费	265.76	247.42	259.79
十、无形资产摊销	26.97	29.68	31.16
十一、水电费	195.15	200.97	211.02
十二、外购动力费	329.39	284.84	299.08
十三、租赁费	83.64	99.35	104.32
十四、修理维护费	122.12	129.35	135.82
十五、物业管理费	62.12	63.55	66.73
十六、业务用品印制费	70.61	81.29	85.35
十七、车辆使用费	158.48	142.90	150.05
十八、其他	0.61	30.32	31.84
合　　计	6 570.9	5 311.28	5 576.86

由表9可知，在营销成本中最重要的是业务宣传费以及社会渠道费，其余的折旧摊销作为不可控成本不产生进项税额；用户获取、维系成本均可通过内部统一结算获取税率为17%的增值税专票；能耗、租赁、修理费用的管控同上文网络支撑成本；物业管理费、印刷费、车辆使用费以及其他杂费占比较小，暂时可以忽略不计，我们将筹划重点放在业务宣传和社会渠道费用上。

2016年攀枝花移动公司共产生业务宣传费340万元，其中90%以上为小规模纳税人找税务机关代开税率为3%的增值税专票。经过调查，其主要原因在于这部分业务宣传费大多发生在基层单位，而在乡镇及农村这些基层单位，很难找到身份为一般纳税人的供应商，所以只能选择小规模纳税人找税务机关代开发票，从而造成公司进项税额损失较大。攀枝花移动公司需要认真关注这类情况，争取尽快解决。公司可以通过统一招标，然后筛选出符合资质的供应商，承包全市的业务宣传，采取同电费、燃料润料费一样的基层分头干，公司汇总统付的模式，争取获得税率为6%的增值税专票。

社会渠道费用包括佣金和渠道补贴两类，主要是支付给散布全市的大量的代办代售点。2016年攀枝花移动公司共产生社会渠道费用3 230万元，占到公司营销成本的近60%。其中佣金支出规模较大，虽然佣金目前已经纳入了"营改增"范围，但是其合作代售点大多不具备一般纳税人资质，因此只能找税务机关代开税率为3%的增值税专票。渠道支撑费用主要包括渠道商家产生的水电、房租、装修等费用，其中装修费能够取得代开的税率为3%的增值税专票，房租能够取得代开的税率为6%的增值税专票。对于社会渠道费用，攀枝花移动公司应该认真梳理合作的代理商，在不影响代理商积极性的前提下，尽量选取能够提供税率为6%增值税专票的一般纳税人合作，对于只能提供税率为3%的增值税专票的小规模纳税人，适当地降低价格，同时优化产品和佣金政策，深化渠道集中管理机制，确保发展质量，提升投入效益。

（3）综合成本的抵扣。

攀枝花移动公司的综合成本主要是管理费用和财务费用，其中财务费用主要为银行利息和手续费，金额较小，没有筹划空间，因此本书主要讨论管理费用的筹划。

表10 攀枝花移动公司2014—2016年管理费用构成表 单位：万元

项　目	2014年	2015年	2016年
一、人工成本	1 739.09	1 847.27	1 939.64
二、折旧	385.15	397.42	417.29
三、无形资产摊销	10	17.42	18.29
四、修理维护费	134.55	187.42	196.79
五、水电费	116.67	112.90	118.55
六、车辆使用费	143.94	106.13	111.44
七、外购动力费	237.27	229.03	240.48
八、物业管理费	97.58	115.16	120.92
九、消防警卫费	156.67	157.42	165.29

项　　目	2014 年	2015 年	2016 年
十、租赁费	9.09	15.16	15.92
十一、会议费	73.64	48.39	50.81
十二、业务招待费	59.39	52.90	55.55
十三、办公费	60.30	66.77	70.11
十四、差旅费	15.45	15.81	16.6
十五、税金	176.36	206.45	216.77
十六、咨询及中介机构费	26.97	10.32	10.84
十七、存货盘亏	4.24	0.65	0.68
十八、规费	53.33	62.58	65.71
十九、其他	0.61	2.26	2.37
合　计	3 500.3	3 651.46	3 834.05

由表10可以看出，综合成本中人工成本和折旧摊销占据了60%以上，而这部分成本不能抵扣；规费和税金也不能抵扣；会议、招待、消防这部分大多能取得税率为3%的增值税专票；差旅费里面只有少数交通业发票可以取得增值税专票；物业、能耗、修理以及租赁的筹划方法同上文网络支撑成本相同。办公、培训、咨询和车辆使用费这几项中，车辆使用费因为有协议供应商可以全市统一开具增值税专票；办公、培训、咨询费用专票获取情况较差。按照规定，办公费中的设备、耗材等应该能取得17%的增值税专票，职工培训以及咨询费应该取得税率为6%的增值税专票。但是从实际报销来看，其中还是有很多小规模纳税人代开的税率为3%的增值税专票，甚至还有一部分是普通的地税发票，说明目前攀枝花移动在这些费用的管理上还不够完善，应当尽快整改，对供应商择优筛选，争取尽量获得符合规范的增值税专票。

五、问题与思考

（1）什么是流转税？什么是增值税？请自行查阅增值税的起源和发展资料，结合营改增的发展，分析为什么要进行营改增。

（2）通信行业增值税筹划的基本方法和切入点有哪些？

（3）攀枝花移动增值税筹划的效果如何？请对攀枝花移动的增值税筹划进行归纳和总结。（分析其成败得失）

（4）攀枝花移动的增值税筹划对于广大通信行业有何启示？

（5）所有企业的增值税筹划思路都一样吗？为什么？

六、附录、参考文献与扩展材料

［1］盖地. 税务筹划理论研究：多角度透视［M］. 北京：中国人民大学出版社，2012.

［2］邢俊霞. 利用预算管理进行企业所得税纳税筹划［J］. 财会月刊，2017（1）.

［3］计金标. 税收筹划［M］. 北京：中国人民大学出版社，2014.

［4］贺珺. 浅谈"营改增"对电信企业纳税筹划的影响［J］. 中国乡镇企业会计，2017（2）.

［5］朱亚洁. "营改增"对我国电信运营商影响研究：以 G 省 M 运营商研究为例［D］. 南京：南京大学，2014.

［6］彭新媛. "营改增"背景下电信企业的纳税筹划［J］. 财会月刊，2015（4）.

七、学生案例分析报告基本格式

1. 标题。

2. 内容提要（简述，300 字）。

3. 报告正文：问题回答与综述；改进方案与建议。

4. 总结：对案例本身的总结；对所用知识点、方法及案例过程总结。

案例十三 | 攀枝花市炳草岗火车站物流作业分析

（编者：蒋霁云）

一、案例提要

攀枝花市炳草岗货运站位于成都和昆明两个铁路局的交接处，主要是通过汽车、集装箱、火车等方式来运输攀枝花地区到全国各地的生产原料、半成品、成品，其主要运输形式为汽车运输和铁路集装箱。炳草岗调度站现在的设施设备还比较落后，其装卸还是主要依靠人工与简单的机械设备的双重使用，也有少许货物完全靠人力去完成。集装箱站作业包括仓库作业和铁路集装箱站作业，在进行作业的过程中部分环节会使用较现代的设施设备，如起重机等机械，应用于对集装箱等大型货物的搬运。目前，堆场作业问题主要有堆场面积不足、调度站内交通路线较为混乱、安全设施缺乏、未充分利用堆放空间、入口行车通道过窄等问题需要解决。

本案例对攀枝花市铁路运输——炳草岗货运站开展运输作业的现状和问题进行了分析，探讨攀枝花市炳草岗货运站物流作业的流程、管理中存在的问题等，引导学生思考加快攀枝花市火车货运业发展的对策，从而巩固物流管理专业学生的运输理论知识，提高其分析问题和解决企业实际问题的能力。

二、教学目的与学生任务

1. 本案例主要适用于物流管理专业学生的"物理管理""仓储管理"的课程学习。

2. 本案例的教学目的是帮助学生掌握物流业务（包括采购、仓储、运输、配送、装卸搬运等）的相关流程，能够对物流业务流程中不合理的地方进行分析和改善；了解一个货运站场企业如何进行物流管理。

3. 本案例的扩展研究目的是为学生打开思路，进一步提高他们分析问题和解决问题的能力。

三、案例分析要点

本案例分析遵循"了解背景理论知识—调查企业现状—分析存在的问题—探讨出现问题的原因—提出对策建议"五个步骤，具体如下：

第一步，泛读国家、四川省、攀枝花市运输业发展规划等文件材料，了解全国、四川省、攀枝花市铁路运输、货运站的基本情况。

第二步，学习运输作业流程、物流设施设备、仓储管理等知识体系，为本案例的学习分析提供理论指导。

第三步，查阅货运站场的作业规则制度、设施设备的配备、物流业务流程的优化等，获取其他货运站场的相关作业数据，为分析攀枝花市炳草岗货运站存在的问题提供有力的支持材料。

第四步，借助鱼骨图等分析工具，从人员、设备、机制、环境等方面探讨攀枝花市炳草岗货运站存在的问题的深层次原因。

第五步，针对影响炳草岗货运站作业效率的因素，从各个方面分别提出相应的对策建议。

四、案例内容

（一）概况

1. 地理位置

翻开祖国的地图，在西南部苍苍莽莽的崇山峻岭之间，一条蜿蜒的铁路干线由北往南，从富庶的四川盆地到神秘的滇中高原，一路翻山越岭、盘峰饶水，跨过深谷急流，像一条银色的巨龙横卧群山，这就是我国西南地区的路网骨架，号称20世纪人类征服自然的奇迹工程——成昆铁路。

成昆铁路，全长1 100千米，北起四川成都，南抵云南昆明。从川西平原出发，沿山势而上，穿越海拔2 280米的沙马拉达分水岭后，急速直下，沿安宁河、雅砻江进入金沙江河谷，在逆龙川江而上，直攀海拔1 900米左右的滇中高原。成昆铁路所经之处人杰地灵，物产丰富，特别是位于线路中南段的攀西大裂谷，在仅占国土面积1/150的地域内，就蕴藏了储量占全国20%的铁、87%的钒、93%的钛和60%钴，素有西部聚宝盆的美誉。而40多年来，将这座聚宝盆内的宝藏源源不断的输送到祖国各地为民造福的攀枝花炳草岗调度站，就在这片神奇富饶的土地上扎下了它深深的根须。

攀枝花炳草岗调度站，即四川省攀枝花市炳草岗货运站，建于1970年，离攀枝花站23千米，离格里坪站19千米，隶属中国铁路成都局集团有限公司，现为四等站；主要通过汽车、集装箱、火车等方式来运输攀枝花地区到全国各地的生产原料、半成品、成品，主要形式为铁路集装箱、汽车运输；办理行李、包裹托运，办理货运专用线、专用铁道整车货物发到；办理零担、集装箱货物发到；不办理整车爆炸品及整车一级氧化剂发到。炳草岗调度站位于川滇交界处，金沙江畔，是成都铁路局和昆明铁路局的分界口；由攀枝花站出岔的成昆铁路炳草岗支线，北靠东区教育局，南邻攀钢老年大学，沿金沙江贯穿市区连接矿山和钢铁厂，是攀枝花钢铁工业的大动脉。攀枝花市炳草岗货运站与攀枝花市区一江之隔，钢城大道西段横穿货运站，同时通过炳草岗大桥就是国道310。这二条公路包围了攀枝花地区，连通了整个攀枝花城区（见图1）。

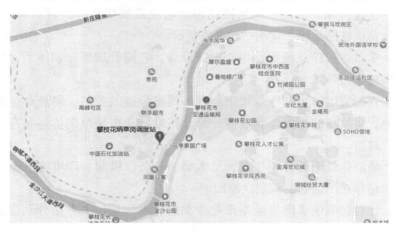

图1　炳草岗调度站位置

2. 站场平面布局

现有建筑设施包括货运大楼日常调度办公大楼约2 000平方米、集装箱堆场约7 000平方米、铁路线以及公路交通设施等。设施设备包括集装箱、叉车、货车、桥式起重机、龙门式起重机、集装箱正面吊运机、地磅等。

由于受攀枝花地形影响，货运站坐落在江边，面积不大，分为两个区域：第一区域为散货堆放区；第二区域为集装箱区域。货运站有办公大楼、铁路、公路、露天堆放台等，主要分为5个部分：办公区、仓库区、散货堆放区、集装箱区和交通区。

办公区：主要负责日常调度。比如火车的调度、集装箱的调度，以及火车的进站和监督、业务的安排、接单发运、货物接收、安排基层员工等。

仓库区：通过入库作业、储存作业、出库作业来进行仓库管理，基本可做到数量准确和质量保证，不同类型的货物安全存放保管和维护，保证配货和交接作业的完成。

散货堆放区：主要用于堆放塑料胶管、生铁、钢铁渣，通过叉车等单项作业操作完成散货堆放。

集装箱区：主要用于集装箱堆存与保管、交接，并制订堆场作业计划并作业，也就是对集装箱在堆场内进行装卸、搬运、贮存、保管的安排。

交通区：主要包括公路和铁路，货运站是成昆铁路炳草岗支线上的一个车站，所以铁路是主要交通方式。其主要功能是让集装箱或货物等运转流畅。

3. 业务分析

该货运站主要起货物中转作用，有大量的货物经由此站发往全国各地，也接收全国各地运来的货物。

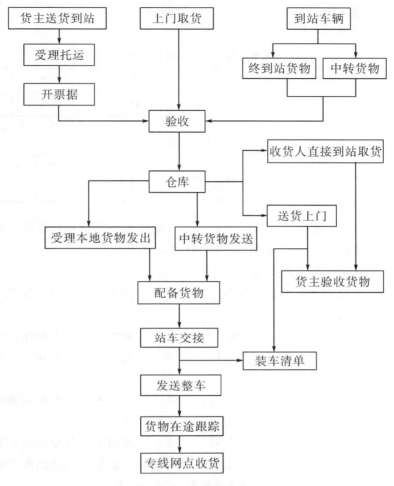

图 2 作业流程图

从图 2 可以看出，该站的货物汇集来源及方式，一种是本地客户直接送货到站办理委托手续或者该站直接派车辆上门收取货物；另一种是其他各地货物运输车辆将货物运送到此站（主要是火车集装箱货物）。其中集装箱货物有两个去向：一是经由此站中转继续发往其他地区，二是终点到达此站。这些货物到达本站后经过验收送入仓库存放，仓库中的货物主要有两个去向：①终点站是此站的货物就地配送，其中又包括客户上门直接取货和由本站车辆配送货物到客户居住地；②本站收到货物发往全国其他各地，其中，货物组成主要有两部分，受理的本地客户货物和其他各地到达的待中转的货物。本站对需要发出的货物集中装箱装车，并形成装车清单，对外地到达此站配送给本地客户的货物装车后也形成装车清单，以便盘点货物。

对发往全国其他地区的货物的车辆随时进行跟踪，方便客户了解货物运输情况，到达各站情况等。

攀枝花市炳草岗调度站现主要用于攀钢厂区的生产原料、半成品及产成品、化肥等货物运出的运输服务以及全国各地的各种货物运进的运输服务。这个站是攀钢生产原料到达和产品外销发出的装卸车站，也担负十九冶的货物运输任务。这个站是西昌分局管辖范围内卸车最多的车站，日均卸车 360.5 辆，年卸车量达 900 万吨以上，日均装车 150 辆，年货运量 300 万吨以上。

表 1　炳草岗调度站主要运输货物种类比例表

货物种类	普通集装箱货物	陶粒	生铁	钢渣	木材
百分比/%	58.8	20.7	16.2	3.5	0.8

表 2　货运目的地

货运路线	上海	广东	济南	南宁	兰州	北京	郑州	太原	西安
百分比/%	21.7	17.8	15.7	10.2	8.7	7.6	7.0	6.4	4.9

炳草岗调度站位于攀枝花炳草岗大桥北端，是成昆铁路炳草岗支线上最重要的集装箱集散地。调度站依托物流园区，成为公铁联运中的关键节点。

物流园区依托攀枝花西区及火车站场物流集散活动中各个环节产生的巨大物流量，建设攀枝花西区重要的公共型货运配载平台，以信息化为基础，以公铁联运、专线和干线运输为主要方式。

到 2015 年，物流基地的进出货物达到 800 万~1 000 万吨。为确保内部交通的畅通，物流园区将整合现有不规范的停车场，建设一个大型货运停车场，由物流园区统一管理，统一运作，实现信息共享。

此外，汽车维修中心、零担快运中心、物流信息交易中心、配套服务区、零配件物流区、仓储配送区、大宗物资配送基地都将建立。

炳草岗调度站的集装箱堆场范围有限，但随着物流园区内各配送基地和仓库的建立，堆场的挤压将有效缓解。再加上信息平台的建立，炳草岗调度站能更好地发挥自身的控制调节功能，提高整个炳草岗支线铁路运输的效率。

（二）集装箱堆场作业分析

1. 单项作业分析

炳草岗调度站现在的设施设备还比较落后，其装卸还是主要依靠人工与简单的机械设备的双重使用，有少许货物甚至完全靠人力去完成。另外，调度站也有一些较现代的设备，如起重机，主要是应用于对集装箱等大型货物的搬运。

人工主要负责堆场部分的装卸搬运工作以及仓库里的堆码作业，主要用手推车在堆场和仓库搬运袋状和箱状等物品。此类物品依靠人力装卸，能保持平衡移动。人工作业主要适合运载较轻、搬运及推车距离较短的场合，其特点是轻巧灵活、易操作、回转半径小，是难以实现机械化作业和不必使用机械化作业时常采用的方式。

（1）托盘作业。

炳草岗调度站多使用单面型的木制平托盘，主要和叉车配套使用。托盘规格为 1 100mm×1 100mm，在仓库中托盘通过叉车进行堆放和装卸。

（2）叉车作业。

炳草岗调度站的叉车属于平衡重式叉车，这种叉车的货叉在前轮中心线以外。为了克服货物产生的倾覆力矩，在叉车的尾部箱有平衡重。车轮采用的是充气轮胎或实心轮胎，运行速度较快，有较好的爬坡能力。

调度站叉车是用于将集装袋从集装箱或货车运至集装袋堆垛场时，直接将集装袋垂直放置于地面一层，采用通风式堆垛的堆码方式。

以下是调度站叉车操作流程：

①驶近货位。叉车驶向卸货地点停稳，做好卸货准备。

②调整叉高。向后拉升降操纵杆，货叉起升对准放货所必须的高度。

③进车对位。将变速杆置于前进档，叉车缓慢前进，使货叉位于待放货物（托盘）处上方，停车制动。

④落叉卸货。向前推升降操纵杆，使货叉缓慢下降，将货物（托盘）平稳地放在货垛上，而后使货叉稍微离开货物底部。

⑤退车抽叉。将变速杆置于后倒档，缓解制动，叉车后退至能将货叉落下的距离。

⑥调整叉高。向前推升降操纵杆，下放货叉至距地面 200～300mm 处，叉车离开，驶向取货地点，开始下一轮取放货作业。

（3）吊车作业。

吊车是装在标准的或专用载货汽车底盘上的全旋转臂架起重机，其车轮采用弹性悬挂，行驶性能接近于汽车。行驶驾驶室与起重操纵室分开设置。其优点是机动性好，转移迅速。缺点是工作时须支腿，不能负荷行驶，也不适合在松软或泥泞的场地上工作。在堆场其主要负责的是一些废旧线圈、胶皮的吊装作业。

以下是调度站吊车操作流程：

①车辆启动前确认四个支腿一定要收到位，同时确认转台插销插牢，安全警示牌收好挂牢，钩头必须挂好，张紧度适宜。

②作业前空车运试，吊第一吊货物时，必须将货物起升至 3～5m 试刹车，确认全车部件良好后，方可作业。

③作业中工人挂好钩给出起钩信号，必须鸣喇叭做撑钩操作，同时进一步调整扒杆角度，保证垂直起吊。撑好钩，确认钩挂好且工人到安全位置后，再经过一次不低于 3 秒钟的进一步确认时间，进一步确认工人的安全站位、进一步确认转台区域及吊关走向作业线范围内的人、机动态等情况，确认无误后再鸣喇叭继续起钩。到达目的位置时，工人摘完钩，给出起钩信号。吊车重复以上操作。

（4）龙门起重机。

炳草岗调度站主要是集装箱货站场，主要进行集装箱的装卸和堆码作业。拖挂车或者集装箱吊运机将集装箱运到堆场，由集装箱龙门起重机堆码起来或直接装车运走，或者可以直接对汽车、短途搬运设备、铁路车辆进行装卸或换装。其优点是场地利用率高、作业范围大、适用性广、通过性好。

以下是调度站龙门起重机操作流程：

①起重机操作员运作起重机（在没吊货物的情况下），检查起重机是否能够正常转

动、运行。

②在起重机能正常工作的情况下，将起重机钢绳缓慢地降下，使其四个支架能够与集装箱上方四角的角孔重合（起重机的方向是可以左右转动的）。

③重合后，缓慢地将集装箱略略吊起，距离地面一定距离，再将集装箱吊起装于专为运输集装箱的卡车（即集装箱牵引车）上。

④待集装箱完好安全地放于集装箱牵引车上后，就由卡车将集装箱运至其所前往的地方。起重机继续重复上面的操作。

图3　货运站龙门起重机

2．集装箱站作业分析

（1）仓库作业。

①仓库现状。

炳草岗调度站的仓库属于保管型仓库中的普通物品仓库，仓库内自然通风，常温，无特殊功能。经现场调查，仓库内主要储存运往攀钢的钢材和一些需要防晒的大宗货物等，该类货物对温度、湿度无特殊要求，不具有易燃、易爆、易腐蚀和放射性的特点。

仓库设立在火车轨道旁，方便货物的装卸搬运，减少了从卸货地到储存地的搬运成本。

仓库内大多数货物采用的是条码技术，成本低，有完善的标准体系，货物的装卸搬运效率高。

库内货物堆放没有充分利用仓库的空间面积，导致仓库利用率较低。

②主要流程。

根据入库材料和客户信息清点核对资料，再入库。即将要用的放在仓办公室货架上，按客户、款式进行放置。

按照货物的特性进行储存，由于炳草岗集装箱货运站只有一个仓库，而且仓库无特殊功能，所以货物由叉车和托盘搬运车直接运送至仓库内。

在货物储存期间有专业的人员定期盘点仓库内货物的储量和货物受损情况。

货物出库时，叉车进入仓库，填写出货单，经过检验人员检验货物数量等情况属实后将指定货物堆放在托盘上，由叉车搬运出库。

（2）铁路集装箱站作业。

①基础设施及器具。

基础设施：

炳草岗调度站有集装箱堆场约7 000平方米，是主要的作业区域。炳草岗调度站集装箱堆场内的运输设备有载货汽车、火车、集装箱牵引车、挂车、平板车、敞车、厢式车，起重设备有36T龙门起重机一架、集装箱正面吊运机一台。具体数据见表3、表4、表5、表6、表7。

表3　载货汽车一览表

车型	准载/kg	轮/排
东风	15 900	4
东风	1 490	2
东风	8 990	3
东风	5 000	2
东风	8 000	2
东风	3 000	6
骑士	3 800	2
东风	2 900	2

表4　货运火车参数

车型	载重/t	自重/t	容积/m³	算式/m	换长/m
有车厢	60	24	137	15.5×2.8×2.8	1.5
无车厢	70	23.5	77	13×2.89	1.3

表5　集装箱牵引车参数

种类	尺寸/英尺	最大载重/kg	准载重/kg	轮胎数/个
托车	20	25 000	29 300	10
	40	31 500	39 505	10
准拖挂车	20	35 500	39 505	10

表6　平板车参数

类型	型号	长宽（高）/m	容积/m³	载重/t	自重/t	换长/m
平车	XA5205171	13×3.0		60	18	1.3
	C64T	12.5×2.8	73.3	61	22.6	1.2
	NX17BX5285	15.4×3.0		61	22.9	1.5
	NX70545209	15.4×3.1		70	23.5	1.5

表6(续)

类型	型号	长宽（高）/m	容积/m³	载重/t	自重/t	换长/m
篷车	P64GK	15.5×2.8×2.9	135	60	23.8	1.5
	P64GK	15.5×2.8×3.1	135	58	25.4	1.5
	P64GK	15.4×2.8×2.7	116	58	25	1.5
	P64AT	15.4×2.8×2.7	135	58	25.9	1.5

表 7 集装箱正面调运机参数

型号	最大起重量	最大提升高度	起重幅度
长江 QY2DA	20 吨	32.8 米	3.2 米/20 吨

基础器具：

集装箱作业中涉及集装袋和集装箱两种器具。

集装袋又称柔性集装袋、吨装袋，是集装单元器具的一种，配以起重机或叉车，就可以实现集装单元的运输，适用于装运大宗散装粉状物料。

目前，攀枝花炳草岗调度站的集装袋是方形的开口 1500-1.5-FB，是一种容积为 1 500L，最大载重能力为 1 500 千克的方形结构集装袋，露天堆放于装卸台，主要装运的货物为重晶石、钛白粉等比重较大的散货。

集装箱是指具有一定强度、刚度和规格且专用周转使用的大型装货容器。调度站的集装箱规格如表 8 所示。

表 8 调度站的集装性规格

型号	配货毛重	皮重	净重	体积
TBIU 382674	30 480kg，即 67 200 磅	2 240kg，即 4 940 磅	28 240kg，即 62 260 磅	33#2 立方米，即 1 170 立方英尺
TBIU 608907	30 000kg，即 66 120 磅	2 240kg，即 4 940 磅	27 760kg，即 61 180 磅	33#2 立方米，即 1 170 立方英尺
TBIU 531832	24 000kg，即 52 910 磅	2 210kg，即 4 870 磅	21 790kg，即 48 040 磅	33#2 立方米，即 1 170 立方英尺

②铁路集装箱堆场作业分析。

炳草岗集装箱站作业即铁路集装箱站作业，可分为集装箱作业、站内作业和装卸作业，到达集装箱列车进站抵达装卸线后，卸载到达箱、装货送箱，然后在装卸线上完成发车作业。

Ⅰ. 集装箱作业流程。

中心站集装箱作业又包括到达集装箱、发送集装箱、中转集装箱的作业。

到达集装箱：在集装箱班列或小运列车抵达中心站装卸线后，装卸机械卸下集装箱并存入指定箱位或直接装上站外集装箱拖挂车或直接装上站内叉车运送至指定辅助箱区堆存。

发送集装箱：需要承运的集装箱在办理完承运手续后由叉车运送至堆存入口处，经汽车衡称重、箱号识别和信息管理系统处理后，编制入场证等，由叉车或龙门起重机吊运至发送箱区，装卸机械将集装箱从车上卸到指定箱位上或直接装到发送班列上。然后装卸机械将存于箱区中的集装箱按发送方向和车次装车，最后组织集装箱班列或小运转汽车等发送至目的地。

中转集装箱：到达堆场中心站的集装箱班列或小运转车需要中转的集装箱，在装卸机械将集装箱卸到指定箱位存放或直接装上站内集装箱挂车转运至指定存放箱位卸车存放或直接转运到待发的列车上之后，装卸机械将箱位中的集装箱装到指定列车上，并与发送集装箱统一发送。

Ⅱ．站内作业。

集装箱站内作业主要包括集装箱堆垛，中转箱的发送，重箱返回，备用箱以及经清洗、消毒、修检后的空箱门到门集装箱作业。

堆垛作业：集装箱堆场的堆垛作业按对象不同分为集装箱堆垛、集装袋堆垛和仓库内货物堆垛。

集装箱堆垛：集装箱场属于集装箱后方堆场，是集装箱重集或空箱进行交接、保管和堆存的场所，其装箱堆垛作业采用的机械是轨道式起重机，该机械能自动摘挂集装箱、自动对位，完全可以满足货运站集装箱的堆垛要求。集装箱的一次吊运约需 4 分钟时间。用叉车或托盘搬运车将集装箱或货车运至集装袋堆垛场时，直接将集装箱垂直放置于地面一层，采用通风式堆垛的堆码方式。

站内作业方式的人员配备及作业持续时间见表 9。

表 9　站内作业方式的人员配备及作业持续时间

搬运方式	人员安排	货物总量	搬运时间
人工搬运	车下 6 人，车上 4 人	5t 的货车	50min
手推车搬运	4 个工人使用手推车进行搬运，1 人理货	2t 的货车	20min
叉车搬运	2 台叉车	2t 的货车	10min
龙门吊搬运	1 个龙门吊操作人员	26t	4 min

Ⅲ．装卸作业。

根据堆场内功能区划分，装卸作业是指发送、到达和中转箱区的作业。叉车和托盘搬运车的使用频率较高，库内货物堆放整齐，间接提高了货物出库作业效率。龙门起重机跨度短，且操作人员技术熟练，机械运作灵活。站内装卸作业主要有以下几点问题：自动化水平不理想，大部分作业需要人力，浪费时间和人力资源；有二次作业的情况，影响作业效率；集装箱区域理货空间狭窄，给货物装车和卸车带来很大的不便；装卸搬运机械的机动性较差，只有个别机械可以在设施外作业。调度站应该：优化运输路线，选择最短的线路完成作业；尽可能减少装卸次数，提高作业效率；合理利用搬运机械，使搬运机械发挥它的最大效用。集装箱作业和堆场作业见图 4、图 5。

图 4　集装箱作业

图 5　堆场作业

（三）堆场作业问题分析

（1）受地形限制，火车站的仓库、露天堆货平台、集装箱堆场面积不足，不能满足需求；调度站内交通路线较为混乱，进入铁路线装卸货物的车辆必须要绕过集装箱堆场和铁路线，这些地方道路狭窄、危险性大；相应的隔离、安全设施缺乏，安全保障力度不够；调度站内采用电力设施，停电时易受影响。根据调查，站内大多都是使用的电力设施，虽然在一定程度上节约了能源，但是在停电时，大多作业要受停电的影响，导致作业无法正常进行。

（2）未充分利用堆放空间。货运站内的集装箱堆码为两层，龙门起重机两旁的集装箱堆放列数为两列，未充分利用堆放空间。在货运站内有 160 多个集装箱，如果选择四列两层平行堆放的方式，能使集装箱相对分散，便于龙门起重机进行集装箱的搬运工作，提高效率。

（3）调度站内理货空间配置不均衡。站内的集装箱理货空间狭窄，而露天堆放集装袋的地方以及仓库的理货空间存在富余；仓库内未设置货架，空间利用率较低。针对该货运站的货运量来说仓库的容量是足够大的。仓库里面堆放的是袋装物，十袋左右为一垛放在仓库中，没有层次，在目前货物品种相对较少且量少的情况下，这样的堆放方式还没有比较明显的弊端，但是如果随着业务量的增加，货物品种的多元化，这样堆放就会明显感觉到仓库空间不足。

（4）入口行车通道过窄。在货运站入口处的通道处于下坡区域且比较窄，路边还有一些杂物（如木板、铁板等）占道，几乎只能容纳一辆大型货车通过，会车存在困难，在有行人通过的时候也存在危险。除此之外，在装货卸货区域的行车道也存在同样的问题，货车在集装箱旁卸货时，留出来的通道只能容纳一个人通过，货车无法行驶入内，导致里面的区域无法正常进行卸货工作，严重影响了货车卸货的效率。

（5）货运站内缺少安全警示标语。货运站处于一个低洼的地方，靠近公路的便是近乎三层楼高的峭壁，而且在公路围栏上没有任何警示不要攀登或乱丢垃圾的标语，在作业区域也缺少警示标语。

（6）缺少必要的信息系统建设及应用。货运站对某些作业环节缺乏把握且对货运站整体运行缺少必要的管理和信息整合。很多货车都不能达到满载的程度，同时，一些装散货的车辆装载集装箱，而不是由专用的集装箱拖挂车进行装运。

（7）站内货车作业无序。站内等待装货作业的货车停放无序，造成运输车辆进入装货区困难，降低了作业效率。

（8）货运站没有健全的管理制度。比如说车站货物的堆放制度，保证人员的安全操作制度。制度的缺乏导致很多事情无法得到有效的解决，同时也造成运营费用的增加和时间的浪费。

（四）站场作业优化

1. 物流作业优化目标

（1）作业环节相互配合，提高作业效率。

铁路货运站作业环节直接影响货物的运输效率，其物流价值目标是由不同货运作业环节相互配合、共同完成的。目前炳草岗货运站作业流程中部门的分工不太明确，多数是串行工作关系，使得整体货运能力和水平降低。目前，货运市场竞争日益激烈，作业流程不合理，将导致作业效率低下，直接影响企业在行业中的竞争地位。因此，协调作业环节是炳草岗货运站的主要任务之一，也是作业流程重组的目标之一。为了在货运市场取得有利的竞争地位，炳草岗货运站必须进行作业整体结构和管理方面的改进，以满足客户的基本需求。

（2）确保物流效果，着重作业质量。

随着炳草岗货运站的规则制度的进一步完善和作业流程改革的进一步深化，其货运业务将推行多元化货运作业模式，不断向现代化物流方向延伸和发展。铁路货运作业不但要确保铁路货运作业流程中的质量，也要适应现代物流技术的要求。要实现铁路车站作业流程的优化，铁路车站必须不断完善货运作业流程的标准体系，使铁路货运作业能够按照一定的规章制度与标准进行，这样才有助于铁路货运各个部门之间的协调配合，相互联系，从而保证客户对货运的基本需求。通过对铁路货运作业的研究，制定货运站作业的标准以保证作业质量是炳草岗货运站必须完成的任务。

（3）优化作业流程，满足客户要求。

发展货运作业，炳草岗货运站不仅要完善作业流程体系，也要注重提升客户的满意度。随着社会的发展和人们生活水平的提高，火车货运需求量也逐渐增加，客户对货运运输质量、速度等方面的要求也在提高。为了在运输行业中提高竞争力，炳草岗货运站必须完善车站货运作业流程体系，满足现代化物流的要求，如通过提供作业流程增值服务，实施"门到门"运输模式。在现行车站作业流程的基础上，炳草岗货运站要进一步优化铁路货运作业流程，以提高其货运作业的物流水平。

2. 物流作业优化措施

（1）建立物流作业信息系统，提高作业效率。

管理人员根据炳草岗货运站的实际需要，在对货运客户需求的各个作业流程环节进行分析和归纳的基础上，得出炳草岗货运站物流信息系统的基本功能要求、软件选型、数据库类型、数据接口的大致情况。管理者通过建立货运站现代先进的物流信息系统，实现对炳草岗货运站物流作业环节的控制和管理。炳草岗货运站物流作业信息系统包含一些主要的分系统。这些分系统的作用主要是：

①录入分系统。

在录入分系统中，相关人员主要完成炳草岗货运站堆场与库场基本信息的录入工作，如作业人员信息、入库商品的信息和商品出库的录入。相关人员通过调查研究，在该分系统中按照分区原则对仓库进行了规划，按照一定的规则规定了商品堆放的先后顺序。这种堆放规则极大地方便了货运站制订商品运输计划以及对场地的调配，大大地提高了库房的合理利用率，避免了过去在货运站经常出现的商品不合理堆放的现象。此外，录入分系统也提供了货物出库过程中进行查询和数据实时传递的功能，这些功能也提高了货运站库存管理工作的效率，减少了货物数据在人工传递中由于不小心导致的错误。

②调度分系统。

调度分系统主要完成货运站集装箱和仓库作业的计划和安排。集装箱和仓库作业调度人员将客户的时间要求与集装箱和仓库的实际情况进行比较，然后按照优化原则制定各项作业的执行时间，包括装/拆箱作业过程的时间以及货物进出库的预计时间，从而科学地安排货物从堆场到库场的各个作业环节的先后顺序，避免货运站物流作业流程由于没有计划而出现拥堵、交叉的现象。

③查找分系统。

查找分系统的主要功能是对已存入堆场的商品信息进行查询以及对空闲集装箱、设备、库房进行查询的。通过查找分系统，货运站管理人员可以在非常短的时间内就获得堆场中的商品信息以及可以进行货物作业的堆场相关情况，给货物站的库场集装箱、设备、库房等的管理工作带来了极大的便利性。

④货位管理分系统。

货位管理分系统主要用于商品入库时的货位计算，该项工作由计算机自动计算完成并推荐给管理人员。该分系统的工作原理是采用现代数学的优化算法，比如粒子群算法、神经网络算法等进行计算，系统将约束条件输入计算机，然后将计算出的货位推荐给管理人员。通过这种方式，货运站实现了计算机实时、快捷推荐货位，使场地的利用更加科学，大大地提高了仓库的利用率，减少了堆场中货物存放的不合理性。

⑤显示分系统。

显示分系统能实时显示堆场中货物的相关信息以及货位的相关信息。该功能的目的其实是对堆场的物流作业情况进行监测，从而迅速纠正不正确的物流作业，避免不合理和错误作业的发生。通过显示分系统，库场管理人员可以准确、直观、快速地了解仓库商品和货位的情况，并能够直观地查询货运站货物和设施设备的情况，为堆场计划提供依据，从而大大提高工作效率和工作质量。

⑥输出分系统。

输出分系统主要是输出各种单据、报表等。其中重要的单据类型有：商品货位分布情况报表、出入仓库报表、进出时间台账等。在货运站物流作业信息系统中，关于集装箱、设备、仓库、货物的各种台账都可以通过查询录入分系统中存在的相关信息而自动生成。根据货运站相关部门输入系统中的信息，物流作业信息系统通过信息的传输或运算，可生成管理人员所需要的台账和清单，这样就能够达到信息的及时传递，最终通过输出设备打印成正式的书面报表。

（2）建立货场作业基本制度，形成有效的管理体系。

①包区、包库或包线负责制。

货场内的货区、仓库或作业线路，实行货运员包保负责制，做到分工清楚，责任明确，保证安全，完成任务。货运员对负责包保的区、库、线，应做到：掌握线路内作业车停留及货位使用情况；货场内做好监装卸工作，专用线内做好装卸指导工作，完成装卸车任务；认真执行规章制度，保证货物安全；认真填写有关表、簿，编制纪录。

②货物承运交付检查制。

货物承运和交付，是铁路运输运营工作的起点和终点，是铁路运营与托运人、收货人和其代理人，在履行权利和义务时，划清责任的关键环节。因此，在铁路运输中，货运站必须对货物进行认真检查，把好承运、交付关，避免由于办理人的错误而造成损失。

③货物堆码、货位管理制。

为了保证货物安全和调车作业安全，便于货物的清点交接，货场内的货物堆码，应符合铁道部颁发的货物堆码标准及有关规定。货物堆码要做到稳固整齐。整车货物要定型堆码，保持一定高度，零担货物要分批堆码，标签向外，留有通路，危险货物要按《危险货物运输规则》规定隔离存放。线路两侧堆放货物距钢轨头部外侧不得少于 1.5 米，站台上码放的货物距站台边缘不得少于 1 米。

货物堆码制还必须与货位管理制相结合，这样才能保证货物安全和良好的作业秩序。货位管理制要求：整车货物以一车货物占用一个货位为原则，不得一车货物占用两个货位，一车货物不得在线路两侧卸车，除了集中收货统一分配的货物外，不准把不同的货物混卸在一起；要全面掌握货位的运用情况，缩短货位周转时间；对长期积压待搬待装的货物，应与有关部门及时联系，采取措施，及时装出或搬出，加快货位周转，保持货场畅通。

④运输票据、货物检查交接制。

交接检查是货运部门工作的基本内容之一。各种运输票据在各作业环节中的传递，应建立登记簿，签字交接。对货物、货车，在承运、装车、卸车、保管、交付以及在中转作业中各作业班组间，都应认真核对，办理签证交接。企业与铁路之间也应按规定办理交接。交接检查制的目的，是为了划清双方责任界线，保证货物安全。

⑤站车交接检查制。

为保证行车安全和货物安全，对运输中的货物（车）和运转票据，要进行交接检查。有运转车长值乘的列车，车站与运转车长或运转车长相互间，要进行交接检查。试行取消守车、运转车长的列车（无守列车）货运票据实行封票交接。由车站负责捆绑加封后，交于机车乘务员。机车乘务员负责将货运票据带到下一个编组站、区段站或到站，并保证票据完好。到站接车人员向机车乘务员办理交接，并填好交接记录。无守列车的货物（车）检查，应在列车的始发站、终到站、甩挂站及其经过的编组站、区段站进行。货物（车）的检查工作，由货物（车）检查员（商检员）负责。

⑥货运员和装卸工组分工负责制。

装卸车作业是铁路货运工作的主要生产环节。它是由货运员、装卸工组共同完成的。为了保证货运质量，提高效率，货运站必须建立装卸车作业中货运员、装卸工组的分工负责制。货运员应按货运规章的规定，立岗对作业进行监装卸；装卸工组应在货运员的指导下进行装卸工作，保证货物的装卸质量，提高工作效率。

（3）实施站场作业安全管理，避免安全风险。

①安全生产教育。

安全生产教育就是要对货运站物流作业、设施设备使用的具体工作内容进行统一规定。货运站的物流作业人员、管理部门的计划人员、调度人员以及仓库的相关管理人员等，都需要根据岗位内容和职责，有针对性地进行的安全培训或教育。货运站通过安全知识、安全思想和工作岗位涉及的安全技能的教育，使相关员工在工作时间切实牢记"安全第一，预防为主"，并能够自己遵守货运站的规章制度，按照标准化作业操作要领进行物流作业。

②安全生产检查。

货运站物流作业安全生产检查就是要以公司制定的物流作业标准为依据，有领导、有计划、有重点地对日常作业进行检查，检查的重点内容包括安全管理、站场设备情况、物流作业现场。货运站通过检查，发现物流作业中的不符合要求的危险因子，及时将其消除在未发生状态。检查后，要总结安全生产过程中出现的各种问题，防止类似现象重复出现，推动站场物流作业安全工作深入开展。

③分层负责，逐级管理。

货运站物流作业安全管理实行"分层负责，逐级管理"的制度，这是保证物流作业安全的制度性措施。该制度的基本要求是各个岗位各司其职、每个人各负其责、安全责任逐层分解、安全管理分层控制。货运站要通过明确货运站物流作业各管理层次、管理岗位相应的安全职责，做到权责统一、严格考核。充分发挥各管理层次、管理人员、作业人员的安全管理意识，使之负担起职责规定的责任，实现对货运站物流作业安全的有效控制。

（3）再造货运物流业务流程，更好地服务客户。

在影响货运站物流作业效率的因素中，作业流程的复杂度是非常重要的因素之一。当前，攀枝花市炳草岗货运站整车货物作业流程效率偏低，其中固然有职能部门过多、责任划分不明确的原因，但是物流作业环节流程结构本身不合理所造成的影响却占更大的比例。目前货运站的物流作业流程基本上还是采用的上一个作业完成后才能转入下一个作业的模式，两个作业之间有严格的次序，即串行作业模型，其结果是效率较低。在货运站业务量递增较快的今天，这种模式已经不适应货运站的效率要求。因此，为满足货运站物流作业的快捷化和便利化发展要求，并行的作业流程模式是更为可行的选择，这种模式可以使物流作业流程各环节之间的顺序更优，从而从整体上缩短作业时间，提高工作效率。

攀枝花市炳草岗货运站实施多元化发展战略，推动货运业务不断向现代物流拓展，现有物流作业环节标准已经很难适应客户对货运的快捷化、一体化要求。为此，炳草岗货运站需要严格执行物流作业，按照货运站基本规章制度和物流作业标准实施日常的作业操作，加强作业与规章制度和标准的符合度检查，核查不符合规章要求和作业标准的操作环节并进行整改；货运站要通过对物流作业流程的优化与操作标准的分析，改善目前效率低的物流作业环节标准，完善新增业务标准，形成一套完备的货运作业标准体系。

为了推进物流作业流程标准化，炳草岗货运站需要实施以下两个方面的具体工作。一方面，要不断完善物流作业标准体系，能够标准化的要尽量标准化，使各项物流作业操作有标准可以遵循；另一方面，在作业实施过程中要严格落实物流作业标准。物流作业是由很多互相配合的独立的作业环节共同完成的，因此，涉及物流业务流程的各部门、岗位之间必须紧密配合、密切合作，将物流作业环节的标准化真正落实到实际操作中。

随着社会经济的发展和生活节奏的加快，客户赋予物流服务越来越高、越来越多样化的期望，同时物流业务需求也日渐向个性化发展。为了形成货运站的竞争优势，更好地为客户服务，货运站物流作业需要在现代物流理念的引领下，发挥物流业务的灵活性，依托已有的资源、设施设备，把运输、仓储、配送等多种物流活动结合起来，实现货物直达的物流服务；要大力加强货运物流的服务功能，使之从传统的物流向现代综合物流转变，要通过提供物流增值服务，如物流金融、物流加工等，在货运站目前的物流作业基础上，形成包含多元化服务的新货运物流作业标准，大大提升货运站的物流服务水平。

炳草岗货运站物流信息管理平台的发展为货运站物流作业标准的完善提供了技术支撑。在商品托运业务方面，客户通过信息平台在网上提交订单，说明自己的物流需求，货运站订单处理部门实时在网上进行审批并将审批结果告知客户，客户可以在网上对结果进行查询；在"门到站"业务方面，客户如果需要申请上门提货服务，可以通过信息平台填写上门提货申请表；在"站到站"业务方面，客户通过信息平台可以查看货物实时的状态；在"站到门"业务方面，客户申请送货上门服务，可以通过信息平台网上填写送货上门申请表。在申诉与理赔业务方面，货运站物流信息平台设立投诉电子信箱，客户通过发送电子邮件可以把自己的意见反馈给货运站，货运站派出处理人员进行调查了解，及时对客户意见进行处理。

发展货运物流业务，在处理好普通客户物流需求业务的基础上，更关键的是要大力拓展大客户的物流业务服务。这就要求货运站物流服务要做好大客户的客户关系管理和业务流程管理，确保大客户的物流需求得到最好的满足。这对提高货运站物流服务质量，巩固扩大货源都具有重要意义。在物流业务实施过程中，货运站可以专门针对大客户设计诸如计划优先、手续简便的、报告特殊的物流服务，更大限度地保证大客户的物流作业需求。

五、问题与思考

（1）常见的仓储管理业务流程是怎样的？

（2）根据炳草岗调度站的仓库区布置，分析其不合理的地方，如何改进？

（3）货运站入口行车通道过窄的问题有哪些解决方案？

（4）货运站的货车很多不能达到满载的程度，如何解决？

（5）货运站的没有一套健全的制度，参考相关货运站的案例，阐述如何完善制度。

六、附录、参考文献与扩展材料

［1］徐超. 随机 Petri 网可视化分析软件系统的设计［D］. 天津：天津大学，2003.

［2］邸俊辉. 基于电子商务的铁路车站货运作业流程研究［D］. 兰州：兰州交通大学，2015.

［2］吴永富，方芳. 港口生产管理［M］. 武汉：华中理工大学出版社，1989.

［3］邸伏生. 生产企业仓库管理与运作绩效的提升［J］. 中国物资流通，2001（18）.

［4］张伟等. 企业物流系统模型化理论研究［J］. 物流技术，1994（4）.

［5］周桂良，汉阳港集装箱货运站智能管理信息系统的设计与实现［D］. 武汉：武汉理工大学，2007.

七、学生案例分析报告基本格式

1. 标题。

2. 内容提要（简述，300 字）。

3. 报告正文：问题回答与综述。

4. 总结：对案例本身的总结；对所用知识点、方法及案例过程总结。

案例十四 | 攀枝花市冰点食品有限公司物流业务拓展案例

（编者：何征）

一、案例提要

攀枝花市冰点食品有限公司（简称冰点公司）2006 年在攀枝花建立水厂，迅速占领市场，其主营产品桶装水和瓶装水（以下简称冰点水）的市场占有率早在 2013 年已超过 60%。公司在收获可喜的成绩的同时，也面临在日趋饱和的市场环境下，企业难以持续增长的危机。无疑，开展新业务是企业持续增长的新源泉。在这样的背景下，冰点公司利用其桶装水的配送网络资源，借助电商新技术，乘坐政策大力扶持的东风，积极开展了物流配送业务，物流联合仓储业务，将物流业务作为其主要发展业务之一，在企业的持续增长方面取得了卓越的成效。

二、教学目的与学生任务

1. 适用于"第三方物流""物流项目管理""物流战略管理"等课程。
2. 本案例旨在引导学生进一步理解企业发展战略对企业的重大影响，企业在制定物流战略时需要做的内外部分析；企业开展物流项目时需要关注的诸如前期计划、组织结构、进度、成本、风险等方面的内容；提高学生对企业物流管理的认识，提升学生参与物流项目管理的技能。

三、案例分析要点

表 1　案例涉及的知识点及教学组织方式

知识点	教师引导内容与教学组织方式
物流战略的概念及内容	小组思考讨论
物流环境分析	小组根据案例做详细的 SWOT 分析

知识点	教师引导内容与教学组织方式
物流战略规划	小组思考讨论：案例中企业是如何做的
物流项目的概念	小组思考讨论
开展物流项目需要做哪些工作	小组思考讨论：案例中企业是如何做的

四、案例内容

（一）公司背景

攀枝花市冰点食品有限公司是隶属于重庆美多食品有限公司的一家食品企业。重庆美多食品有限公司（以下简称美多）是专业从事饮料生产销售以及各类优质食品代理的有限责任公司。目前主要产品有"冰点"牌瓶装纯净水、薄荷水，"冰点"牌桶装纯净水、矿物质水；代理产品有利农"一把手"菜籽油等。美多拥有成熟而完善的销售渠道网络，覆盖整个西南市场以及广西、湖北和陕西的部分市场。美多的多数经销商与公司合作达5年以上，有着极高的品牌忠诚度及丰富的饮料产品销售经验。美多采用战略联盟的创新营销方式，对渠道有着极强的掌控能力，可使新进入渠道的产品在短期内实现高效顺畅的流转。

冰点公司于1996年在攀枝花建立冰点水的品牌，希望能在攀枝花立稳脚跟，建立一个迎合攀枝花市场的饮用水品牌。在之后的几年，冰点桶装水、冰点水的品牌不断发展壮大，公司业务量不断攀升，人才不断涌入。公司于2006年在攀枝花建立冰点品牌的饮用水厂，于2008年建立四川冰点配送公司。

（二）销售情况

1. 销售模式

冰点公司采用经销商分级管理的模式，由公司对经销商进行总的管理，把订单分配给各经销商，再由经销商自主进行配送。实际上目前冰点公司更多的是对经销商进行管理而不是对客户进行管理。

2. 经销商情况

冰点公司在攀枝花目前有120余家一级经销商，其中有88家与公司进行了超过五年的合作，这些经销商通过长期与冰点公司的合作，在各自负责的片区建立了完善的销售和配送网络，同时这些经销商具有极高品牌忠诚度，熟悉冰点公司的生产和管理模式是冰点公司在攀枝花开展配送业务的基础。

3. 业务覆盖

冰点公司拥有成熟而完善的销售渠道网络，且冰点系列产品在攀枝花的市场占有率很高，其饮用水的配送业务已经覆盖了攀枝花的三区两县，在每个地区都设置了一级经销商，一级经销商下还有二级经销商，实现了冰点水业务在攀枝花区域的全面覆盖。

4. 年销售量

冰点公司从在攀枝花建厂至今，销售量一路增长。从 2006 年开始的 20 万桶，到 2009 年的 80 万桶，再到 2012 年 110 万桶，2015 年的 120 万桶，虽然销量逐年增加，但其增长趋势却在不断下降，说明攀枝花的饮用水市场基本达到了饱和（见图 1）。

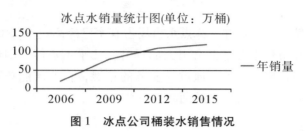

图 1　冰点公司桶装水销售情况

5. 产品分类销售情况

在冰点系列产品的销售中，桶装水占了销售额的 71.5%，瓶装水占了销售额的 24%，剩余是其他产品的销售额。但是桶装水和瓶装水的销售量的区别并不大，所以桶装水的利润是大于瓶装水的，但是瓶装水也是不可或缺的一个产品。

（三）发展困境

1. 同行竞争激烈

据统计显示，冰点水市场占有率为 62.21%，甘露沁市场占有率为 18.54%，岩神山泉市场占有率为 14.56%，其他品牌市场占有率为 4.69%。

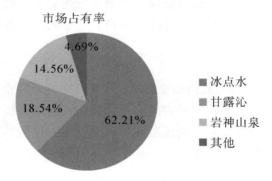

图 2　主要饮料市场占有率

由以上统计数据可知，冰点水的市场占有率达到 62.21%。虽然该饮用水产品占有市场大，但是依旧面临竞争，存在丢失客户的风险。就攀枝花市本土企业而言，就有岩神山泉、怡康、甘露山泉水、龙潭箐等品牌；就国内市场而言，有农夫山泉、康师傅、娃哈哈、怡宝等知名品牌，这些品牌已经深入人心，具有不可替代的地位。除此之外，纯净水的替代品很多，比如碳酸饮料、茶饮料、果汁饮料。由此可见，饮用水替代品诸多，且与各大品牌相比，冰点公司并没有较大优势。因此，冰点公司要想尽可能减少客户的流失，提高市场竞争力，就必须实行物流定制化服务。客户满意度的提升必须通过提高对客户的服务质量。企业只有提高了客户满意度，更好地满足客户需求，才能留住客户，更好地发展。

2. 市场接近饱和

攀枝花市常住人口数量已经趋于一个稳定状态，人们每个月对饮用水的需求总量也已经在一个固定数值上上下波动，因此饮用水市场已经达到饱和状态。在市场饱和状态下，企业只凭借已有业务，不可能拥有更多的客户，获得更多的利润，最多只是维持企业经营现状。

另外，由上述统计数据可知，冰点水市场占有率已经高达 62.21%。在现有业务的基础上，如果还想在市场占有率上有更大的提升，几乎不可能。因此，要想提高企业盈利能力，企业必须拓展新业务。通过新业务的拓展，企业才能拓宽市场，增加客户数量，提高市场占有率，获得更多的利润。

（四）业务拓展

在日趋饱和的饮用水市场环境下，加之激烈的竞争格局，冰点公司通过广告、推出新产品等手段来维持市场占有率，拓展业务，但是想要继续维持企业高速增长已是困难重重。而这一时期正好是电子商务、物流业发展的高峰期，市场机会多，政府扶持力度大，加之冰点公司已有了较成熟的桶装水配送网络，其开始了物流业务拓展之路。

1. 城市快消品配送业务

冰点公司 2014 年打造了千秒送水电商平台，冰点客户可以通过电商平台或者电话订购米、面、油、纸等家庭生活快消品，并由冰点配送直接送货到家。货源则是与当地影响力较大的连锁超市合作，由其供应。快消品配送业务的展开打开了冰点城市配送之门，在拓宽了业务发展的同时，巩固了客户关系，稳定了客户群体，守住了市场占有率。

2. 联合仓储业务

冰点公司于 2014 年于攀枝花南山片区建立了 800 平方米的仓库，用于开展联合仓储业务。该项业务期初以仓库租赁的方式展开，后期将逐渐开展为攀枝花中小型零售商提供集中采购、集中仓储、集中配送服务。该项服务不仅能够拓展冰点公司的业务范围，更是有利于整个攀枝花市零售业的物流效率的提升。

（五）需要解决的问题

1. 客户开发

在快消品配送方面，攀枝花市的经济水平，居民消费方式的转变都为开展该业务提供了机会，已有的客户基础也是冰点公司开展此项业务的保障，但是城市快消品配送必须达到一定客户量才有可能赢利；在联合仓储服务方面，客户开发困难更大。因此客户开发是企业不得不解决的一个重要问题。

2. 合作商的选择和管理

冰点公司无论是开展快消品配送服务还是联合仓储服务，都需要可靠的快消品供应商。供应商的选择具有复杂性和风险性，供应商选择的步骤是从宏观到微观。首先要对企业所处的内外部环境进行详细分析，由此确定选择的目标，之后设定评价标准，标准确认后再组建供应商评估选择团队，再初步确定候选供应商名单，评估团队根据标准评估供应商能力，最后确定合适的供应商并建立合作关系。

目前市场上大型的供应商繁多，如北京华联、屈臣氏、沃尔玛、正好超市等，而且这些超市都有自己的销售渠道和市场，大多不愿轻易改变自己的经营模式。

3. 配送团队的建设

目前冰点公司的配送团队——经销商，其业务趋近饱和，不能承受将要增加的新的配送任务。而且要满足物流定制化服务的团队，一定要有良好的工作能力和较强的协作意识，而原来的经销商团队达不到现在的要求。另外，原来企业是单一的送水业务，管理简单，而现在需要送各种快消品，企业缺乏相关的规章制度来管理这样的新团队。企业为了快速满足客户需求，降低成本，必须要拥有专业的配送渠道和专门的产品渠道，所以企业前期势必会花费一定的人力、物力、财力。

4. 产品、服务质量的保障

物流配送业务直接接触终端客户，通过冰点电商平台的产品必须有可靠的质量保证，同时物流服务质量也必须得到有效保证——必须稳定、准时地送到客户手中，否则会影响品牌形象。所以，一方面企业在供应商的选择上有很大的顾虑，另一方面企业在物流配送体系的完善上也需克服重重困难。因为一旦企业对供应商选择失误，产品的质量出现问题，或者物流服务质量出现问题，就很可能会动摇客户对企业产品质量的信心，从而影响企业多年努力建立的品牌形象，导致客户的流失。

五、问题与思考：

（1）冰点公司在业务拓展方向上为什么选择物流领域？

（2）城市快消品配送有什么特点？

（3）什么是联合仓储？为什么说联合仓储业务有利于提升攀枝花市快消品零售业的整体物流效率？

（4）冰点公司在开展物流业务时会遇到什么样的困难，你将如何解决？

六、学生案例分析报告基本格式

1. 标题。

2. 内容提要（简述，300 字）。

3. 报告正文：问题回答与综述；改进方案与建议（包含经济效益评价与分析）。

4. 总结：对案例本身的总结；对所用知识点、方法及案例过程的总结。

案例十五 | 生态有机肥生产项目可行性研究

（编者：陈虎）

一、案例提要

本案例为攀枝花市生态农业开发有限公司年产 10 万吨生物有机肥建设项目可行性研究报告。项目采用目前最新的 DM 激活剂技术将养殖废弃物转化为有机生物肥料，项目总投资 4 300 万元，其中建设投资 3 765 万元，建设期利息 168 万元，铺底流动资金 367 万元。项目运营期内财务内部收益率为 37.42%，高于行业通行标准（10% ~ 20%），净现值为 10 333.83 万元，投资收益率 44.6%，风险评价结果显示，项目风险较小，项目整体在经济上可行。可行性研究报告从项目建设背景、市场预测、建设必要性、建设条件、建设方案、环境保护、项目组织和管理、投资估算与资金筹措等方面进行了阐述，并就项目偿债能力、盈利能力、风险进行了分析和评价，最后得出结论并提出建设意见。

二、案例适用课程和编写目的

（一）案例适用课程

本案例为攀枝花学院结合地方生态农业和康养产业发展编写的案例，主要在"投资项目管理学"课程理论教学过程中作为综合案例使用，也可以选取部分内容作为课程特定章节教学案例。

（二）案例编写目的

在投资管理中，项目建设的可行性研究是指在对拟建项目有关的自然、社会、经济、技术等条件进行调研、分析的基础上，分析预测项目偿债能力、盈利能力和风险，论证项目经济上的合理性，技术上的先进性和适应性以及建设条件的可能性和可行性，从而为投资决策提供科学依据。学生通过本案例的学习和讨论，能掌握项目投资前期决策的原理和方法，了解可行性研究的主要工作和可行性研究报告的框架及内容；能掌握项目可行性研究过程中对项目建设背景、市场预测、建设必要性、建设条件、建设方案、环境保护、项目组织和管理、投资估算与资金筹措、偿债能力、盈利能力、风险进行分析和评价等的研究和分析方法。

三、案例分析要点

学生根据背景材料，收集有关政策、行业环境情况、企业数据等资料进行分析：

第一步，理论上准确把握项目可行性分析的内容。

第二步，阅读案例材料，让学生理解项目投资建设程序、项目财务评价、项目经济评价等基本概念，加深对项目可行性分析的认识，提高运用项目投资管理学理论解决经济社会发展中的问题的能力，强化所学知识，掌握相关知识技能。

四、案例内容

本案例为攀枝花市生态农业开发有限公司年产 10 万吨生物有机肥建设项目可行性研究报告简略版。笔者已将案例中涉及公司秘密、工艺技术、财务报表部分做了删除。

1　总论

1.1 项目概述

1.1.1 项目名称

年产 10 万吨 DM 生物有机肥建设项目。

1.1.2 项目性质

项目建设性质：新建

1.1.3 项目建设宗旨

根据《国务院关于落实科学发展观加强环境保护的决定》（国发〔2005〕39 号）和四川省委省政府《关于加强环境保护工作的决定》（川委发〔2004〕38 号）文件精神，围绕全面建设小康社会的总体目标，坚持以人为本、环保为民，用循环经济的理论与方法为指导，遵循资源化、无害化和综合利用优先的原则，应用现代环境生物技术对畜禽粪便集中进行无害化处理，将养殖污染物和有机废弃物资源再利用，生产有机农业、绿色农业、生态农业必不可缺的全营养性环保性生物有机化肥，将污染物和有机废弃物转化为高附加值的现代农业生产资源。

1.1.4 项目建设规模及资金来源

项目建设规模为年产 10 万吨 DM 生物有机肥，项目总投资 4 300 万元，其中建设投资 3 765 万元，建设期利息 168 万元，铺底流动资金 367 万元。

资金来源：自筹资金 1 300 万元，银行贷款 3 000 万元。

1.1.5 产品市场

产品市场定位于攀西地区的特色农业县，主要包括米易、盐边、元谋、华坪等。

1.1.6 建设内容

10 万吨 DM 有机肥生产线一条，办公楼、职工宿舍、研发大楼、食堂、成品库房、配电房、消防设施、产区道路、绿化、排水设施等配套设施。

1.1.7 项目建设期限和进度

项目建设期约为一年，即 2015 年 8 月至 2016 年 8 月。

1.1.8 效益评价

①经济效益评价。

项目运营期内财务内部收益率为 37.42%，高于行业通行标准（10%~20%），净现值为 10 333.83 万元，投资收益率 44.6%，风险评价结果显示，项目风险较小，项目整体在经济上可行。

②生态效益和社会效益评价。

项目本身就是环保工程，建设的目的是治理大量畜禽粪便和污水的无序排放对大气及水体等造成的环境污染。对项目运行过程中产生的水、气和噪声等污染物进行控制治理后，能使各项污染物达到相关的环境质量标准和污染物排放标准。

本项目产品能有效改善土壤、减轻农业污染、防治病虫害、提高农产品品质、增加农作物产值，将对攀西地区农业向绿色农业发展产生重大影响；同时也能带动本地运输业的发展，增加本地就业 200 人。

1.2 项目编制依据

1.2.1 农业科技发展纲要（2001—2010 年）；

1.2.2 农业部关于印发《农产品加工推进行动方案》的通知；

1.2.3 农业部"十五"期间重点推广的 50 项技术；

1.2.4 国家发改委令第 40 号《产业结构调整指导目录》2005 年；

1.2.5 《四川省农业产业化项目指南》；

1.2.6 《中国高新技术产品目录 2000》；

1.2.7 《国家中长期科学和技术发展规划纲要》（2006—2020）；

1.2.8 项目业主提供的相关资料；

1.2.9 国家发改委及建设部：建设项目经济评价方法与参数（第三版）。

1.3 可行性研究结论

本项目采用目前最新的 DM 激活剂技术及其工厂化生产高效有机肥成套技术将养殖废弃物转化为有机生物肥料，科技成果鉴定意见为技术路线合理，研究方法先进，创新成果突出，对发展生态农业具有重要意义，总体达到国际先进水平，其中在快速分解菌复合系组建上达到国际领先水平；项目社会效益良好，符合国家产业政策，属于国家支持类产业；产品市场前景良好，财务分析表明项目经济较好。总之，项目技术先进适用，国家产业政策支持，经济上可行。

2 项目建设背景和建设的必要性

2.1 项目建设背景

2.1.1 国家高度重视农村环境保护和资源利用

随着我国经济改革的不断深入，农村经济得到快速的发展，促进了养殖业的蓬勃发展。然而，一方面，养殖业所产生的大量排泄物却给环境卫生带来了很大的压力，长期堆放的畜禽粪便滋生大量的苍蝇蚊虫，带着各种病菌到处传播，给养殖业安全及从业人员健康均带来巨大的威胁；另一方面，化肥在农业生产中的大量使用，虽然使农产品产量有了很大的提高，但也带来诸如农产品品质下降、土壤板结、污染水源等问题，这些都是因土壤长期缺乏有机质和过量使用化肥造成的，而要解决这些问题的最根本办法是减少化肥的使用量，增加土壤有机质。特别是随着我国人民生活水平的提高以及加入世界贸易组织后我国农产品应对国际竞争的需求，人们对农产品的品质提出了更高的要求，这些都给有机肥的推广使用创造了巨大的市场空间。目前我国农民绝大多数使用的有机肥还是传统的堆制方法制作的，堆制时间长、肥效低、污染环境、使用不方便。未充分腐熟的有机肥还是作物土传病害的主要传染源，而且使用不充分腐熟的有机肥还经常造成烧根烧苗。

2.1.2 省、市高度重视农村环保和资源循环利用

四川省作为我国的养殖大省，攀枝花市 2006 年生猪存栏数 110 多万头，各种大牲畜存栏数 13.57 万头，羊存栏数 41.22 万只。攀枝花养殖污染已成为当地农村四大面源污染之一，畜禽养殖粪便造成的环保问题主要有水体污染、大气污染和土壤污染及传播病菌四个方面。

2.2 项目建设的必要性

2.2.1 本项目是从根本上解决土壤退化和农业污染问题的需要

世界农业正朝着有机农业、生态农业、农业生物系统的方向发展。有机肥料在美国等西方国家已占到肥料总用量的 60% 以上。在我国，随着我国人民生活水平的提高和环境意识的增强，有机食品的国内市场在近几年内将有较大发展。

2.2.2 本项目是解决养殖污染问题的有效途径

本项目 DM 生物有机肥采用具有国际先进水平的高效复合微生物激活剂发酵技术和机械化处理工艺，技术通过专家成果鉴定和实践证明达到国际先进水平，该技术应用于畜禽粪便的治理效果明显。本项目年处理畜禽粪便 10 万吨，可解决 400 万只鸡或 20 万头猪的粪便排污问题，使至少 50 个规模上万头的猪场实现清洁生产；COD 减排 2 000 吨，BOD 减排 1 800 吨（根据环保总局提供的有关系数计算），年产 DM 生物有机肥 10 万吨，节约化学肥料 12 800 吨，减少农药使用量 200 吨。

2.2.3 本项目是发展循环经济的需要

3 产品市场分析及预测

3.1 宏观环境分析

肥料是农业发展的重要物质基础，传统的农业、林业大量施用化肥后，造成土壤板结和农产品品质退化，肥料利用率降低，破坏人类生存环境。由于化肥对土壤与环境的污染严重，施用化肥的种植（畜牧、渔业）产品对人体健康的危害已超出世界卫生组织规定的最高标准的数倍，而有机肥既能向农作物提供多种无机养分和有机养分，又能培肥改良土壤。因此，世界上越来越多的农业专家和政府都在积极倡导减少化肥的使用，多施用绿色肥料——生物有机肥，兴起了肥料的"绿色革命"与"生态产业"。

3.2 市场需求分析

目前，全球正在发生第六次饮食文化的变革，即由消费热量食品转向消费安全、卫生、营养食品，人们更加注重食品的安全性。近年来，随着人民生活水平的不断提高，我国人民已从温饱型转向质量型，对无污染、安全、卫生的绿色食品的需求日益增加，而肥料是绿色食品的基础，只有使用绿色肥料才能达到这一目的，"生物肥""活性有机肥""生化复混肥"等无污染绿色生态系列肥料就是这一领域最先进的肥种。据 FAO（世界粮农组织）肥料年鉴的有关报道，世界肥料的发展方向是：向多成分、多功能、高效、高浓度、无污染的方向发展；走有机、生物、无机相结合的道路。发达国家 70%~80% 的化学肥料转化成有科技含量的复混肥类及专门肥，同时也在大力发展生物肥料和新型肥料。而我国的复混肥类、生物肥及新型肥料占不到肥料总用量的10%，距 80% 相差太远。

我国是传统的农业大国，农作物播种面积 20 多亿亩，年需化肥约 1 亿 4 千万吨，而我国年产化肥不足 1 亿吨，尤其是优质化肥更是奇缺，主要依赖进口。这就给其他新型肥料的使用带来了很大的市场空间。同时，化肥是一种高耗能产品，由于原材料涨价和环境污染的影响，许多小型化肥厂濒临倒闭状态，而国家由于受经济和能源条件的限制，目前还无力改造这些化肥厂，从而限制了我国肥料总量的增加。专家们迫切呼吁减少化肥使用量，多使用新型生物肥，多施有机肥。广大农民也迫切需要一种新型肥料来满足农业生产的需要。目前，美国等西方国家生物肥料已占肥料总用量的50%。在我国，若有机肥料能占到化肥使用量的 10%，其市场容量将达到 1 400 万吨。

攀枝花全市耕地面积近 70 万公顷，种植大、中农作物，如小麦、水稻，经济作物如玉米、油菜、烟叶、大豆、绿色蔬菜，还有各种瓜、果等。全国各地都在发展生态农业，产业化种植，生产绿色食品，按攀枝花的土壤土质、生产的农作物所需配制的环保、生态的生物有机肥，市场前景十分看好，市场风险较低。目前，攀枝花市绿色、无公害食品种植面积达 30 多万亩，按每亩施用有机肥 200 千克，每年两季测算，仅此一项，全年有机肥需求就在 12 万吨以上，需求空间很大。

4 建设条件分析

4.1 建设地点选择

项目拟建在攀枝花市盐边县益民乡鲊石村一社范围内，总占地面积 70 亩，距离盐边县城约 25 千米，交通、电力、信息、网络十分便利，并且远离取水点，项目下风向无农户住宅，建设地点的选择符合当地规划要求，因此，项目选址合理。

4.2 基础设施条件分析

4.2.1 项目所在地交通状况分析

截至 2007 年年底，境内公路总里程 3 830.8 千米，其中，等级公路 1 251.4 千米。全年公路完成营业性客运量 3 111.2 万人，旅客周转量 74 917.6 万人千米，分别比2006 年增长 4.8% 和 7.5%；完成营业性货运量 3 920 万吨，货物周转量 106 626 万吨千米，分别比 2006 年增长 8.5% 和 16.2%。全市完成水路客运量 30.8 万人，旅客周转量757 万人千米，分别比 2006 年增长 0.7% 和 0.7%；完成水路货运量 16.2 万吨，货物周转量 963 万吨千米，分别比 2006 年增长 5.9% 和 5.5%；境内铁路营运里程 166 千米，境内火车站 14 个，完成铁路客运量 280.1 万人，增长 11.2%，铁路货运量 2 161.45 万吨，增长 10%。民航客运量 23.07 万人次。交通发达，运输便宜，为本项目建设创造了很好的基础条件。

4.2.2 项目所在地电力设施情况

项目用电量较小，每吨用电约 1 度，正常年份用电约 10 万度，当地电网完全能满足用电需要。

4.2.3 项目所在地供水设施情况

当地无供水系统，项目用水量较小（年需水约 1.2 万吨，主要用于生活和工厂清洁），自备水井完全能满足需要。

4.3 建设条件评价

从以上分析可知，项目自然条件较好，交通便利，其他配套基础设施完全能够满足项目建设和运营的需要。

5 建设方案

5.1 建设规模

本项目拟建 DM 生物有机肥生产线一条，占地面积 70 亩，工程总建筑面积 12 740 平方米，项目建成达产后，年产 DM 生物有机肥料 10 万吨。

5.2 产品方案

微生物是土壤中活的有机体，是转化土壤肥力不可缺少的活性物质，微生物在土壤中直接参与土壤中物质和能量的转化，腐殖质的形成和分解、养分释放、氮素固定等土壤形成和发育的过程。因此，土壤中增加有益微生物数量能有效活化土壤、排斥有害病菌对植物的伤害。

5.3 工艺技术方案

5.3.1 工艺技术概述

项目采用密闭式发酵池、通气式移动垛发酵系统。有机废弃物从处理线的一端加入，接入特制专用调理菌剂和辅料，通过微生物发酵使物料在 2~3 天内升温达到 70℃左右，经过 7 天的时间，完成有机废弃物的彻底发酵、腐熟、灭菌、除臭过程；再经过十几天的快速脱水、灭杀杂草种籽和稳定化的过程后出料。此段时间不需要再加入菌剂，也不需要其他能源加热，完全利用原始加入的微生物菌群的自身特性发酵物升温，再利用专用设备完成翻抛、散热、脱水和堆垛，并重复此过程。当物料移动到处理线的另一端出料时发酵物水分降至 25% 左右，总质量减少至原来的 1/3 左右，体积减少至原来的 1/5~1/3，大肠杆菌、虫卵和杂草籽被全部杀死。有机废弃物变成褐色、疏松、没有不良气味的生物活性营养土或生物活性有机肥。发酵后有机肥经造粒或直接计量装袋，待销售。

5.3.2 工艺流程

工艺流程图（省略）。

5.3.3 工艺特点

①持续高温发酵使各种有害微生物、病菌、虫卵、杂草种子等被彻底杀灭。

②发酵彻底，有机养分转化率高，损失率小。

③可综合处理各种有机固体废弃物。

④可实现大规模连续生产。

⑤一次发酵完成全部生产过程，不需要二次堆放，占地面积小，处理时间短。

⑥节能降耗，整个处理过程不需要新鲜水，除微生物发酵菌剂外，去除原料中的水分不需要其他燃料。

⑦绿色、环保、零排放，原料收集、发酵、包装、运输的全部处理过程无渗滤液、无废渣，臭气治理后可达标排放。

⑧资源化利用程度高，成品为优质的生物有机肥和各种热带植物专用生物有机肥。

5.3.4 生产主要设备

本项目生产设备根据生产工艺确定，主要生产设备详见表1。

表1　主要生产设备一览表

序号	设备名称	数量	单位
1	厦工铲车	1	台
2	履带式翻到机	5	台
3	出料机	5	台
4	出料皮带运输机	3	套
5	汇集皮带输送机	1	台
6	粉筛机上料皮带输送机	1	台
7	粉筛机	1	台
8	粉筛机筛上物皮带运输机	1	台
9	粉筛机筛下物皮带运输机	1	台
10	下料斗	1	套
11	斗式提升机1	1	套
12	螺旋输送机	1	台
13	电动插板	2	台
14	配料仓	3	套
15	皮带配料秤	3	套
16	混合机	1	台
17	PC机控制系统	1	套
18	斗式提升机2	1	套
19	成品仓	1	套
20	电子打包称	1	台
21	除臭柜	5	台
22	电控箱	5	台
23	喷嘴	30	套
24	除臭液存储器	5	套
25	管路	5	套

序号	设备名称	数量	单位
26	管路支架	5	套
27	配电柜	4	台
28	控制柜	5	台
29	控制箱	15	台
30	桥架、线槽、线管	1	套
31	电缆电线	1	套
32	辅料附件	1	套
33	钢材20	30	吨
34	轨道600	600	米
35	轨道连接板、压板	90	套

5.4 工程建设方案

5.4.1 主体工程

本项目主体工程包括生产厂房、成品库房、职工宿舍、办公大楼、食堂、配电房、研发大楼、门卫室等，总建筑面积12 740平方米。详见表2。

表2 土建工程明细表

序号	建筑名称	建筑面积/平方米	数量/栋	结构类型	单价元/平方米	金额/万元
1	主厂房	5 500	1	钢结构	800	440
2	成品库房	900	1	钢结构	800	72
3	配电、维修房	32	1	砖混结构	1 050	3.36
4	职工宿舍	2 500	1	砖混	950	237.5
5	综合办公楼	2 500	1	框架	1 400	350
6	职工食堂、公共厕所	115	1	砖混	950	10.93
7	研发大楼	1 120	1	底层框架二三层砖混	1 300	145.60
8	公司门卫室	73	1	砖混	800	5.84
合计		12 740				1 265.23

5.4.2 辅助工程

本项目辅助工程包括排水系统、供电系统、消防设施、产区道路和绿化等。

5.4.3 厂区平面布置及总图运输

本建设项目工程厂区总平面布置根据本项目生产工艺要求，物料投入与产出以及原材料储存，厂内外交通运输等情况，按场地的自然条件、生产要求与功能进行安排。平面布置要求减少环境污染，符合安全生产、厂区卫生及防火等规范要求，厂内外道路运输顺畅，功能分区布局合理，提高土地利用率。平面布置坚持以下原则：（省略）。

5.5 节能方案

5.5.1 设计依据

①国务院国发〔1986〕4号《节约能源暂行条例》

②评价企业合理用电技术导则（GB3485-83）

5.5.2 节能设备的选择（省略）

6 环境保护及安全

6.1 项目环境保护措施

6.1.1 环境保护措施依据

新建复合肥厂具体地址还未选定（拟建地点为攀枝花市盐边县益民乡鲊石村一社），不知道周边的情况，暂按一般标准建厂。

①地面水执行《地面水环境质量标准》（GB3838-88）三类水域标准。

②环境空气执行《环境空气质量标准》（GB3095-1996）二段标准。

③环境噪声执行《城市区域环境噪声标准》（GB3096-93）三类标准。

④废水执行《污水综合排放标准》（GB16297-1996）二级标准。

⑤废气执行《大气污染物综合排放标准》（GB16297）二级标准。

⑥厂界噪声《工业企业厂界噪声标准》（GB12348-90）三类标准。

⑦《环境空气质量标准》（GB3095-1996）中未列的参照执行《工业企业设计为生标准》（TJ36-79）。

⑧气氨执行《四川省大气污染物排放标准》（DB51/186-93）。

6.1.2 大气污染物处理

项目作业区的生产性粉尘主要是生产中所产生的粉尘，该部分粉尘通过标准的生物有机肥成套设备中的自动回收处理装置处理后达标排放，不会对周围环境造成任何污染。

在原料的卸载过程中，畜禽粪便会产生以胺类、硫醇类为主的小分子恶臭气体，对人体和环境均会造成严重的影响。本工艺采用装载车将物料直接卸至发酵槽的方法避免物料露天存放对环境造成污染，同时项目采用全密闭发酵车间，在发酵过程中通过核心技术和先进的工艺控制发酵废气的产生量，将产生的废气全部收集并送入分解系统进行超声波臭氧分解法处理，使气体达到《恶臭污染物排放标准》（GB14554-93）的要求后排放。

6.1.3 污水处理

发酵蒸发的水蒸气经过生物过滤和超声波臭氧分解后自然蒸发或收集后进入生态养殖池或厂区绿化用水池，也可以经过除臭处理后直接以水蒸气的形式排放，污水零排放。

6.1.4 噪声防治

分选、破碎、风机等设备在运行过程中会产生一定的噪声，但由于上述设备均置于厂房内部，加之厂房空间大，各种建（构）筑物形成消隔堵的作用，能保证厂区围墙外的噪声影响达到《工业企业厂界噪声标准》（GB12348-90）Ⅲ类标准。

6. 1. 5 废渣

本项目生产过程无废渣排放，发酵后的原料经粉碎筛理后筛上物返回到入料端，筛下物装袋待售。

6. 2 劳动安全

运行过程中职业危害因素分析：

项目利用微生物技术对畜禽粪便集中进行加工处理，将养殖污染物和有机废弃物资源再利用，并深加工为优质生物有机肥，主要原料为畜禽粪便，辅料为白糖泥等。生产过程有废气、废水及噪声产生，如处理不当会对人体造成一定危害。

7 项目组织与经营管理

7. 1 企业组织机构

为保障项目成功运营，设总经理一名，副总经理 3 名，其中一人负责技术开发管理和生产管理，一人负责供应和产品销售，一人负责行政事务，包括人力资源管理、办公室、财务管理等，下设 7 个部门，具体组织结构图如下：（省略）。

7. 2 部门职能描述

7. 2. 1 生产部

根据销售部营销计划、车间生产能力及总经理意见，负责组织安排编制公司年度、月度生产计划，负责组织制定物料消耗定额和各种生产技术经济指标，根据公司年度、月度生产计划的要求组织车间贯彻落实，及时掌握生产作业进度，负责全公司的生产调度工作，定期召开生产调度会议，组织生产，加强定额管理、降低消耗，提高劳动生产率，严格按品种、数量、质量、交货期限、安全等要求完成生产任务，负责生产车间设备维护和管理。

7. 2. 2 销售部

负责产品营销策划，广告制定及投放，终端销售渠道的建立和维护以及售后服务等，负责公司储运管理。

7. 2. 3 采购部

编制原材料采购计划，负责原辅材料的采购及供应，保证生产任务与物料供应的平衡，保证原料、外发、工具等的供应数量、质量等。

7. 2. 4 办公室

负责公司日常事务的管理工作，处理公司上呈或下发的各类函件；协助公司领导的各项工作，做好各部门的协调工作；负责公司各项会议的会务工作；负责公司办公用品的采购、登记、分配等管理；负责公司的文件收发、档案管理；负责公司印章的保管及使用；负责来客、来访的接待及后勤工作；负责年度工作计划、总结、综合性材料的草拟工作。

7. 2. 5 人事部

负责人事、劳动、职工培训及年度考评等工作；负责公司目标监督、行政工作、档案管理；完成领导交办的其他工作。

7. 2. 6 财务部

财务部具有财务管理、计划管理两种职能。其中财务管理职能：负责全局的经济核算、财务监督和财务管理，负责年度预算、财务收支预算、成本预算及全面经济活动分析，确保全面完成上级下达的各项经济指标。计划管理职能：负责企业的发展规划，负责组织协调各种生产计划的实施，做好各项统计工作及统计报表工作。

7.2.7 技术开发部

负责项目的技术系统支持，进行项目研究、新产品研发、产品改良等。保障先进技术和信息的应用，技术方案的拟定，技术骨干的培养，员工操作的培训，科研单位的衔接，技术人才的引进及完成领导交办的其他任务。

7.3 劳动定员

本项目生产安排在白天，各岗位人员不需要倒班。在未达产期，考虑到管理工作的持续性，管理人员人数与正常达产年份人数相当，但某些操作岗位的工人需求量会减少，按照50%计算。

按照项目生产工艺、供应保障和管理需要，在充分利用企业原有人员基础上，未达产年：公司劳动定员40人，其中生产工人20人，经理人员6人，一般管理人员及技术人员14人。达产年定员68人，生产工人40人，一般管理人员及技术人员20人，经理人员8人。公司岗位定员情况详见表3、表4。

表3 管理及技术人员配备定员

序号	名称	定员/人	备注
1	总经理	1	
2	副总经理	1	采购、销售
3	副总经理	1	供应、生产
4	行政总监	1	主管办公室工作
5	办公文员	1	办公室相关事务
6	人事文员	1	调度
7	财务部经理	1	主管财务工作
8	会计员	1	
9	出纳员	1	
10	经营部经理	1	主管产品销售、采购
11	销售员	7	
12	采购员	3	
13	生产部经理	4	
14	化验及质检	1	
15	生产安全管理	2	
16	生产厂长	1	
合计	管理及技术人员28人		

表 4　生产工人定员

序号	名称	定员/人	备注
1	操作工人	10	操作设备
2	司机工人	5	包装转堆码
3	库管工人	4	负责库房保管
4	水电工人	3	两套设备控制
5	保安	6	负责厂区安全保卫
6	铲车工人	3	
7	普工	9	负责卫生、装卸等杂务
合计		40	

8　投资估算与资金筹措

8.1 投资估算依据

8.1.1 土建部分采用投资指标估算法

按攀枝花地区同类建筑造价和 2000 年《四川省建筑工程计价定额》，再结合该项目的具体情况测算制定；安装工程采用四川省建设委员会 2000 年《四川省安装工程计价定额》《四川省维修计价定额》及相关文件规定测算。

8.1.2 其他标准

工程量与仪器设备数量以建设方案确定的数额为准，工程量的单价确定主要依据攀枝花市场建筑企业提供的工程预算表；仪器设备按现行市场价格预算。

8.2 项目投资估算

8.2.1 建筑工程费

经估算，本项目建筑工程费为 1 831.23 万元。

8.2.2 设备购置及安装工程费

经测算，项目设备购置费估算为 707.60 万元，设备安装工程费按照设备费的 10%估算，大致为 70.76 万元，两项合计 778.36 万元。

8.2.3 工程建设及其他费用

本项目工程建设其他费用包括土地购买费（各种费用之和）776 万元，工程设计费 38 万元，项目勘察费 19 万元，可行性研究费 10 万元，工程建设其他费合计为 843 万元。

8.2.4 基本预备费

基本预备费按照工程费与工程建设其他费之和的 6%计提，为 208.6 万元；本项目建设期为 1 年，考虑涨价预备费，价格上涨系数设为 4%，涨价预备费为 104.4 万元。

8.2.5 铺底流动资金

本项目所需流动资金采用分项详细估算法进行测算，项目流动资金经估算为第 1 年（未达产年）为 373 万元，达产年为 1 014 万元。铺底流动资金按达产年流动资金的 35%计，为 367 万元，正常年份流动资金按 1 000 万元计算。

8.2.6 建设期利息

本项目总投资 4 300 万元，自筹资金 1 300 万元，银行贷款 3 000 万元，年利率 5.6% 计，建设期 1 年，年初一次性发放贷款，利息扣除，建设期利息为 168 万元。

8.2.7 总投资

据测算，本项目总投资为 4 300 万元，其中建设投资 3 765 万元，占总投资的 87.6%；建设期利息 168 万元，占总投资的 3.9%，铺底流动资金 367 万元，占总投资的 8.5%。

8.3 资金资金筹措及还款计划

8.3.1 资金来源

本项目资金筹措方案拟定为：公司自筹 1 300 万元，占 30.23%；申请银行贷款 3 000 万元，占 69.77%。

8.3.2 还款计划

本项目计划申请银行贷款 3 000 万元人民币，贷款期限 5 年（含建设期 1 年），年利率 5.6%，前两年不还本，利息照付，第三年还款 500 万元，第四年还款 1 200 万元，第五年还款 1 300 万元。

9 项目财务效益评价

9.1 项目计算期及相关参数确定

项目财务计算期 21 年，建设期 1 年，经营期 20 年，建成后第一年生产负荷按 30% 计算，年产生物有机肥 3 万吨，第 2 年达产，年产生物有机肥 10 万吨。

按照权威机构调查结果，农业项目按照通行基准收益率 10% 计算。

9.2 项目营业收入估算

按照市场调查结果，国内同类产品市场价格约为 1 650～1 800 元/吨，本项目按 1 600 元/吨测算。项目投产第一年按 3 万吨计算，按照预测价格 1 600 元/吨计，第一年销售收入为 4 800 万元；达产年产量 10 万吨，按照预测价格 1 600 元/吨计算，年销售收入为 16 000 万元。

9.3 项目补贴收入估算

由于相关补贴政策未定，本项目补贴收入不确定，补贴收入未计入项目收益。

9.4 项目成本与费用估算

9.4.1 原材料及动力费估算

项目财务测算的原辅料、燃料动力价格和产品销售价格按不含增值税计，未达产年原材料及动力费为 3 552.5 万元，达产年原材料及动力费为 11 775 万元。

9.4.2 工资及福利费

未达产年：公司劳动定员 40 人，其中生产工人 20 人，经理人员 6 人，一般管理人员及技术人员 14 人；达产年定员 68 人，生产工人 40 人，一般管理人员及技术人员 20 人，经理人员 8 人。工人年均工资按 2.00 万元/人/年计，经理人员年均工资按 8 万元/人/年计；一般管理人员及技术人员按 2.50 万元/人/年计算，未达产年工资总额为 123 万元，达产年工资总额为 194 万元。福利费（主要为员工法定社会保险费和法定住房公积金）按工资总额的 14% 计算，未达产年为 18.45 万元，达产年福利费 29.10 万元。

9.4.3 折旧及摊销估算

固定资产折旧办法：建筑设施折旧年限为 20 年，残值率按原值的 5% 计算，采用直线折旧法折旧；设备折旧年限为 10 年，采用直线折旧法折旧，残值率按原值的 5% 计算；递延资产按 10 年摊销，不计残值。

9.4.4 修理费估算

年修理费按固定资产原值的 2% 计算，每年为 77.65 万元。

9.4.5 财务费用估算

本项目财务费用只有贷款利息，第 2 年（经营期第 1 年）为 168 万元，第 3 年为 168 万元，第四年为 140 万元，第 5 年为 72.8 万元。

9.4.6 其他费用估算

其他销售费用未达产年按营业收入的 10% 估算，未达产年其他销售费用为 480 万元，达产年按年营业收入的 8% 估算，每年为 1 280 万元；其他管理费（办公用车费用、办公用品购买费用、差旅费、接待费，研发费等）按工资和福利费总额的 1.5 倍计算，未达产年为 212.18 万元，达产年为 334.65 万元。

9.4.5 项目总成本和经营成本估算

总成本估算：项目总成本包括购买各种原材料的费用及动力费、工资及福利费、修理费、折旧费、财务费用、其他费用，经测算，未达产年为 490 万元，达产年总成本费用约为 1 400 万元。

经营成本估算：经营成本指经营过程中产生的成本，等于总成本减去折旧、摊销、利息后的成本，包括外购原辅材料、包装材料、材料动力、直接人工、修理费、制造费用、销售费用、管理费用，未达产年合计 4 463.44 万元，达产年为 13 690.40 万元。

9.5 项目相关税金估算

本项目为国家扶持的农业项目，享受国家减免税收的优惠政策，免交增值税和企业所得税，每年只交纳约两万元的残疾人基金和教育费附加，故本项目不考虑税收。

9.6 项目盈利能力分析

9.6.1 损益分析

项目未达产年税前利润为-92 万元（亏损）。达产年税前利润：第 3 年为 1 882 万元，第 4 年为 1 910 万元，第 5 年为 1 977 万元，第 6 年级以后年份为 2 050 万元，所得税 0 万元。

9.6.2 项目投资收益率

项目投资收益率：取正常年份税前利润总额的中间值 1 910 万元计算，项目总投资利润率为 44.6%。

9.6.3 项目净现值及内部收益率

对项目进行现金流量分析测算，项目财务净现值（ic = 10%）10 333.83 万元，财务内部收益率 37.42%（行业参考值为 10% ~ 20%），项目静态投资回收期 3.92 年（含建设期 1 年）（农业项目基准静态投资回收期为 5 年）。以上指标表明，本项目投资效益好，项目具有较强的盈利能力。

9.7 项目清偿能力分析

本项目的营业收入作为还债的主要资金来源和还债保证，编制《银行借款还本付息估算表》可以进行利息备付率和偿债率的计算。

①利息备付率＝利息前利润/当前应付利息费用

各年利息备付率：项目于第 2 年开始还本，第 2 年为-0.55，第 3 年为 11.2，第 4 年为 11.37，第 5 年为 11.76，平均为 8.4。

利息备付率表示利息支付保证倍率，根据利息备付率至少要大于 1，一般不低于 2 的原则的判据，测算结果表明此项目具有充足的支付利息的资金。

②偿债备付率＝可用于还本付息的资金/当期应还本付息的资金

项目于第 2 年开始还本，第 5 年还清本金，由此可以得出各年偿债备付率：第 2 年为 1.00，第 3 年为 2.78，第 4 年为 1.40，第 5 年为 1.41，平均偿债备付率为 1.65。

偿债备付率是从偿债资金来源的充裕性角度反映偿付债务本息的能力，表示偿付债务本息的保证倍率，至少大于 1，一般不低于 1.2，本计算结果表明此项目还债能力较强。

10 项目社会效益评价

10.1 环境效益评价

项目本身就是环保工程，建设的目的是治理大量畜禽粪便和污水的无序排放对大气及水体等造成的污染。对项目运行过程中产生的水、气和噪声等污染物进行控制治理后，能使各项污染物达到相关的环境质量标准和污染物排放标准。本项目建成投产将有效治理项目区养殖污染，对项目区集约化养殖向环保生态型方向良性发展有着典型的示范作用，对攀枝花创办全国模范环保城市有着显著的社会效益。

10.2 社会效益评价

本项目的建设将有立推动攀枝花的特色农业、绿色农业的发展，给农民增收带来了希望。同时，项目建成后，将增加本地就业，并带动当地运输业的发展。

本项目将污染养殖环境、污染农业生态环境的废弃畜禽粪便综合利用，转化为种植业优质生产资料，对种养结合和农业循环经济有着积极的示范、推广作用，对我国新农村建设和全面建设小康社会有着重要意义。

本项目产品能有效改善土壤、减轻农业污染、防治病虫害、提高农产品品质、增加农作物产值，将对我国传统农业向有机农业、绿色农业、生态农业发展产生重大影响。

11 项目风险分析及防范

11.1 敏感性分析

本项目选取成本费用、投资及营业收入三个敏感因素进行敏感性分析，检验其对财务内部净收益率、财务净现值、投资回收期的影响。我们通过分析可以看出，当成本增加 10%，投资增加 20%时项目仍然可行；当营业收入减少 10%时，项目变得不可行。从敏感性分析可知，销售价格对项目的影响最大，经营成本次之，建设投资影响较小，说明该项目具有一定的抗风险能力，但对销售收入很敏感，项目单位应当与订货方保持良好的合作关系，确保产品的市场销售。

11.2 盈亏平衡分析

盈亏平衡分析：以达到生产负荷100%的第4年计：

BEP（%）＝年固定成本／（年销售收入－年可变成本－年销售税金及附加－年增值税）×100%

固定成本取各年的平均值2 100万元，可变成本为11 775万元，盈亏平衡点为：

BEP（%）＝2 100／（16 000－11 775）×100%＝49.7%

以生产能力利用率表示的盈亏平衡点计算为49.7%，说明项目在正常年份达到设计能力的49.7%就可以保本，抗风险能力较强。

11.3 项目主要风险及其防范措施

11.3.1 风险

①原材料成本升高。

项目所在地的废弃畜禽粪便可满足生产原料需求，但需企业自收，收集过程中产生的人工、运输成本高。另外，畜禽粪便水分含量高于生产工艺要求，影响产量和成本。

②销售收入的不确定。

农民对新技术、新产品接受慢，加之基层农技推广体系的瘫痪，产品推广将面对周期长、成本高的问题。再加上农产品市场准入制的不健全，优质不优价，农民使用生物肥料的积极性不高。这些都将影响产品的推广与销售，进而影响到项目的销售收入。

11.2.2 防范措施

①加强营销管理，确保产品成功销售。

本项目最主要的风险因素是销售收入，而营销管理工作是销售收入实现的关键。公司应借鉴国内类似产品的销售经验，结合生态农业和攀枝花市场的实际，制定科学的价格、渠道、促销等营销策略，不断开拓新的市场，确保销售收入的实现。此外，对假冒、仿冒产品，企业将紧密依靠各地的技术监督局、工商局和农业执法大队进行严厉打击。

②加强生产管理，控制生产成本。

本项目的第二大风险因素是成本。要控制成本，主要是控制可变成本。可变成本有原材料购买成本、原材料运输成本、原材料保管成本、原材料损耗成本、燃料及动力消耗成本等。因此，企业应加强生产计划（采购计划、生产制造计划等）管理，制定合理的原材料采购批量，保持合理的库存，降低厂内原材料运输成本，严格控制生产工业参数，防止不合品产生，最大限度降低原材料的损耗和动力消耗，以达到控制生产成本的目的。

③积极争取政府相关部门的支持。

本项目符合国家、省（自治区、直辖市）的相关产业规划，是政府重点支持的产业，应积极争取国家、省（自治区、直辖市）相关扶持政策，如财政贴息、财政补助、环境保护补偿等。

12　结论和建议

12.1 项目可行性研究结论

通过对本项目产品和工程设计方案、市场情况、建设规模、建设条件、投资及财务情况等几方面进行的研究，我们得出以下结论：

（1）项目利用 DM 激活技术对畜禽粪便集中进行 DM 生物有机肥的加工和生产，将养殖污染物和有机废弃物资源再利用，生产农业必不可缺的全营养性环保型生物有机肥，将污染物和有机废弃物转化为高附加值的现代农业生产资料。项目建设符合国家产品政策，产品市场广阔，建设条件具备，建设规模合理，原料来源充足，生产技术成熟先进。

（2）项目投资效益好，有较强抗风险能力。项目投资收益率、内部收益率、静态投资回收期等经济效益指标均优于行业标准，项目投资效益较好；偿债能力指标、风险分析指标均在合理范围内，项目抗风险能力较强。

（3）该项目建设既可实现经济效益，又能保护生态环境，促进自然资源的合理利用，具有良好的社会效益。

总之，本项目技术上可靠，经济上可行，社会效益明显，国家政策支持，项目可行。

12.2 对项目实施的建议

（1）严把质量关，定期培训，定期检查，严控产品出产关，对不合格肥料禁止进入市场销售。

（2）提前抓好产品进入市场的宣传工作，提前建设销售网络，使产品快速进入市场、占领市场。

（3）目前各级政府对城市和工业的排污治理十分重视，投资巨大，但对农村生态环境的保护重视不够，投入较小，建议项目建设单位在项目实施中应充分考虑这些因素，并关注相应政策法规的动态变化，多争取国家支持。

（4）本项目既可解决农村养殖污染，又可改良土壤，提高农产品品质和产量，同时本项目又具有一定经济效益，是集生态效益、经济效益、社会效益为一体的好项目，建议推广。

五、问题与思考

（1）该项目的市场研究和分析应该如何做？应该在哪些方面进行分析？

（2）项目可行性研究报告的主要内容包括哪些？项目财务分析应从哪几个方面进行？

（3）如何进行项目建设流动资金估算？本项目在投资估算中还存在哪些问题？如何改进？

（4）该项目可行性研究报告中财务分析存在哪些不足？如何改进？

（5）项目可行性研究应该编制哪些财务报表？请利用本项目提供的数据编制项目财务报表。

六、学生案例分析报告基本格式

1. 标题。
2. 内容提要（简述，300 字）。
3. 报告正文：问题回答与综述。
4. 总结：对案例本身的总结；对所用知识点、方法及案例过程总结。

案例十六

梦回花海

——邛海湿地五期恢复工程可行性研究

（编者：伍虹儒）

一、案例提要

可行性研究是项目投资建设前期工作中的最重要内容，它是在项目投资决策前，对项目进行全面技术经济分析论证的科学方法。可行性研究的工作成果是可行性研究报告，它是投资者在项目前期准备工作阶段的纲领性文件，是进行其他各项投资准备工作的主要依据。

本案例为邛海湿地五期恢复工程的可行性。邛海位于凉山州府所在地西昌市城东南约 5 千米处，是四川省第二大天然淡水湖，被誉为西昌市的"母亲湖"。但是，20 世纪 60 年代以来，邛海近 2/3 的湖滨湿地遭到严重的破坏和不合理的开发利用，滩涂和原生湿地植被基本消失，外来物种入侵，水鸟和本土物种减少，邛海的湿地生态功能受到严重破坏。因此，邛海湿地恢复已迫在眉睫。为保护邛海生态环境，西昌市自2008 年着手开始邛海湿地建设，逐步通过退塘还湖、退田还湖、退房还湖和浅滩清淤疏浚扩容等工程建设邛海周边湿地，构筑了一个立体生态保护屏障。

本案例以邛海湿地五期恢复工程为分析对象，对项目建设背景、建设条件、建设方案、组织管理、实施进度、投资估算与资金来源等进行了阐述，并由此得出相关结论与建议。本案例引导学生思考可行性研究报告的分析架构和分析内容是否合理，各部分的实施方案是否科学，尤其是"投资估算与资金筹措"是否有不合理之处，应如何完善，以进一步帮助学生巩固《项目投资管理学》"项目投资可行性研究"章节的理论知识，提高学生对所学知识的应用能力。

二、教学目的与学生任务

1. 本案例主要适用于"项目投资管理学""管理学"等课程。

2. 通过对本案例的学习与讨论，学生应进一步掌握项目可行性研究报告的编制框架和主要内容，掌握项目投资决策的原理和方法，能够对项目建设背景、建设条件、建设方案、组织管理、实施进度、投资估算与资金来源、风险评估等重要部分提出有用的见解或实施方案。

三、案例分析要点

1. 回顾理论知识：学生通过阅读本案例，归纳总结项目投资可行性研究的原理、步骤、方法和主要内容。

2. 分析实施方案：学生通过进一步研究本案例中关于组织管理、实施进度、投资估算与资金来源、风险评估等部分的执行方案，以个人或者小组的形式提出观点，论证方案的合理性和科学性。

3. 提出完善措施：学生以个人或者小组为单位，结合各自的观点，针对发现的不足之处，提出各自的解决措施与对策。

4. 完成模拟报告：学生根据教师提供的素材，以小组形式独立完成一份可行性研究报告的编写。小组成员应按照报告的编写内容，进行合理分工，以达到团结协作、共同进步的目的。

5. 总结收获体会：学生通过与教师交流在本次案例学习中的心得，进一步梳理各自对所学知识的理解程度与熟练运用程度，也帮助教师不断完善案例教学工作。

以上的 1 和 3 形成一份报告，4 形成一份报告。

四、案例内容

（一）项目概述

1. 项目名称：邛海湿地五期恢复工程。

2. 项目建设地点与范围

（1）建设地点：四川省凉山彝族自治州西昌市川兴镇。

（2）建设范围：邛海湿地五期建设工程位于邛海东北岸，川兴镇境内，建设面积556.12 公顷；北至规划环湖路以北的林带边缘，西至现状小渔村景区西边缘（与邛海湿地建设工程三期相连接），东至现状环海路，南至青龙寺以南 900 米（与邛海湿地六期建设工程相连接），沿邛海水岸线外侧 50～150 米以内的一个倒 L 形地带。

3. 项目建设内容和规模

根据建设区内土地利用现状，结合邛海湿地保护和利用协调发展的需要，拟将项目区邛海湿地划分为"两片、四带，两区、一场"的总体建设布局。

（1）官坝河口水土保持及湿地恢复片区。

在绿道以内的官坝河口地区由于多年入湖泥沙淤积形成河口三角洲，西昌市拟通过几大措施对官坝河口地区进行湿地恢复，使之成为河口水土保持治理的典型，建设

案例十六 梦回花海

面积 85.15 公顷。其主要建设内容为场地清理，面积是 79.49 公顷。对河道等进行疏浚及塑造，共种植陆生植物 23.85 公顷，湿生植物 31.80 公顷。西昌市通过典型生态恢复小区的打造，使官坝河口水土得到治理，恢复其湿地生态功能。

（2）小青河口水土保持及湿地恢复片区。

西昌市拟通过种植大面积的水土保持林建设小青河口水土保持及湿地恢复片区，建设面积 37.81 公顷。其主要建设内容为场地清理，面积是 34.88 公顷。在小青河右岸拓展原有支流河道，分流小青河洪水季节河水，并沿此河道设多级沉沙池 20 个，共种植陆生植物 13.95 公顷，湿生植物 10.46 公顷。另外，保留改造新河咀具有建筑及空间肌理传统特色的部分，使之成为原生态民族文化体验村。保留片区中部的青龙寺并进行适当改造。

（3）农田水质净化林带。

在环湖路北侧 20~50 米的区域设农田水质净化林带，截留北部川兴坝子地区经密如蛛网的农田沟渠而来的农业面源污水形成农田水质净化林带，建设面积 14.92 公顷。其主要建设内容为场地清理，面积是 13.74 公顷。共种植陆生植物 5.50 公顷，湿生植物 6.87 公顷。种植对氮磷具有吸收作用的水生植物和乔灌木，以使林带达到湿地防护和农田水质净化的双重作用。

（4）公共活动支撑带。

在环湖路和绿道之间建设生态绿化带、机动车道路、绿道及各类市政管线、公共服务和宣教科研设施，形成公共活动支撑带，建设面积 46.65 公顷。其主要建设内容为场地清理，面积是 43.59 公顷。在环湖路和绿道之间建设生态绿化带约 6 千米，共栽植苗木 23 320 株。在环湖路和绿道之间进行堆山造景设计。公共活动支撑带还设置了适量的公共服务和宣教科研设施，具体见配套设施建设一栏。另外，对原来的王家堡子居民点改建使之形成海潮渔村湿地文化展示村，改造面积 4 040 平方米。

（5）北岸湿地恢复及展示带。

在建设区西侧，建设北岸湿地恢复及展示带，建设面积 75.28 公顷。其主要建设内容为场地清理，面积是 74.44 公顷。横向进行大面积水道开挖，从湖岸到环湖路恢复形成不同层次的带形湿地空间。为了展示湿地植物，共种植陆生植物 22.34 公顷，水生植物 29.78 公顷。西昌市通过典型生态恢复小区的打造，展现湿地的四季花海特色。另外，在结合小区打造的同时，对现状小渔村景区改造 4 630 平方米，建设 700 平方米的醉月楼，使得北岸湿地恢复及展示带能更好地发挥其功能。

（6）东岸岸线生态修复带。

在建设区东侧，小青河区域以北，建设东岸岸线生态修复带，建设面积 45.21 公顷。其主要建设内容为场地清理，面积是 42.35 公顷。对焦家大鱼塘（小海）进行退塘还湖生态治理，对东岸人工石砌岸线进行缓坡生态处理。为了对岸线生态进行修复，共种植陆生植物 10.59 公顷，水生植物 14.82 公顷。对 3 849 平方米的月亮湾景区进行南北方向扩展，形成大尺度的湖湾景色。

（7）土著水生植物和水禽保护区。

在官坝河口水土保持及湿地恢复片区、北岸湿地恢复及展示带南侧临邛海一带建设土著水生植物和水禽保护区，建设面积 87.97 公顷。其主要建设内容为场地清理，面积是 44.65 公顷。在岸线上栽植陆生植物 4.47 公顷，土著水生植物 17.86 公顷。

（8）天然土著鱼繁殖保护区。

在东岸岸线生态修复带、小青河口水土保持及湿地恢复片区西侧建设天然土著鱼繁殖保护区，建设面积 152.63 公顷。其主要建设内容为场地清理，面积是 16.99 公顷。在岸线上栽植陆生植物 6.80 公顷，土著水生植物 21.53 公顷。建设土著鱼类生物链展示栈道 1 千米，展示邛海土著鱼类的生物链。

（9）官坝河沉沙清淤场。

在环湖路外侧、官坝河西侧设置沉沙清淤场，将入海口的清淤工程提前在湿地外围解决，建设面积 10.50 公顷。其主要建设内容为场地清理，面积是 9.76 公顷。利用弯道动力学规律对官坝河残留的泥沙进行沉淀。在清淤的基础上进行植物种植，其中陆生植物种植 3.42 公顷，水生植物种植 3.90 公顷。另外，配备清淤船一艘，搬运车两台。

（10）配套设施建设。

为提高恢复湿地的管护能力，开展本工程相关配套设施建设。其主要内容包括，在建设区周边关键节点设界碑 6 块，界桩 200 个。对地形进行塑造，包括挖湖、理水、塑山、造岛、留岸，共挖方约 252.8 万立方米，填方约 252.8 万立方米，挖填基本平衡。为形成系统化、配套化的邛海湿地科普设施体系，建设土著鱼类展示馆 500 平方米、邛海水土治理工程展示馆 700 平方米、特色经济植物展示馆 1 200 平方米、湿地花卉展示馆 1 300 平方米、湿地生态农业展示馆 700 平方米、昆虫展示馆 650 平方米、碧海花巢青少年营地 900 平方米、土著鱼类科研观测站 300 平方米、小青河水土保持生态环境监测站 300 平方米、官坝河水土保持生态环境监测站 400 平方米。修建茶室 13 处、生态餐厅 9 处、游客中心 6 处、管理中心 1 处、观景亭廊 46 处、小卖部 7 处；修建环湖北路 5.2 千米、绿道 10.5 千米、清淤通道 1 千米、一级园路 11.6 千米、二级园路 8.9 千米、三级园路 23.8 千米。修建通航桥梁 41 处、不通航桥梁中涵洞 20 处、栈道 40 处、景观桥梁 35 处。进行电力、排水等基础设施建设。

4. 项目总投资

本项目总投资约 14.5 亿元。其中，土地保障费用 8.5 亿元，湿地恢复建设投资 6.00 亿元（其中工程建设直接费用 54 194.74 万元，占总投资的 90.32%，工程建设其他费用 2 948.12 万元，占总投资的 4.91%，预备费 2 857.14 万元，占总投资的 4.76%）。

（二）项目建设背景

本案例为邛海湿地五期恢复工程的可行性研究。湿地是介于水体与陆地之间过渡的多功能生态系统，具有强大的生态净化作用，被称为"地球之肾"。邛海位于凉山州府所在地西昌市城东南约 5 千米处，是四川省第二大天然淡水湖。作为西昌市旅游经济发展的核心部分，邛海是西昌市社会、经济、文化赖以生存的生命之源，被誉为西昌市的"母亲湖"。但是，20 世纪 60 年代以来，大量的围海造田、填海造塘，加之自然泥沙淤积，使邛海水面面积从正常蓄水位的 31.00 平方千米降至现在的 26.70 平方千米。而近 30 年来的旅游开发、网箱养鱼和农家乐的无序发展，使近 2/3 的湖滨湿地遭到严重的破坏和不合理的开发利用，滩涂和原生湿地植被基本消失，外来物种入侵，水鸟和本土物种减少，邛海的湿地生态功能受到严重破坏。因此，邛海湿地恢复已迫在眉睫。为保护邛海生态环境，西昌市自 2008 年开始着手邛海湿地建设，逐步通过退塘还湖、退田还湖、退房还湖和浅滩清淤疏浚扩容等工程建设邛海周边湿地，构筑了一个立体生态保护屏障。随着邛海湿地恢复前期项目的建成，邛海东北岸的湿地恢复已迫在眉睫。因此，本案例拟对邛海湿地五期恢复工程进行项目投资建设的可行性分析。

（三）项目建设条件

1. 建设区自然地理条件

（1）地理位置。

项目建设区地处川兴镇，川兴镇位于西昌市东南部，距市中区约 6.8 千米，东临大兴乡，南接海南乡，西北毗高枧乡，正北与喜德县接壤，总面积约 32 平方千米，与西郊乡、高枧乡、海南乡共分邛海岸。邛海东北岸，地理坐标为北纬 27°47′39.55″—27°50′49.52″，东经 102°17′11.04″—102°20′57.19″。

（2）地形地貌。

项目建设区位于邛海东北岸，东面为海拔 2 400~2 900 米的中、高山地带，山体切谷较深，坡度较大，岩性松碎，泥石流时有发生；北面为海拔 1 600 米以下的较大冲积扇，地势平坦开阔，城镇及农田主要分布在这个区域。项目建设地的地形较为平坦，总体上以平原地形为主，陆上地区的海拔介于 1 509~1 557 米。

（3）水文水系。

建设区内主要河流有官坝河和小青河，分别从北侧和东侧汇入邛海。邛海流域环境规划的报告显示，由于不合理的开发利用、农田径流的侵蚀与面污染源的排放，邛海水体污染严重，水质综合评价为 III 类，已为轻度污染水体。

邛海入湖河流带来的泥沙淤积对邛海有着明显的影响。目前小青河经过治理，泥沙淤积问题得到有效缓解，而官坝河作为邛海最大的支流，常形成泥石流，对邛海的泥沙淤积影响较大，邛海流域水土流失面积一半以上分布在官坝河流域。

表 1　建设区主要河流参数表

河名	流域面积/平方千米	干流长度/千米	比降/‰	平均流量/（立方米/秒）
官坝河	121.60	21.90	58.6	1.696
小青河	6.375	3.35	99.7	0.082

官坝河历史上曾多次爆发大规模泥石流，泥沙淤积使水深变浅，调节水源的能力降低。1998 年 7 月 6 日官坝河发生百年一遇的泥石流，全年泥沙推进 172 米，推进面积 0.089 平方千米，淤泥体积为 68.97 万立方米，使川兴王家、新桥、赵家、焦家四个

村约 6 000 多人受灾，毁坏耕地 5 000 余亩。自 1998 年到 2009 年的 12 年间，官坝河泥沙向邛海推进了 655 米，年平均推移 55 米，淤积邛海水面面积 302.84 亩，年均淤积量 25.23 亩。

目前，针对官坝河的问题，西昌市采取了"稳拦排清"的综合防治方案。在河流上游采取生物和谷坊措施，稳坡固床，防止坡面侵蚀。中游以拦沙坝工程为主体，控制和拦截泥沙。在河道两侧修排导槽，防止河道左右摆动，造成严重侵蚀，同时可以保护河道两侧道路和农用水利基础设施。入海口处采取清淤措施，对每年经过中上游工程措施后的少部分入海淤泥进行清淤，彻底根治官坝河淤积邛海问题。

（4）植物资源。

从植被分布来看，建设区北岸是以水田、旱地为主的农田植被，靠近官坝河流域的流域森林较多，但树种较为单一。东岸青龙寺区则是森林、草地、灌木丛的混交区。

建设区北岸的水生植物群落主要为芦苇群落、茭草群落、莲群落、菱角群落、野菱群落、苔菜群落、满江红群落、苦草群落、金鱼藻群落、狐尾藻群落、黑藻群落、红线草群落等 12 个群落类型，主要水生植物种类有：芦苇、交草、水葱、泽泻、野慈姑、菱角、野菱、莲、苔菜、水葫芦、水花生、满江红、青萍、狐尾藻、金鱼藻、苦草、马来眼子菜、菹草、眼子菜、红线草、黑藻、大茨藻、李氏禾、轮藻等（见表2）。

表 2 建设区主水生植物分布

片区	主要植物群落
官坝河以西片区	马来眼子菜群落、红线草群落、轮藻群落
官坝河片区	狐尾藻群落、金鱼藻群落、芦苇群落
小海（焦家大鱼塘）片区	茭草群落、莲群落、芦苇群落
东岸片区	狐尾藻群落、苦草群落、金鱼藻群落

建设区东岸，由于地势较陡，砂石较多，水生植物相比湖泊北部分布较少，水生植物群落主要为马来眼子菜群落、红线草群落、轮藻群落、狐尾藻群落、金鱼藻群落、芦苇群落、茭草群落、莲群落、苦草群落等 9 个群落类型，主要水生植物种类有：芦苇、交草、水葱、泽泻、野慈姑、菱角、野菱、莲、水葫芦、水花生、满江红、青萍、狐尾藻、金鱼藻、苦草、马来眼子菜、菹草、眼子菜、红线草、黑藻、大茨藻、李氏禾、轮藻等。

建设区分布的乔木树种主要为杨树、银杏、水杉、垂柳、滇杨、黄葛树、枣树、大叶桉、枫杨等；灌木主要为石榴、桑树、凤尾竹、南天竹等。

（5）动物资源。

①鱼。根据 2003 年的调查结果，已知分布于邛海的土著鱼类共有 20 种（含亚种），分隶 5 目 8 科 20 属，其中未包括 20 种外来鱼类。土著鱼类中以鲤科的种类最多，有 11 种，其次为鳅科 3 种，余下鲇科、鳢科、鲀头鮍科、青鳉科、合鳃鱼科、鳢科各 1 种，其中有 3 种为特有品种。

②鸟类。有冬候鸟 27 种，分属 7 目 8 科，其中鸭科种类占该冬候鸟总数的 50%，

鹭科种类占 22.7%，秧鸡科、欧科种类占 4.5%。优势种群为秧科的骨顶鸡，占总数的 82.5%。普通种群为池鹭、红嘴鸥、绿头鸭。邛海鸟类中秧鸡科及鸭科种类群集性较强，分布于邛海的各水域。鸊鷉科种类主要分布在水草较茂盛的水域；鹭科及鹬科种类主要分布在水草丰富的浅水域。鸥科种类零星分布于各水域，少有群集现象。在各水域常有各科种类相互混杂的群集现象。

（6）土地资源。

建设区部分土地原来属于邛海的一部分，受到河流泥沙淤积与人为的围湖造田、开挖鱼塘等行为的影响，邛海水域面积不断缩小，目前建设区内的鱼塘、藕塘等水塘面积相对较大。其中小海（焦家大鱼塘）本来是邛海水体的一部分，但受到人为破坏的影响，目前小海已经难以发挥其生态及景观功能。若对其进行生态恢复，则大约可以增加 20 公顷邛海水面。建设区目前形成了农田、水域、村落、鱼塘等组成的地貌景观，建设用地中，主要包括焦家村散落的村庄居民点，同时还包括几处景区、旅游服务设施及教育设施用地。非建设用地中，除邛海水域外，以农田地貌为主，少量的林地主要集中在规划区的东部。同时建设区内还有一定数量的水塘，具备退塘还湿的客观条件。

2. 建设区社会经济条件

（1）行政区划、人口与民族。

建设区行政区划上属于西昌市川兴镇管辖范围。川兴镇总域面积为 52.2 平方千米，下辖 8 个行政村（辖新农村、民和村、新桥村、合兴村、三村、赵家村、焦家村、海丰村，85 个村民小组）和 1 个街道居委会，2010 年川兴镇总户数 6 979 户，总人口约 2.6 万人，其中农业人口 21 886 人，汉族人口占 90% 以上。

（2）国民经济条件。

全镇现有耕地面积 15 105 亩，主要农产品有水稻、小麦、大白胡豆，生猪、禽蛋、鱼、蔬菜、花卉、水果等。2010 年全镇共有乡镇企业 48 家，镇财政收入 422 万元，农民纯收入年均 7 020 元。镇内有大学 1 所、中学 1 所、小学 7 所、幼儿园 3 所，入学率100%，已普及九年制义务教育。有中心卫生院 1 所，计划生育指导站 1 所，村医疗站16 个。镇内各种商贸、银行、邮电、工商、税务等机构齐全。闭路电视网覆盖率达95% 以上。电力充沛，年供电量达 130 万千瓦时。程控电话 3 250 门，镇自来水厂日供应量达 1 000 吨。全镇农业以基地建设带动产业调整。主要有，500 亩花卉龙头产业基地、早熟蔬菜为主的 3 460 亩蔬菜基地、1 000 亩优质水稻商品粮基地，8 000 亩杂交稻基地。粮经比例为 5∶5。建设区内建有小渔村、临湖山庄、碧海山庄、海湾宾馆、南端服务区、莲池公园、西昌学院东校区、月亮湾景区、青龙寺景区等服务设施与景区，已产生良好的经济效益。

（3）镇居民点、旅游资源及公共服务设施。

建设区内分布有焦家村的小河咀、尹家堡子、徐家桥、王家堡子、新河咀等规模不大的居民点，设施较为落后。建设区建有小渔村、临湖山庄、碧海山庄、海湾宾馆、南端服务区、莲池公园、西昌学院东校区、月亮湾景区、青龙寺景区等服务设施与景区，还有星罗棋布的农家特色旅游。这些为该镇增添了靓丽的风景。

表 3 建设区设施情况现状表

序号	设施名称	设施占地面积/公顷	设施建筑面积/平方米
1	小渔村	8.39	14 129
2	临湖山庄	0.17	138
3	碧海山庄	0.34	1 730
4	海湾宾馆	0.98	1 923
5	南端服务区	0.07	355
6	莲池公园	1.17	1 568
7	西昌学院东校区 （规划区范围内部分）	2.06	6 884
8	月亮湾	1.20	3 835
9	青龙寺景区	2.34	1 821
合计		16.72	32 383

（4）道路交通和市政管网。

建设区外部主要有现状的环海路，同时还有部分连接各个居民点的乡村道路，多为土路和碎石路，道路基础设施建设较差。目前建设区及周边地区缺乏市政管网。

（四）项目建设方案

1. 建设区土地

（1）建设区土地构成。

我们根据西昌市相关地类调查资料，结合现场考察的结果，利用地理信息系统（GIS）先进的空间分析技术，得到项目区土地利用现状（表4）。

项目建设区位于邛海东北岸，川兴镇境内，建设面积556.12公顷；是北至规划环湖路以北的林带边缘，西至现状小渔村景区西边缘（与邛海湿地建设工程三期相连接），东至现状环海路，南至青龙寺以南900米（与邛海湿地六期建设工程相连接），沿邛海岸线外侧50～150米以内的一个倒L形地带。其中村庄建设用地10.03公顷，设施用地16.72公顷，道路4.20公顷，农田256.35公顷，林地25.82公顷，水塘55.73公顷，河流水系5.40公顷，邛海水体181.87公顷。建设用地中，主要包括焦家村散落的村庄居民点，同时还包括几处景区、旅游服务设施及教育设施用地。非建设用地中，除邛海水域外，以农田地貌为主，少量的林地主要集中在规划区的东部。同时规划区内还有一定数量的水塘，具备退塘还湿的客观条件。

表 4 项目区土地利用现状表

土地利用类型	面积/公顷	比例/%	备注
村庄建设用地	10.03	1.8	
设施建设用地	16.72	3.0	
道路	4.2	0.8	

土地利用类型	面积/公顷	比例/%	备注
耕地	256.35	46.1	
林地	25.82	4.6	
水塘	55.73	10.0	
河流水系	5.4	1.0	
邛海水体	181.87	32.7	
总计	556.12	100	

（2）建设区土地权属。

项目区建设用地556.12公顷，其中368.85公顷建设用地、耕地和水塘、林地、道路土地权属为集体，187.27公顷河流和邛海水域面积涉及的土地权属为国有。

（3）土地保障方案。

项目区建设用地556.12公顷，其中368.85公顷的居民用地、水塘、道路、林地和耕地土地权属为集体。

①村民住宅拆迁安置方案。项目住宅拆迁涉及人户约783户，其中川兴镇涉及焦家村479户，赵家村4户，海丰村69户，合兴村28户，三村村4户，大箐乡民主村90户，盲迁户109户，农户住宅用地面积10.03公顷。同时，规划区还涉及小渔村、临湖山庄、碧海山庄、海湾宾馆、南端服务区、莲池公园和西昌学院东校区、月亮湾、青龙寺景区等服务设施与景区，总计占地面积16.72公顷，设施建筑面积32 383平方米。为了有序推动湿地恢复建设，在广泛的村民调查基础上，我们发现建设区所涉及的居民点居住规模不大，分布散乱，占地面积较大。分散型的农村住宅区一方面不利于生活生产污水的统一治理，另一方面也不利于当地村民的生活设施的配套，村民生活水平难以提高。此外，从风景资源保护、生态保护、湿地保护的角度考虑，建设区内村民的日常生活与生产活动必然对邛海的生态环境产生干扰和影响，污染水域环境。综合考虑，针对16.72公顷设施建设用地，拆迁部分低档次建筑，并对部分进行改造，以适应项目区湿地恢复的建设。针对26.75公顷的居民建设用地，设想将建设范围内的农居点及设施外迁，在建设范围外东北侧以新农村建设的方式集中建设村民住宅，同时配合村庄改造新增少量安置住宅，解决村民安置问题。

②集体土地征收占用。

③村庄和设施建设用地。西昌市通过在建设区外异地集中安置后，直接作为项目建设用地。

④耕地。针对316.28公顷的耕地、水塘和道路，按照《中华人民共和国土地法》和西昌市人民政府相关规定，依法办理耕地征收占用手续，缴纳征收耕地的补偿费用，包括土地补偿费、安置补助费以及地上附着物和青苗的补偿费。

⑤林地征占。针对25.82公顷的林地按照《中华人民共和国森林法》和西昌市人民政府相关规定，依法办理林地征收占用手续，缴纳征收林地的补偿费用，包括林地补偿费、林木补偿费、安置补助费等。

2. 项目建设的总体布局

项目区总体上位于邛海东北岸，环绕邛海最宽阔的部分，根据建设区土地利用现状特点以及国家有关规划设计原则要求，拟将本建设区划分为"二片、四带、二区、一场"的总体建设布局（见表5）。

表5　项目建设总体布局

序号	建设内容	面积/公顷
0	合计	
1	二片	
1.1	官坝河口水土保持及湿地恢复片区	85.15
1.2	小青河口水土保持及湿地恢复片区	37.81
2	四带	
2.1	农田水质净化林带	14.92
2.2	公共活动支撑带	46.65
2.3	北岸湿地恢复及展示带	75.28
3.4	东岸岸线生态修复带	45.21
3	二区	
3.1	土著水生植物和水禽保护区	87.97
3.2	天然土著鱼繁殖保护区	152.63
4	一场	
4.1	官坝河沉沙清淤场	10.50

（1）绿道以内的官坝河口地区由于多年入湖泥沙淤积形成河口三角洲，拟通过几大措施对官坝河口地区进行湿地恢复，使之成为河口水土保持治理的典型。

（2）小青河口由于多年入湖泥沙淤积形成河口冲积扇，拟通过种植大面积的水土保持林建设小青河口水土保持及湿地恢复片区。

（3）在环湖路北侧20~50米的区域设农田水质净化林带，截留北部川兴坝子地区经密如蛛网的农田沟渠而来的农业面源污水。

（4）在环湖路和绿道之间建设生态绿化带、机动车道路、绿道及各类市政管线、公共服务和宣教科研设施，形成公共活动支撑带。

（5）在建设区西侧，建设北岸湿地恢复及展示带。

（6）在建设区东侧，小青河区域以北，建设东岸岸线生态修复带。

（7）在官坝河口水土保持及湿地恢复片区、北岸湿地恢复及展示带南侧临邛海一带建设土著水生植物和水禽保护区。

（8）在东岸岸线生态修复带、小青河口水土保持及湿地恢复片区西侧建设天然土著鱼繁殖保护区。

（9）在环湖路外侧、官坝河西侧设置沉沙清淤场，结合官坝河山洪泥石流防治工程，在稳拦排清防治的原则上，将入海口的清淤工程提前在湿地外围解决。

案例十六　梦回花海

考虑到项目建设区的地理位置的特殊性，项目的基础设施建设应与《凉山彝族自治州邛海保护条例》《邛海—螺髻山风景名胜区总体规划（2006—2020）》《邛海流域环境规划（2005—2015）》和《西昌市城市集中式饮用水源邛海水源地保护区划分调整技术报告》等现有的规划和报告的总体要求相协调。

（五）项目消防、劳动安全和职业卫生

1. 消防

（1）主要防火措施。

①消防管理人员及职责。

消防管理实行三级负责制，层层落实。

第一级，项目总负责人为项目消防安全第一责任人，对整个项目的安全管理负责。

第二级，分组组长、项目负责人为项目消防安全第二责任人，对本项目安全工作负责。

第三级，组员、项目各部门为本项目消防安全第三责任人。

②火险、火灾事故报告、处理。

本项目范围内发生的所有火险、火灾事故，均由最先发现者立即打电话向消防部门报警，在可能的情况下，也可由在场的负责人指定专人报警，报警电话"119"。报警时必须说清起火项目、部位、火势大小、燃烧物质及报警人的姓名和电话号码，以便消防队及时、准确、有效组织力量扑灭。

发生火险、火灾的部门，应在24小时内写出火险事故报告，由部门消防安全责任人签字，报项目防损部备案。

项目购置了相关的通信及防火设备，应指派专人进行防火巡护，一旦发现火情，及时向消防部门报警。

③火灾事故处理。

一般火灾事故由各片区经理组织有关职能部门及有关部门人员调查分析，按照"三不放过"（没有查清火灾原因不放过、没有采取安全措施不放过、没有处理责任人不放过）的原则，查明原因，进行教育，提出处理意见和预防措施。

火灾事故由防损部组织调查，写出结论报告项目安全管理委员会，由安全管理委员会提出处理意见。

2. 劳动安全

项目实施建设严格按照基建程序和设计规程规范施工，加强安全生产教育工作，提高安全意识，牢固树立"安全第一，预防为主"的思想，不能松懈麻痹，要警钟长鸣；并且，还要加强组织领导工作，落实安全生产责任制，加强安全生产的监督和管理。同时为了加强消防管理，预防和减少火灾，保障公共财产和职工生命财产的安全，项目建设必须严格执行《中华人民共和国消防条例》《中华人民共和国消防条理实施细则》和《四川省消防管理条例》，杜绝火灾隐患。在项目建设中消防工作必须实行"消防为主，防消结合"的方针，统一领导和管理，广泛宣传，并设立义务消防员，做到一旦发生火情，及时扑灭。

3．职业卫生

在项目实施建设过程中，认真执行《中华人民共和国职业病防治法》，坚持"以人为本、健康至上"的理念，以员工职业健康监护和作业场所职业病危害因素监测工作为重点，努力做好职业病防治工作。狠抓落实职业健康工作，加大对施工作业一线和施工作业现场的职业健康管理。

（六）项目组织管理

1．组织管理

（1）成立专门领导小组。

在西昌市人民政府领导下，成立由林业局、邛海泸山管理局、规划和建设局、环境保护局、海南乡政府等单位组成的邛海湿地五期恢复工程建设项目领导小组，建议由西昌市人民政府分管副市长任领导小组组长。领导小组对工程进行全面监督和管理。

（2）成立专门工作机构。

根据国家对湿地工程建设的要求，拟成立专门工作机构，拟由市林业局牵头，邛海泸山管理局、规划和建设局等单位参加，成立邛海湿地五期恢复工程建设项目工作组，抽调专业技术人员全过程参加工程建设。

（3）成立专家咨询小组。

鉴于湿地建设的特殊性和专业性，拟邀请生态保护、鱼类、鸟类、水环境等方面的专家成立咨询小组，根据项目建设分阶段、不定期对项目进行技术指导。

2．工程管理

（1）主要项目均实施招标管理，聘请监理公司实施工程监理。

（2）工程施工无论大小，其业主方管理一律由项目工程指挥部统一管理，工程任务书由工程部相关科室分类下达给施工单位。无工程任务书的工程项目，施工单位不得承担其施工任务。为确保工程施工进度和施工质量，凡承担工程项目的施工单位都应出示营业执照和施工资质等级证书，并按照证书等级承担相应的施工项目规模和内容，严禁无证施工或转包施工。

（3）所有外来的施工队伍承担工程均应签订施工合同，施工合同的内容应包括建设地点、工程规模、工程造价、双方职责分工、工期、奖罚、违约责任、费率及结算方式等项目。

（4）施工单位必须按施工图纸、施工及验收技术规范标准进行施工。工程如需变动，应征得公司工程部或设计单位的相关人员认可，并办理相应的变更手续，确保施工质量。

（5）施工单位的质量责任应按《工程建设质量管理办法》要求执行。

（6）施工单位必须加强施工现场管理，单位或单项工程的施工必须有施工负责人、技术负责人及安全负责人，其名单在开工前应报至工程监督相关部门备查。

（7）施工单位在施工现场必须设有施工明显标志、安全及路障标示，措施要齐全，做到文明施工，保持施工现场整洁。

3. 资金管理

（1）在资金使用方面，根据国家有关规定，国家投入的基础设施建设资金必须专款专用，任何单位和个人不得以任何理由挪作它用。

（2）在工程建设时，严格按照项目建设资金管理规定进行管理，工程完工后，进行五期工程验收，对资金的来源、使用、节余及使用效率、成本控制等做出详细审查。

（3）项目监督办公室负责对项目建设资金的监督。

4. 运行管理

项目建设的设施设备由西昌市林业局负责进行管理。各相关职能部门，西昌市林业局办公室、综合管理科、财务室等单位协同完成相关管理工作，基础设施设备落实到具体的人员，责任层层落实，保证项目建设的各项设施设备物尽其用，发挥最大的效益。

（七）项目实施进度

1. 项目建设阶段划分

拟将项目建设过程划分为三阶段。

第一阶段：前期准备阶段，完成建设项目的规划设计及申报审批工作，进行建设工程招标及建设的其他前期准备。

第二阶段：工程建设阶段。

第三阶段：工程完善和设备购置、试运行与检查验收阶段。

2. 项目建设进度安排

本项目按 2 年进行（2013—2014 年）。

2013 年度，进行项目的前期准备工作，完成项目的初步设计和施工设计，完成项目建设的相关审批手续，完成土地统征和"三退"工作，开展部分土地整理、各个功能区的初步推进等工作。

2014 年度，恢复区进行全面的土地整理，开展全面的植被恢复工作。完成官坝河口水土保持及湿地恢复片区建设、小青河口水土保持及湿地恢复片区建设、农田水质净化林带建设、公共活动支撑带建设、北岸湿地恢复及展示带建设、东岸岸线生态修复带土著水生植物和水禽保护区建设、天然土著鱼繁殖保护区建设、官坝河沉沙清淤场建设和其他配套设施得建设。

（八）投资估算与资金来源

1. 投资估算依据

依据国家发改委《投资项目可行性研究指南》（2002）、原林业部《林业部建设工程概算编制办法》（1999）、国家林业局《自然保护区工程项目建设标准》（2002）、《四川省建委（2002）建筑工程概（预）算定额》、四川省湿地保护中心编制的《湿地保护与恢复工程项目技术经济指标表》等有关标准和规定，同时参考国家已实施的其他生态建设工程的经济技术指标并结合西昌市当地的相关经济指标确定。

2. 投资估算原则

（1）客观、实事求是的原则。

（2）遵守法律法规和规程规范的原则。

（3）遵守国家宏观调控政策和市场经济规律的原则。

3. 投资估算指标

投资估算参照国家林业局《自然保护区工程项目建设标准》（试行）（国家林业局2002 年 12 月颁发）和《国家湿地公园建设规范》（LY/T 1755−2008）中相应的参考价格与标准，并结合国家和地方的现行价格进行估算。工程建设的其他费用是建设单位管理费、项目前期咨询费、勘察设计费、工程建设监理费、招标代理服务费、环境影响咨询服务费、工程造价咨询费等费用，分别按照财建〔2002〕394 号、计价格〔1999〕1283 号、计价格〔2002〕10 号、发改价格〔2007〕670 号、计价格〔2002〕1980 号、环评计价格〔2002〕125 号、川价发〔2008〕141 号等文件规定计。具体投资估算指标见附表。

4. 投资估算

本项目总投资约 14.5 亿元，其中，土地保障费用 8.5 亿元，湿地恢复建设投资6.00 亿元。

（1）土地保障费用。

①土地保障费用约 8.5 亿元。

②征地补偿 4.27 亿元。为保证项目建设用地，建议对所涉及的土地由政府作为重点项目建设用地实施统征，初步估计按照平均每亩 7 万元进行征地补偿，由地方政府配套落实征地资金，建设区涉及的集体土地 5 533 亩和安置点土地 567 亩，合计约6 100 亩，共需资金约 4.27 亿元。

③安置补助费用约 1.57 亿元。在建设区的北侧有部分现状的村庄居民点，同时该区域有着较好的农田、水系基础，且项目有规划在此区域建设山水焦家湿地农业生态园和湖畔赵家湿地农业生态园，因此，可结合两个湿地农业生态园的建设，将建设范围内外迁的农居点及设施，以新农村建设的方式集中建设村民住宅，同时配合村庄改造新增少量安置住宅，解决村民安置问题。本次涉及拆迁户约 783 户，其中川兴镇涉及焦家村 479 户、赵家村 4 户、海丰村 69 户、合兴村 28 户、三村村 4 户，大箐乡民主村 90 户、盲迁户 109 户，按每户平均 20 万元，共需安置补助费用约 1.57 亿元。

④涉及房屋及附属建筑物补偿费、搬迁补助费用、过渡期补助费用等其他拆迁补偿费共需费用 2.66 亿元。

（2）湿地恢复费用。

①总投资。本项目总投资 60 000.00 万元，其中工程建设直接费用 54 194.74 万元，占总投资的 90.32%，工程建设其他费用 2 948.12 万元，占总投资的 4.91%，预备费2 857.14 万元，占总投资的 4.76%。

②工程建设直接费用。本项目工程建设直接费用 54 194.74 万元，其中官坝河口水土保持及湿地恢复片区 5 985.11 万元，小青河口水土保持及湿地恢复片区 3 212.28 万元，农田水质净化林带 638.91 万元，公共活动支撑带 2 192.65 万元，北岸湿地恢复及

案例十六 梦回花海

展示带 3 702.47 万元，东岸岸线生态修复带 2 276.84 万元，土著水生植物和水禽保护区 1 290.05 万元，天然土著鱼繁殖保护区 1 045.60 万元，官坝河沉沙清淤场 1 354.92 万元，配套设施建设 32 495.92 万元。

③工程建设其他费用、预备费。本项目工程建设其他费用 2 948.12 万元，其中建设单位管理费 458.00 万元，前期工作咨询费 65.60 万元，勘察设计费 1 212.16 万元，招投标代理费 55.55 万元，工程监理费 892.86 万元，环境影响咨询服务费 32.67 万元，工程造价咨询费 231.28 万元。预备费 2 857.14 万元。

表 6　项目投资概算表

序号	投资构成	金额/万元	比例/%	备注
0	合计	60 000.00		
1	工程建设直接费用	54 194.74	90.32	
1.1	官坝河口水土保持及湿地恢复片区	5 985.11	9.98	
1.2	小青河口水土保持及湿地恢复片区	3 212.28	5.35	
1.3	农田水质净化林带	638.91	1.06	
1.4	公共活动支撑带	2 192.65	3.65	
1.5	北岸湿地恢复及展示带	3 702.47	6.17	
1.6	东岸岸线生态修复带	2 276.84	3.79	
1.7	土著水生植物和水禽保护区	1 290.05	2.15	
1.8	天然土著鱼繁殖保护区	1 045.60	1.74	
1.9	官坝河沉沙清淤场	1 354.92	2.26	
1.10	其他配套设施建设	32 495.92	54.16	
2	工程建设其他费用	2 948.12	4.91	
2.1	建设单位管理费	458	0.76	财建〔2002〕394 号
2.2	项目前期咨询费	65.6	0.11	计价格〔1999〕1283 号
2.3	勘察设计费	1 212.16	2.02	计价格〔2002〕10 号
2.4	工程建设监理费	892.86	1.49	发改价格〔2007〕670 号
2.5	招标代理服务费	55.55	0.09	计价格〔2002〕1980 号
2.6	环境影响咨询服务费	32.67	0.05	环评计价格〔2002〕125 号
2.7	工程造价咨询费	231.28	0.39	川价发〔2008〕141 号
3	基本预备费	2 857.14	4.76	林计发〔2005〕156 号

5. 项目资金来源渠道

项目投资以西昌市财政为主。

（九）综合评价

1. 项目风险评价

（1）政策风险。

项目建设符合国家生态环境建设的大政方针，符合国家实施西部大开发的战略决策，符合《四川野生动植物保护和自然保护区建设总体规划》《中国湿地保护行动计划》《全国湿地保护工程规划（2002—2030）》《全国湿地保护工程实施规划（2005—2010）》《四川省湿地保护工程规划（2005—2030）》，同时地方政府及各级主管部门对保护区建设极为重视，积极支持该项目的建设，加之本项目建设时间短，建设规模小，属于公益性事业建设，对生态环境影响很小，并且项目建成后，对该区的生态环境保护和生物多样性保护具有巨大的促进作用。通过对本项目进行全面分析得出结论，项目建设的政策风险极小。

（2）经济风险。

由于本建设项目可以更好地发挥邛海—螺髻山风景名胜区的生态旅游功能，同时生态利用湿地区建设可以有效提高当地居民收入，因此项目建设可以产生巨大的经济效益。另外，本项目属公益性建设项目，可以更好地保护区域的生态环境与生物多样性，为保护区的可持续发展与资源的可持续利用奠定基础，具有巨大的间接经济效益。因此，在资金投入上没有经济风险。

另外，西昌市林业局和邛海管理局内部管理机构分工明确，并有四川省林业厅随时进行管理以及相关机构进行的工程审计、验收工作，因此可有效规避资金使用风险。

（3）工程技术风险。

由于项目涉及部分房屋建设，该区域位于安宁河地震带上，建设难度大、抗震措施要求高，又要与自然景观风貌相协调，因此建设时在设计、建设以及装潢等方面存在风险。

湿地恢复工程技术方面，建设单位具备前几期湿地恢复工程建设的成功经验，从土地整理到植被恢复各环节都不存在技术难度，故项目没有工程技术风险。

（4）项目管理风险。

项目管理的风险主要在于工程质量、工程建设安全、工程进度、工程资金使用等方面，项目建设在这些方面都存在一定的风险。

在项目管理过程中应通过成立专门管理机构、实施"工程项目招标"、实施"工程监理""实施工程项目经理制""实施建筑工程保险"等方式和手段对上述风险进行预防、控制、回避和转移。而且建设单位具备前几期湿地恢复工程建设的成功经验，项目的管理风险较小。

2. 项目评价

（1）生态效益。

邛海既是西昌市主要水源地，又是动植物栖息生存繁衍的重要区域，该区湿地生态系统典型重要，植被繁茂，群落结构复杂，是重要的水源涵养区，对周边地区防洪防旱、水土保持、气候调节等有着极大的保障作用。邛海湿地的有效恢复将实实在在地发挥出水源涵养等"生态屏障"功能。邛海湿地以多种鱼类、鸟类及其赖以生存的环境为主要保护对象，保持生物多样性为目的。本项目的实施，将有效保护当地的生物多样性，切实有效地保护好这些珍贵的物种基因库，同时也为全球生物多样性保护做出贡献。

①气候调节。增加了邛海水面面积，对小气候具有一定的调节作用。项目通过退田还湖、退塘还湖，使邛海水面面积由现状约 182 公顷增加到约 338 公顷，增加了约

156公顷。水面面积占总规划用地约61%。大量的新增水面可以调节空气湿度，从而使项目所在地局部地区昼夜温差缩小。

②生物多样性。鸟类栖息地保护建设、土著鱼类繁殖区建设和湿地植物群落恢复，保护和增进了生物多样性，增加了生态系统的稳定性。项目为飞禽类野生动物提供重要的栖息场所，为土著鱼类的生衍繁殖提供了适宜的环境，丰富了该区域的生物种类，有助于保护生物资源、保护西昌市水生植物的种类，形成天然的物种基因库和种质库。

③水质净化。通过湿地对水质的净化作用和对排入邛海的污水的拦截治理作用，改善邛海水环境质量。同时通过对官坝河的治理，有效控制官坝河每年向邛海淤积淤泥的数量，从而大大缓解邛海的水环境压力。

④景观多样性。改善区域生态景观、调节小气候。大面积的湿地、飞翔的水鸟、自然生长的水生湿生植物和蓝绿色的水面，自然宁静，给人以美的感受。

（2）社会效益。

邛海湿地的恢复的建设、发展和资金的引进，对于增强地方经济的可持续发展将起到积极促进作用。邛海湿地良好的自然环境、丰富的动植物资源是科学研究、教学实习的优良素材和天然本底。西昌市政府通过本项目建设，使保护区成为人们亲近自然、了解自然，体验人与自然和谐共存协调关系的科普场所，进而激发公众的环境保护意识；同时通过项目建设可为社区提供一定的就业机会，在参与保护的过程中，一方面湿地可以吸收一定数量当地群众参与日常管理和巡护工作，另一方面，湿地基本建设和设施的长期维护也需要一定的社会劳动力。

（3）经济效益。

邛海恢复建设的直接经济效益主要体现为：在保护的前提下，发挥邛海—螺髻山风景名胜区的生态旅游功能和多种经营项目，这样不仅能够增强湿地的自养能力，也能促进湿地周边社区的经济发展，进一步提高社区人民的生活水平。保护区建设的间接经济效益主要体现在：一方面，湿地的蓄水防洪、保持水土、调节气候、净化空气、防止水土流失作用，能保证周边农业稳产高产带来巨大的间接经济效益。另一方面，珍稀物种具有巨大的保存价值，丰富的生物多样性资源也具有极大的潜在经济价值。总之，有效保护好湿地生态系统及珍稀野生动物，对人类可持续发展而言，其价值是不可估量的。

（十）结论与建议

1. 结论

西昌通过对邛海湿地五期恢复工程和建设，结合前几期工程，形成环湖湿地带，使邛海湿地成为我国西南地区重要的湿地生态系统和野生鸟类重要的栖息地，同时使邛海湿地保护工作有效地融入到当地的社会经济发展中，最终为实现湿地资源的可持续发展创造有利条件。因此，本项目具有良好的生态效益、社会效益和经济效益。

项目建设的外部和内部条件良好，符合《邛海流域环境规划（2005—2015）《西昌现代生态田园城市规划建设导则》《西昌市城市总体规划（2011—2030）》《西昌生态市（县级市）建设规划》《西昌森林城市建设总体规划》《邛海—螺髻山风景名胜区总体规划（2006—2020）》《邛海—螺髻山风景名胜区邛海湿地建设工程五期修建详细规划》等现有规划的总体要求，项目建设是可行的。

2. 建议

（1）湿地恢复建议边监测边恢复，及时调整恢复措施，保障生态安全。同时应加强对周边居民的宣传，制订完善的湿地科普教育计划，增强公众湿地保护意识，获取他们的认同和支持，通过公众参与，保证项目建设目标的实施。

（2）现有岸线具有防止邛海风浪冲击的作用。项目建设实施过程遵循"先内后通"的实施原则，在不破坏现有岸线的前提下进行岸线内部工程施工，先行种植具备沉淀、吸附作用的水生植物，其后按规划逐步打开部分岸线把邛海水体逐步引入建设区内，水体边澄清边引入。

（3）地形处理在湿地恢复工程中处于主导地位，应保证土方工程按照竖向设计的要求进行施工。为满足不同植物生态习性的要求，创造植物旱生、湿生、水生的生态环境，需要创造不同植物生长要求的地形空间。为满足湿地水循环和湿地主要游览方式——游船的通航需要，为满足湿地周边地区防洪排涝排污的需要，为满足土方平衡的需要等，本项目需要进行挖湖堆山，地形处理。地形（山、水、平地）是整个湿地园林的基本骨架，也是其他工程（园路、建筑、绿化）的基础，地形处理在湿地恢复工程中处于主导地位，直接影响到其他工程的实施、整个湿地园林的景观和最终能否达成项目建设目标，而且地形一经定局，再要改变则牵涉面广，困难大。因此，土方工程要按照竖向设计的要求进行施工。土方施工条件复杂，又多为露天作业，受气候、水文、地质条件等影响较大，难以确定的因素较多，在施工过程中如遇到具体问题需要变更，需得到施工图设计方的同意。

（4）应特别强调工程施工遵循先地下、后地上的次序进行。建筑场地应在施工期间预留出足够的岸上场地，待建筑基础完工后，再逐步进行周边的土方和景观绿化工程，避免水下基础施工。

（5）对建设区及周边的建筑设施进行绿化美化时，不得引进外来物种，只能选择本地物种。

（6）湿地管网与邛海东北岸截污管网要同步规划、同步实施。

五、问题与思考

（1）结合本案例，列举项目可行性研究报告编制的主要方法和内容。

（2）概述项目投资建设的指导思想、原则与目标。

（3）通过阅读本案例，你是否认为本案例的可行性研究报告编制完整。若否，你认为本案例还缺少哪些部分。

（4）详细阐述邛海湿地五期恢复工程建设产生的社会效益。

（5）拟为本案例制定一份较为详尽的环保措施方案。

（6）在邛海湿地五期恢复工程中，由于大部分项目属于生态公益范畴，所以按照相关规定，应对这些项目实施公开招标，请你确定招标组织形式和招标方式。

六、参考文献

[1] 戚安邦. 项目管理学 [M]. 天津：南开大学出版社，2003.

[2] 陈建西，刘纯龙. 项目管理学 [M]. 成都：西南财经大学出版社，2005.

[3] 张少杰，李北伟. 项目评估 [M]. 北京：高等教育出版社，2006.

[4] 周惠珍. 投资项目评估 [M]. 大连：东北财经大学出版社，1999.

[5] 李世蓉，邓铁军. 工程建设项目管理 [M]. 武汉：武汉理工大学出版社，2005.

[6] 刘伊生. 建设项目管理 [M]. 北京：清华大学出版社，2004.

七、学生案例分析报告基本格式

1. 标题。

2. 内容提要（简述，300字）。

3. 报告正文：①问题回答与综述，②改进方案与建议（包含经济效益评级与分析）。

4. 总结：对案例的总结，对所用知识点、方法与案例过程的总结。